KB052314

나는
하버드에서
배워야 할
모든 것을
나이키에서
배웠다

나는 하버드에서 배워야 할 모든 것을
나이키에서 배웠다

초판 1쇄 발행 2020년 7월 20일
초판 2쇄 발행 2022년 4월 25일

지은이 신인철

펴낸이 이성용
책임편집 박의성 **책디자인** 책돼지

펴낸곳 빈티지하우스
주 소 서울시 마포구 성산로 154 4층 407호 (성산동, 충영빌딩)
전 화 02-355-2696 **팩 스** 02-6442-2696
이메일 vintagehouse_book@naver.com
등 록 제 2017-000161호 (2017년 6월 15일)

ISBN 979-11-89249-35-9 13320

우리가
배워야 할 것은
경영학 지식이 아닌
비즈니스를 보는
안목이다

나는 하버드에서 배워야 할 모든 것을 나이키에서 배웠다

신인철 지음

빈티지하우스
VINTAGE HOUSE

차례

Prologue 세상 모든 곳의 MBA ···································· 009

이런 제길! 어머니가 쓰러지셨다 / 친애하는 하버드대학교 총장님께 /
세상 모든 곳에서 배우는 MBA

첫 번째 강의 나이키를 택한 이유 ···································· 021

나는 왜, 하필, 나이키를 택했을까?

그저 운동화가 좋았어요, 그것도 나이키만 / 나이키, 세상에서 가장 빛나는 이름 /
굳이 나이키일 필요는 없지만

두 번째 강의 나이키 히스토리 ···································· 035

그 대단한 운동화 회사는 어떤 길을 걸어왔을까?

공부를 잘해도 너무 잘했던 육상 선수 / 나이키의 경쟁자들 1: 오래된, 그리고 가장
강력한 경쟁자 형제 / 나이키의 경쟁자들 2: 화려했던 과거를 꿈꾸는 스포츠 용품계의 맏형
/ 나이키의 경쟁자들 3: 막내지만 무섭게 도전해오는 신흥 강자

세 번째 강의 나이키의 현장 중시 제품 전략 ···················· 051

탁월한 제품과 서비스는 어떻게 탄생하는가?

와플 팬으로 신발을 굽다 / 나이키의 역사는 곧 중력과의 전쟁에 대한 기록이다 /
스포츠는 진화한다. 쿠셔닝도 함께 진화한다 / 세상에서 가장 유명한 수프 회사를
구해낸 위대한 '어슬렁거림' / 신발은 공장이 아닌 운동장에서 만들어진다

네 번째 강의 나이키의 협업 전략 ································ 071

에어조던의 전설은 어떻게 시작되었나?

역사상 가장 유명한 덩크슛 / 농구 그리고 그를 위한 가장 화려한 무대, NBA의 시작 /
조던과 나이키, 그 역사적인 만남 / 역사상 최고 또는 최악의 만남 /
에어조던의 신화는 계속된다

다섯 번째 강의 나이키의 고객 활용 마케팅 전략 ························· 097
도대체 쓸만한 물건은 누가 만드는 걸까?

나이키가 만들어준 소년 재벌 / 마케팅1.0에서 2.0, 그리고··· / 본격적으로 꽃을 피운
마케팅3.0의 시대 / 슈퍼볼을 점령한 과자 한 봉지 / 전 세계인이 만든 나이키를
전 세계인이 입고 신는다

여섯 번째 강의 나이키의 고객 동기화 전략 ······························· 117
그들이 고객과 나누고자 했던 것은 무엇이었을까?

찾아다니는 기업 vs. 찾아오는 기업 / 참, 행복한 기업들 / 나이키와 함께하기를 원하는
소비자들

일곱 번째 강의 나이키의 고객 활용 전략 ······························· 133
왜 멀쩡한 손님들끼리 싸우게 만들까?

'처음'이라는 전쟁 / 21세기의 맏물 경쟁, 가고시마의 혈투 / 사람들을 줄 세운
수많은 나이키 제품들 / 담장이 높을수록 담장 안이 더 궁금해진다 /
나이키에 안달하라, 그 결실은 달콤할 것이다

여덟 번째 강의 나이키의 브랜드 전략 ····························· 157
왜 Just Buy It이 아닌 Just Do It을 강조했을까?

기업이 가장 하고 싶은 말, 슬로건 / 조금, 아니 많이 특별했던 사형수 /
전설적인 슬로건이 탄생하다 / 나이키는 스포츠가 아니라 인간 그 자체를 연구하는
기업임을 알리다

아홉 번째 강의 나이키의 광고 모델 전략 ························· 175
왜 누구에게는 사람이 몰려서 난리, 누구에게는 사람이 없어서 난리일까?

"영수야! 밥 먹자!" - '국민 엄마'의 탄생 / 신화가 된 나이키 최초의 광고 모델 /
나이키 제국의 황제는 늘 새롭게 태어난다 / 성공한 기업에게는 뮤즈가 필요하다 /
나이키의 중심에는 언제나 사람이 있다

열 번째 강의 나이키의 조직 관리 ······························ 203
나이키 팀은 왜 특별히 더 강했을까?

MVP인데, 경기를 뛰지 않았다? / 우리 기억 속 오래된 단어, 팀 / 나이키의 위대한 팀원들
/ 가치가 공유된 팀은 강하다: 유럽 최빈국에서 세상 가장 행복한 나라로

열한 번째 강의 나이키의 스토리텔링 마케팅 ··················· 229
그들은 위기의 순간에 왜 자신들의 이야기를 들려주었나?

축구장, 신화가 펼쳐지는 무대가 된다 / 잊을 수 없는, 그리고 잊지 말아야 할
1996년도의 재앙 / 나이키의 반격, 가장 솔직한 이야기로부터 /
이야기로 지은 집, 이야기로 만드는 세상

열두 번째 강의 나이키의 가치 창출 경영 ····················· 251
남들 다 빠진 함정에 어떻게 그들은 빠지지 않았을까?

무너져 내린 낙농 신화 / 망하려 하면 대박 낼 것이요, 대박을 쫓으면 망할 것이다 /
숫자에 함몰된 기업들 / 나이키는 단 하나, 고객의 가치에 관심을 둔다

열세 번째 강의 나이키의 변화 경영 ·· 273

그들은 왜 현실에서 벗어나려 발버둥을 칠까?

우리 시대 위대한 기업들, 그 위대한 기업들은 다 어디로 갔을까? / 붉은 여왕의 가르침 /
기업 경영 현장에서 더 자주 발견되는 '붉은 여왕' / 나이키, 언제라도 변화할 준비가
되어있는 회사

열네 번째 강의 나이키의 잠재고객 확보 전략 ····························· 291

왜 잘 보이는 고객을 두고, 애써 보이지 않는 고객을 찾아 헤맬까?

당신은 좀 우리 고객이 아니었으면… / 한계 없는 나이키의 고객 찾기 /
파이는 키워야 제맛 / 나이키에게 가장 중요한 3명의 VIP 고객들

열다섯 번째 강의 나이키의 공간을 활용한 경영 전략 ················· 315

그 넓은 땅에 왜 사옥 대신 대학을 지었을까?

야구장, 놀이공원과 승부에 나선 상점들 / 공간을 바꾸다, 업의 성격을 바꾸다 /
본사가 아니다, 대학이다

열여섯 번째 강의 나이키의 디지털 활용 전략 ··························· 331

왜 애써 쌓은 담장을 무너뜨렸을까?

영화 속에서나 만날 것 같은 신발을 만드는 사람들 / 나이키 매장은 길 건너편에
있습니다 / 스포츠, 새로운 미래와 만나다: 스포츠와 디지털이 하나 된 세상

열일곱 번째 강의 나이키의 미래 준비 전략 I ···························· 349
그들은 왜 경쟁의 판을 뒤집었을까?

손해 보며 비행기를 띄우는 책 장사 / 열린 자들이 닫힌 자들을 이기는 세상이 된다 /
운동화가 사라진 운동화 이벤트

열여덟 번째 강의 나이키의 미래 준비 전략 II ·························· 365
왜 굳이 4차 산업혁명, 그 맨 앞에 섰을까?

보이지 않는 굴뚝이 유럽으로 돌아왔다! / 새로운 혁명을 위해 달려가는 나라들 /
나이키, '4.0'의 핵심을 꿰뚫어 보다

열아홉 번째 강의 나이키의 지속가능 경영 전략 ··························· 379
그들은 왜 또 세상을 뒤바꾸려 하는가?

국민에게 버림받은 국민차 / 우리, 언제까지 갈 수 있을까? / 세계에서 가장 잘 팔리는
잡지의 탄생 / 또다시 세상을 바꿀 위대한 승리의 여신

스무 번째 강의(이자 마지막 강의) 수료식 ································ 399
운동화 한 켤레만 있다면, 나만의 MBA를 만들 수 있다

최적의 항로 / 갈 길을 잃어버린 항해자 / 우리는 같은 강물에 두 번 발을 담글 수 없다 /
나이키 한 켤레로 평생 지어갈 대학

참고 문헌 415

Prologue
세상 모든 곳의 MBA

이런 제길!
어머니가 쓰러지셨다

말 그대로다. 이런 제길! 어머니가 쓰러지셨다.

사실, 내 어머니는 엄청난 건강체에 만능 스포츠우먼이
셨다. 당시 잠실에 있는 한 수영장 수영교실 회원이셨는데, 50대 중반의
몸으로, (게다가 접영으로) 25미터 풀을 쉬지 않고 서너 번은 너끈히 왕
복하시는 분이었다. 그랬던 어머니가 수영을 마치고 집에 돌아오기 위
해 잠실역에서 지하철을 기다리다 쓰러지신 것이다.

문제는 원체 건강하셨던 분이 쓰러지니까 평상시 골골하시던 분이 그랬을 때보다 온 가족이 더 무방비 상태였다는 것이다. 우선 응급처치가 늦었고, 병원으로 실려 간 뒤 그간의 병력을 묻는 의사 선생님의 물음에 가족 누구도 제대로 답을 하는 사람이 없었다.

결국, 뇌졸중이 온 어머니는 오른쪽 반신이 자유롭지 못한 몸이 되어버리셨다.

이런 엄청난 사태를 이야기하며 함께 언급하기 조금은 죄송한 얘기이기는 하지만, 이 무렵 내겐 계획이 하나 있었다. 그것은 유학을 가는 것이었다. 그것도 미국의 경영대학원으로! 그러한 계획을 세우기 시작한 계기는 다음과 같았다.

내 대학 시절 전공은 한문학이었다. 그렇다. 《대학》, 《중용》을 읽고 '공자 왈, 맹자 왈' 읊는 바로 그 학문이다. 다행히 공부는 적성에 맞았다. 선생님들이나 함께 공부하는 선후배들 역시 마음에 쏙 들었다.

문제는 취직을 하고 나서였다. 우여곡절 끝에 취업을 해서 첫 출근은 했는데, 출근한 첫날 아침 9시부터 저녁 6시까지 내 머리 위로 오고 가는 상사, 선배들의 대화 중 단 한 마디도 제대로 이해할 수가 없었다. 아니, 회사에서 쓰이는 단어 중 단 하나도 제대로 해독이 안 되었다. 그도 그럴 것이 대학 4년 내내 내가 공부한 것은 '우주의 삼라만상' 또는 '인간의 오욕칠정'이 아니었던가?

저녁 6시 10분경이 되어서 본부장 되시는 분이,

> *"야! 오늘 막내도 들어오고 했으니 회식이라도 해야지?*
> *어서들 짐 싸라."*

라고 할 때 그 '회식'이라는 단어가 그날 9시간 가까이 사무실에 앉아있
으며 이해가 된 유일한 단어였다.

　　　　그날 저녁. 퇴근 후 '회식'까지 마치고 늦은 시간 집에 온
나는 방에 불도 켜지 않은 채 책상에 앉아있었다. 그냥 앉아있는 것이
아니라 어린아이처럼 펑펑 울고 있었다. 분했다. 한심했고, 또 왠지 억울
했다. 이제까지는 어땠는지 모르겠지만, 적어도 이날 사무실에서만큼은
세상 최고의 바보가 되었다는 생각에 부끄럽기까지 했다.

그렇게 한참 온갖 궁상이란 궁상은 혼자 다 떤 뒤 노트북을 켰다. 이대로
계속 직장 생활을 할 수는 없었다. 뭔가 돌파구가 필요했다. 그때 내 눈에
들어온 것이 미국의 MBA였다. 하지만 MBA는 철저하게 실무 위주의 수
업과 케이스 스터디 방식으로 진행되기 때문에 최소 3년 이상의 직장 실
무 경험이 입학의 필수 요건이었다.

나는 이제 고작 하루 출근한 신입사원. 지원조차 불가능한 일이었다. 그

런데, 간절하게 찾다 보니 방법이 없는 것은 아니었다. 며칠 동안 미국으로 MBA를 다녀온 선배를 수소문해서 이리저리 알아보니, 미국사회가 전반적으로 그러하지만, 미국의 MBA 역시 군인에 대한 존경과 배려심이 커서, 특히 장교로 군복무를 마친 사람은 군 경력을 온전히 직장 경력으로 인정해준다는 것이었다.

거기까지 확인한 뒤, 그다음 날부터 본격적인 MBA 진학 준비에 착수했다. 당시 일과는 다음과 같았다. 일단 무슨 일이 있더라도 저녁 9시 30분까지 귀가해서는 씻고 10시에 잠자리에 들었다. 3시간 정도 눈을 붙인 뒤 새벽 1시에 일어나 4시까지 월, 수, 금요일은 어학 테스트인 토플을 준비하고, 화, 목, 토요일은 미국이나 유럽 등지의 MBA 입학을 위해 필수적인 시험인 GMAT를 준비했다.

잠깐 허리를 좀 폈다가 다시 새벽 4시부터 30분간은 오답노트를 작성했다. 이후 30분간 세수 등 출근 준비를 한 뒤, 5시 21분에 집 앞 구의역에서 출발하는 2호선 첫차를 타고 강남역 IKE이익훈 어학원으로 갔다. 가는 길에는 '찍찍이'라고 부르던 구간 반복 카세트 플레이어로 CNN 뉴스를 녹음한 테이프를 반복해서 들었다. 6시에 학원 강의실에 도착해서는 30분 정도 기출단어 중심으로 영어단어 공부를 한 뒤, 1시간 50분간 토플 종합반 수업을 들었다. 그리고는 막 뛰어서 사무실에 출근하면 대략 8시 40분쯤이 되었다.

오전 업무를 본 뒤 아침에 사온 김밥 한 줄로 끼니를 때우고 나머지 시간 동안에는 GMAT 과목 중 수리영역 문제를 집중적으로 풀었다. 영미권 국가 경쟁자들에 비해 영어 구사 능력이 떨어지니 수학 점수로 나머지를 커버하려는 전략에서였다. 그리고 오후 일과를 본 뒤 9시 30분까지 퇴근하고 10시에 잠들었다 다시 새벽 1시에 깨는 일과의 연속….

그렇게 1년하고 6개월을 '살아냈다.'

친애하는
하버드대학교 총장님께

독하게 산 1년 반의 결과물은 대략 두 가지였다. 하나는 지독하게 작은 규모로 쪼그라든 교우 관계. 정말로 그 많던 '술친구', '아는 동생'들이 연기처럼 사라져버렸다. 또 하나는 꽤 괜찮은 미국 MBA에 진학할 수 있을만한 토플과 GMAT 점수였다. 그리고 그 성적표들을 들고 막 "엄마, 저 유학 다녀올게요!"라고 말하려는 즈음에 엄마가 쓰러져버리신 거였다.

더 이상 힘이 들어가지 않는 오른손과 오른발. 거기에 아직 어눌한 말소리. 그런 엄마를 두고 짧으면 2년, 길면 3년이 될 수도 있는 유학을 다녀오겠다는 말이 차마 나오지 않았다. 드라마를 따라하려는 건 아니었는

데, 엄마가 퇴원한 날 저녁, 퇴근한 나는 나도 모르게 한강 고수부지에
와있었다. 한 손에는 소주 두 병과 맥주 한 캔이 든 검정 비닐봉지와 한
손엔 1년 반 동안 죽자 사자 공부해서 딴 성적표가 들어있는 플라스틱
서류 파일을 들고.

'그래, 깨끗하게 포기하자. 그깟 유학.'
'엄마를 돌봐야지, 유학이 문제냐.'

자작으로 술 한 잔을 따라놓고 손으로는 성적표를 찢고 있는데, 가슴 저
쪽 한 켠이 먹먹해져 왔다.

'1년 반… 진짜 죽도록 열심히 준비했는데…'
'이대로 또다시 과거의 그 바보 신입사원으로
돌아가야만 하는 건가?'

그때였다. 머릿속으로 뭔가 이상하고도 엉뚱한 생각이 들기 시작했다.

　　내가 평상시에도 주위로부터 '약간 독특한 사람'이라는
소리를 수시로 듣는 부류의 인간이긴 했지만, 이날 내 머릿속에 떠오른
생각은 지금의 내가 생각해봐도 참 허무맹랑하고도 허황된 것임에 틀

림이 없었다.

성적표를 다 찢고, 싸온 술을 마시려다 말고, 생각에 잠겼다.

'까짓 거, MBA가 별거야?'

'지난 1년 반 공부한 것처럼만 하면

충분히 독학으로도 가능하지 않을까?'

'책은 구해서 읽으면 되고,

케이스 스터디거리는 내가 평상시 일하는 사무실에 널려있고…'

'토론이 필요한 건 대학 교수든 기업체 회장이든

찾아가서 인터뷰도 하고 그러면 될 거 아냐.'

'커리큘럼? 그거야 인터넷에 다 떠 있잖아.'

거기까지 생각이 미친 나는 가져온 술을 한강물에 몽땅 쏟아부어 버렸
다. 그리고는 집까지 단숨에 달려왔다. 낙담해서 실망과 한탄만이 가득
했던 머리와 가슴에 다시금 미래에 대한 계획과 희망이라는 불씨들이
이리저리 튀기기 시작하자 몸이 뜨거워져서 한시도 지체할 수가 없었
다. 인터넷을 검색해서 미국에서 (평판, 명성이나 배출한 졸업생의 진로
등이) 가장 좋다는 상위 10개 MBA의 커리큘럼을 출력했다. 그리고는
아직 한 달의 절반도 더 남은 달력을 북- 찢어 뒷면에 박스를 그렸다. 10개
MBA의 커리큘럼을 살펴 공통적인 것들 위주로 달력 뒷장의 박스에 빼

곡히 적어 넣었다. 그렇게 2년, 4학기 분량의 시간표가 완성되었다.

다음은 각 과목별로 공부 방법을 정하는 일이었다. 그건 생각보다 더 간단했다. 해당 과목별로 세계에서 가장 유명한 교수님을 찾아 그들에게 편지를 적어 보냈다.

존경하는 키스 머니건 교수님께.

저는 대학에서 한문학을 전공하고 엔터테인먼트 기업에 입사한 회사원입니다. 상상하실 수 있나요? 현재의 중국어가 아닌 수백 년 전의 중국어를 공부한 회사원이라는 말입니다. (중략)

저는 조직관리 분야, 특히 리더십 분야에 관심이 많습니다. 그리고 그 분야에 대해 교수님께서 다른 누구보다 독보적인 학문적 업적을 쌓아오셨고, 최근에도 탁월한 논문을 발표하셨다는 소식을 들어 알고 있습니다. (중략)

정식으로 학교를 다니지 않고, 제 스스로 경영대학원을 만들어서 독학으로 다니겠다는 제 생각이 '허황된 꿈ᵃ pipe dream'처럼 보일 수도 있지만, 교수님께서 도와주신다면 '실행 가능한 계획ᵃ feasible plan'이 될 수 있을 것 같습니다. 학습에 필요한 책들을 추천해주셨으면 합니다. 가능하다면 관련된 논문도 추천해주셨으면 하고, 결례가 되지 않는다면 수업에 사용하셨던 자료들 중 필요 없으신 것들을 보내주시면 제게는 큰 도움이 되겠습니다. (후략)

편지를 쓰며 나조차도 '말도 안 되는 짓'이라는 생각에 몇 번이고 썼다 지웠다를 반복했는지 모른다. 그러나 잃을 것도, 부끄러울 것도 없는 일이었기에 명단을 뽑아둔 70여 명의 세계적인 석학들에게 편지를 써서 발송했다. 최소한의 예의를 갖추기 위해 편지는 전북 임실에서 작품 활동을 하신다는 무형문화재 한지장韓紙匠이 만든 전통 한지를 구입해서 A4지 크기로 잘라 만든 편지지에 만년필로 한 글자 한 글자 적어서 보냈다.

그렇게 서울로부터 보내온 엉뚱한 편지를 받게 될 인사 중에는 노벨상 수상자가 일곱 명이요, 경영대 학장이 세 사람에, 심지어 하버드대학교 총장님도 있었다.

그리고 일주일. 마음을 비우고 완전히 잊고 지냈다.

세상 모든 곳에서 배우는
MBA

정확히 열하루 만이었다.

한 교수님이 내가 편지에 적어놓은 이메일 주소로 짤막한 답 메일을 보내왔다. 그것도 그냥 교수님이 아니라, 자그마치 세계 최고의 공과대학으로 꼽히는 메사추세츠공과대학교, 일명 MIT의 경영대학원인 슬론스쿨의 학장을 지낸 권위 있는 미래학자 레스터 서로우 박사로부터의 메일이었다.

> 어머니 일은 안됐소.
> 내가 강의하는 과목에 대한 학습은 ○○○에서 출간된 책 ○○○와 △△△에서 출간된 책 △△△을 참고하기 바라오.
> 신의 가호가 있기를, 행운을 빕니다.

　　　　　모두 합해 채 100단어도 되지 않는, 문자 메시지 수준의 짧은 메일이었다.

그러나 세계 유수의 경영대학원에서, 전 세계에서 몰려든 수재들을 가르치는 석학이 나의 편지에 답을 해주고 행운까지 빌어주었다는 사실 하나만으로도 나는 감격했다. 그것만으로도 충분했다.

거기서 끝이 아니었다. 아니, 시작이었다. 이후, 굉장히 많은 교수님들이 나의 편지에 대한 답을 보내온 것이었다. 물론, 앞서 서로우 교수님처럼 짧은 메일이 대부분이었고, 심지어 '관심에 감사합니다만, 재학생이 아닌 외부인에게 개별적인 학습지도는 하지 않고 있습니다'라는 완곡한 거절의 뜻이 담긴 메일도 상당수 있었다. 그러나 실명을 밝히기 힘든 어느 교수님은 학습에 필요한 도서와 논문을 추천해주는 데서 그치지 않고, 자신이 수업에 사용했던 케이스 스터디 자료집을 페덱스로 보내주기까지 했다.

그런 세계적인 석학들을 스승으로 모시고(?) 다시 2년, 4학기를 더 공부했다.

> *그래서 결국, 나는 세계 최고 수준의 경영학 수업을*
> *스스로 받을 수 있었고, 회사에서는 탁월한 성과를 내는*
> *천재 직원으로 인정받게 되었으며,*
> *승승장구해서 최고의 인재가 되었다!*

…라고 끝맺음을 하고 싶은데, 사실은 그렇지 못하다.

일단 2년 4학기 만에 끝날 것 같았던 수업은 십수 년이 지난 지금까지도 현재형으로 계속되고 있고, 사무실에서는 여전히 실수투성이의 어설픈 직장인이며, 회사에서 다행히 높은 평가를 해주셔서 좋은 대우를 받고 있기는 하지만 그렇다고 '승승장구의 성공 스토리'나 '샐러리맨 신화' 같은 멋진 표현을 쓰기에는 영 부족하기만 하다.

그러나.

그간의 공부를 통해 내가 습득한 놀라운 능력이 하나 있었으니, 그것은 세상의 모든 것으로부터 배워야 할 점, 학습해야 할 콘텐츠, 활용할 수 있는 정보들을 뽑아내는 능력이다. 그도 그럴 것이, 나처럼 어느 교육기관에도 적을 두지 않고 오로지 독학으로만 공부를 해야 하는 사람은 정규 과정을 밟는 학생들에 비해 충분히 검증받은 지식과 정보를 체계적이면서도 정기적으로 구하기가 어려운 것이 현실이었다. 그를 극복하기 위해서는 남들보다 몇 배의 노력으로 세상의 모든 것으로부터 학습의 기회를 발굴하고 그를 빨아내는 보다 날카로운 '촉'이 필요했다.

본의 아니게 그 촉이 놀랍도록 발달하게 된 것이다.

덕분에, 20년간 취미 삼아 방문했던 전 세계 수백 군데의 미술관들로부터 경영학적 지식과 교훈을 뽑아내 《미술관 옆 MBA》라는 책을 집필했고, 필사를 포함해 수십 번도 넘게 읽은 동양고전 《중용》을 갖고도 비슷한 작업을 해서 《중용의 연장통》이라는 책을 집필하고 관련 내용을 기업체 등에 강연할 수 있었으며, 비슷한 작업을 통해 국내는 물론 중화권을 포함해 스물 하고 몇 권 더 되는 책들을 출간할 수 있었다.

이제, 그 촉을 새로운 곳에 꽂으려 한다.

　　　　30여 년간 내 마음속 최고의 운동화였고, '운동화' 하면 자연스럽게 떠오르는 이름이었으며, 마이클 잭슨, 코카콜라와 함께 우리 일상에 늘 함께하면서도 언제나 동경의 대상이었던 바로 그 이름, 나이키가 그 주인공이다.

첫 번째 강의

나이키를 택한 이유

나는 왜, 하필,
나이키를 택했을까?

그저 운동화가 좋았어요,
그것도 나이키만

사실, 운동화를 포함한 신발에 대한 지나친 애착을 대놓고 이야기하기란 조금 조심스러운 면이 없지 않다.

'페티시즘'이라는 단어가 있다. '물신숭배'라고도 번역되는 이 단어는 원래 카를 마르크스가 자신의 책 《자본론》의 제1권 1장 4절에 '딱 한 번' 언급한 단어다. 때문에 초창기에는 '자본주의 경제에서 상품과 인간 간의 관계가 주객이 전도되어 인간이 자신이 생산한 상품을 숭배하게 되었다'는 의미로 페티시즘이라는 단어를 주로 사용하였다.

그랬던 페티시즘이 점차 '특정한 사물에의 집착'이라는 뜻으로 그 의미가 확장되는가 싶더니, 이내 '일반적인 사람들이 성적 흥분을 느끼지 못하는 사물 또는 대상에서 성적 흥분을 느끼는 증세'를 뜻하는 단어로 변해버렸다. 때문에, 구글 검색창에 '페티시즘' 또는 'fetishism'이라는 단어를 입력하고 엔터키를 누르기 위해서는 반드시 주변, 특히 사각지대인 자신의 뒷자리(전문용어로 '후방'이라고 한다)에 누가 있는지를 필히 확인해야 하는 지경이 되었다.

그 페티시즘 중에서도 최고봉이 바로 발 또는 그 발을 감싸는 신발로부터 '그 무언가'를 느끼는 '발 페티시' 또는 '신발 페티시'다. 이런 판국에,

"나는 신발이 좋아요!"

라고 했다가는 변태 소리를 듣기 십상인 것이 현실이다.

물론, 대놓고 특정 브랜드의 운동화 마니아를 자처하고, 수집가로도 이름이 높은 지드래곤 같은 연예인도 있지만, 그건 지드래곤이기 때문에 가능한 일일 뿐, 우리 같은 일반인이, 아니 굳이 다른 이들까지 끌고 갈 필요 없이 나 같은 일반인이 "나는 신발이 참 좋다"라고 고백하는 일은 그다지 할 필요가 없는 쓸데없는 일일 뿐만이 아니라, 그럼에도 불구하고 굳이 하려 한다면 반드시 상당히 상세한 설명이 필요

한 일임에 틀림이 없다.

그럼에도 고백하자면, 나는 신발이 좋았다.

그것도 굉장히 어린 시절부터. 운동화가 좋았고, 그 운동화들을 그려 보고, 세상에 없는 나만의 운동화를 디자인해보는 것이 좋았다. 평일에는 학교를 마친 뒤 집에 와서 한두 켤레를 그렸지만, 휴일이나 방학 때면 하루에 수십 켤레의 운동화를 그리는 일이 다반사였다.

주로 농구화였지만, 테니스화나 러닝화를 그리기도 했고, 아주 드물긴 했지만 축구화를 그릴 때도 있었다. 검은색 펜만으로 그린 흰색 운동화도 있었지만, 24색 사인펜을 모두 사용해서 그린 형형색색의 운동화도 있었고, 시중에 팔고 있는 단순한 형태의 운동화도 있었지만 어린 나이에 상상할 수 있는 (그걸 왜 운동화에 달아야 했는지는 지금도 잘 이해가 되지 않지만) 온갖 첨단 과학 장비가 다 달린 복잡한 형태의 운동화도 있었다.

다양한 색상과 형태의 운동화들을 그렸지만, 그들 사이에는 한 가지 공통점이 있었다. 그것은 바로, 그렇게 그린 수백 켤레 이상의 모든 운동화의 몸통 한가운데에 박힌 로고는 언제나 'Nike'였다는 것이다.

그렇다. 나는 신발을 좋아한 것이 아니라 운동화를 좋아한 것이었고, 운동화를 좋아한 것이 아니라 나이키를 좋아했던 것이다.

다행인 것은 나이키에 빠져 살았던 것이 나뿐만은 아니었다는 점이다. 적어도 내 동년배들에게 나이키는 단순한 운동화 그 이상이었다.

나이키가 한국에 정식으로 법인을 세우고 영업을 시작한 것은 1986년이다. 그해 2월에 법인을 세운 나이키는 한 달 만에 미국 본사와 기술 도입 계약을 체결하고 이듬해 10월 부산 지역에 전격적으로 직매장을 개장한 후 다시 2년 뒤에는 기업을 공개하고 주식시장에 상장하는 등 엄청난 속도로 성장했다.

당시 우리나라는 두 가지 열풍에 사로잡혀있었다. 하나는 스포츠요 다른 하나는 부동산 투기였다. 86년 서울 아시안게임과 88년 서울 올림픽 등 대규모 국제 체육행사를 2년 사이에 동시에 치르겠다는 군부정권의 파이팅 넘치는 계획에 착한 우리 국민들은 군말 없이 착착 준비를 해나 갔다. 눈 한 번 감았다 뜨면 뽕나무를 키우던 밭에 국제 경기가 가능한 체육관이 지어졌고, 다시 눈 한 번 감았다 뜨면 강변을 따라 그 체육관과 도심을 잇는 왕복 8차선 도로가 놓여졌다.

덩달아 땅값도 폭등을 했다. 70년대 중후반 강남 개발 붐을 통해 단단히 그 꿀맛을 보여줬던 부동산시장은 아시안게임과 올림픽 특수를 등에 업고 다시 한 번 자신의 존재감을 어필했다.

        나이키는 그러한 열풍의 사이에서 압도적인 존재감을

과시하며 1990년 4월 강남 한복판에 영동 직매장을 개장하는 것을 시작으로 서울 시내, 특히 강남 곳곳에 매장을 열기 시작했다. 한국에 주둔 중인 미군을 대상으로 방송하는 진중방송이었으나 실제로는 서구문화에 목마른 한국 젊은이들이 더 즐겨 보았던 AFKN에서는 연일 나이키 운동화를 신은 농구 선수들이, 농구공을 골대에 던져서 넣는 것이 아니라 직접 공을 들고 몸을 날려 골대에 내리꽂는 묘기들을 선보였으며, 서울 등 대도시에 하나둘씩 등장한 외국인들은 아침마다 나이키를 신고 공원길을 뛰었고, 조금씩 늘기 시작한 유학파들은 헐렁한 청바지 밑으로 자기 발보다 2~30미리는 더 큰 운동화를 신고 터덜터덜 걷는 패션을 길거리에 선보이기 시작했다.

강남, 미국문화, 올림픽, 스포츠 열풍 이런 것들과 한데 어울리며 나이키는 우리 세대에게 단순한 스포츠 브랜드가 아닌 패션과 유행을 이끄는 선도적 기업이자 트렌드를 대표하는 시대의 아이콘으로 거듭나게 되었다. 사정이 이러하다 보니 어린 학생들 사이에서 나이키 운동화는 부와 명예의 상징처럼 여겨지기 시작했고, 나이키 운동화를 신는다는 것은 또래 중 제법 잘나간다는 것을 의미하기 시작했다.

1980년대 초중반 어린 학생들과 젊은이들에게 나이키는 하나의 제품을 넘어서 자아를 드러내는 주요한 수단이자, 하나의 사회현상이자, 또 다른 새로운 세상을 바라보는 렌즈 역할을 해주는 '대단한 존재'였다.

첫 번째 강의 나이키를 택한 이유

나이키,
세상에서 가장 빛나는 이름

너무나 당연한 이야기이긴 하지만, 나이키는 세계에서 가장 비싼 이름 중 하나다. 세계적인 브랜드 컨설팅 및 브랜드 가치 조사 전문 기업인 밀워드브라운에서는 매년 전 세계 주요 기업을 대상으로 브랜드 가치를 조사하고, 그를 토대로 세계에서 가장 가치 있는 브랜드 순위를 발표한다. 2016년 6월 발표된 이 조사에서 나이키의 브랜드 가치는 무려 374억 7,200만 달러, 한화로 약 43조 9,000억 원(발표 당시 환율 기준)이라는 어마어마한 금액을 인정받았다. 나이키가 속한 패션, 의복 분야에서는 독보적인 1위였다.

2위와 3위가 세계 최고의 패스트패션Fast Fashion 브랜드인 Zara와 H&M이었는데, 나이키 한 회사의 브랜드 가치가 2위와 3위 기업의 브랜드 가치를 합한 것과 거의 같았다는 것만 봐도 나이키의 브랜드 가치가 얼마나 대단한 것인지 짐작이 간다. 더군다나 더 대단한 사실은, 장기 저성장, 불경기를 뜻하는 뉴노멀New Normal의 시대를 맞아 다른 대부분 경쟁 기업들의 브랜드 가치가 정체하거나 오히려 떨어졌음에도 불구하고, 나이키만큼은 역시 1위를 차지했던 2015년의 브랜드 가치보다도 무려 26%나 성장했다는 점이다.

나이키는 어패럴 분야에서의 1위에 그치지 않고, 전체 산업 순위에서도 24위라는 준수한 성적을 거뒀다. 세계 최대 유통 기업인 월마트가 32위, 우리가 잘 알고 있는 독일 명차 벤츠가 39위였고, 한국 기업으로 가장 높은 순위였던 기업이 48위로 겨우 50위권 내에 턱걸이한 것만 봐도 나이키의 브랜드 가치가 얼마나 대단한 것인지를 알 수 있다. 오죽했으면 2003년 재선을 앞둔 조지 부시 대통령이 베냉, 탄자니아, 르완다, 가나, 라이베리아 등 아프리카 5개국을 순방했을 때 한 미국 언론 매체가 아프리카 현지 시민들에게 미국에 대한 질문을 했는데, '조지 부시'의 이름을 아는 사람은 거의 없었던 반면, 나이키와 코카콜라를 모르는 사람은 아무도 없어서 화제가 되었던 적도 있었다.

이처럼 전 세계에서 나이키는 단순히 잘나가는 스포츠 브랜드 중 하나에 머무르지 않고, 스포츠 또는 미국문화 그 자체를 상징하는 하나의 대명사로 인식되고 있다.

이런 이유만으로 나이키 운동화를 갖고 경영학 공부를 하겠다고 나선 것은 아니다. 나이키의 역사에는 한 기업이 홀로 모두 겪었다고 믿기 어려운 기업경영의 길흉화복과 희로애락이 모두 담겨있기에 풍부한 학습 내용을 뽑아낼 수 있고, 다양한 분야에 대한 학습이 가능하기 때문이었다.

이후에 보다 자세히 이야기하겠지만, 나이키의 전신인 블루리본스포츠

Blue Ribbon Sports는 1964년 1월 25일에 설립됐다. 선수와 코치 사이였던 필 나이트Phil Knight와 빌 보워만Bill Bowerman은 일본의 운동화 브랜드였던 오니 츠카타이거의 제품을 판매하는 북미 총판에 안주하지 않고, 제대로 된 운동화를 만들어보겠다는 생각으로 1971년 5월 30일 나이키로 이름을 바꾸고 유통 회사에서 자기 상표를 단 운동화를 만들어 판매하는 스포츠 용품 회사로 변신을 하게 되었다. 당시 나이트와 보워만을 도와 다양한 업무를 도맡아 하던 직원이 승리의 여신 니케로부터 나이키라는 이름을 고안해냈으며, 알고 지내던 미대 대학원생이 지금은 전 세계에서 가장 유명한 로고 중 하나가 된 스우시Swoosh 로고를 만들어냈다.

1977년 1월, 미국의 제39대 대통령으로 민주당 출신의 조지아주 주지사였던 지미 카터가 당선되었고, 그가 스스로의 입으로 자신이 지독한 조깅 애호가임을 밝히면서 미 전역에 조깅 열풍이 불었다. 그러한 열풍 속에 나이키는 급격한 성장을 거듭해 북미 전역은 물론, 남미, 아시아, 오세아니아 지역을 석권하며 세계적인 스포츠 용품 브랜드로 거듭났다.

그러나 나이키에게도 위기는 있었다. 첫 번째 위기는 1980년대 초중반에 찾아왔다. 조깅 열풍에 뒤이어 찾아온 에어로빅, 피트니스 열풍에 대한 나이키의 대응이 잠시 주춤하던 사이 경쟁사가 적극적인 공략을 하기 시작했다. 매출과 시장 점유율 모두 경쟁자들에게 뒤졌으며, 브랜드 가치 역시 정체되고 말았다.

하지만 위기는 오래가지 않았다. 나이키는 '새로운 슈퍼스타'와 함께 농구화라는 시장을 개척하며 브랜드 가치를 높였고, 열정적인 팬들도 적극적으로 확보해나갔다. 그 정점을 찍은 것은 지금까지도 나이키를 대표하는 슬로건이 된 'Just Do It'의 도입이다. 다시금 나이키는 업계 1위와 가장 사랑받는 스포츠 용품 브랜드의 자리를 지킬 수 있었다.

두 번째 위기는 1990년대 중반 한 잡지에 게재된 사진 한 장으로 촉발된 '제3세계 아동 노동력 착취' 논란이었다. 그 여파로 전 세계 각지에서 반대 시위와 불매 운동이 벌어졌으나, 나이키는 솔직하게 자신들의 잘못을 인정하는 한편, 적극적인 재발 방지 대책을 마련했고, 거기에 그치지 않고 스토리텔링 마케팅이라는 새로운 영역의 마케팅 기법을 적극 활용하면서 그 위기를 현명하게 극복할 수 있었다.

이러한 위기를 겪으며, 오히려 과거보다 훨씬 더 강해진 나이키는 창업한 지 50년이 넘은 장년 기업이라는 사실이 믿기지 않을 만큼 세계에서 가장 기민하고 신속하게 변신하고, 가장 혁신적이며, 창의적인 아이디어로 무장한 기업으로 성장했다. 지금도 IT와 접목한 새로운 기술을 바탕으로 보다 많은 사람들이 스포츠와 함께 건강하고 즐거운 삶을 영위할 수 있도록 하고 있으며, 다양한 첨단 소재를 접목시켜 스포츠 용품의 한계를 가장 빈번히, 적극적으로 극복하는 기업으로 자리매김하고 있다.

굳이
나이키일 필요는 없지만

물론 경영학을 공부하는 데 굳이 나이키라는 기업만을 가지고 학습할 필요는 없다. 가능하다면 많은 기업의 사례를 다뤄보는 것이 좋고, 보다 많은 경영자들의 경영 활동을 접해봐서 향후 우리가 직장생활을 하며 또는 기업을 경영하며 맞이하게 될 여러 의사결정의 순간에 필요한 교훈들을 최대한 많이 얻어내는 것이 좋을 것이다.

물론, 우리 역시 이 책 안에서 나이키를 살펴보는 데에만 머무르지 않고, 각자의 사업 영역에서 시장을 석권했던 초우량 기업에서부터 사업에 실패하고, 조직이 망가지는 데 그치지 않고 범죄 집단으로 몰락해버린 저열한 기업에 이르기까지 두루 살펴볼 것이다. 필요하다면 기업의 사례에만 그치는 것이 아니라 우리가 살고 있는 사회, 문화, 예술의 영역에 이르기까지 온갖 분야, 잡다한 지식, 다채로운 사람들의 이야기에도 관심을 두고 귀를 기울일 것이다. 원래 공부는 그렇게 하는 것이라고 배웠다.

다만, 이제부터 우리는 나이키'만을' 바라보는 것이 아니라, 나이키를 '통해' 경영학을 바라보고, 경영학적 지식과 다양한 사례 학습을 해볼까 한다.

서울대학교 국문과 정병설 교수는 언젠가 그의 글에서 다음과 같이 이야기했다.

사람은 누구나 자기가 뚫은 자신만의 문구멍peephole로 세상을 볼 수밖에 없으며, 공부가 많은 사람은 큰 구멍을 가지고 있고, 안목이 높은 사람은 대상이 좀 더 잘 보이는 곳에 자리 잡은 구멍을 가지고 있다는 차이가 있을 뿐, 결국 아무리 훌륭한 사람이라도 세계든 역사든 자기가 뚫은 몇 개의 구멍으로 세계를 볼 수밖에 없다.

즉, 같은 세상이라고 하더라도 어떠한 눈을 통해 바라보느냐에 따라 그 가치가 다르게 느껴질 것이고, 그로부터 얻어낼 수 있는 것 역시 다를 것이다. 그러한 현실에서 이제 나는 나이키라는 구멍으로 기업 경영의 현장을 바라본 이야기로 수업을 진행하려 한다.

국경(우리에게는 한반도) 내에 갇혀있던 기존의 시각을 벗어나 미국, 더 나아가 세계라는 넓은 세상을 바라볼 수 있도록 해주었던 나이키, 단순한 스포츠 브랜드를 넘어서 인간의 생활 전반에 지대한 영향력을 끼치는 기업으로 무섭게 성장하고 있는 나이키, 그러면서도 우리 생활 곳곳에, 나의 몸 일부와 함께하는 가장 친근한 기업인 나이키. 그 나이키의 활약과 부침을 통해 우리에게 필요한, MBA에서나 배울 수 있었던 실전 경영학의 핵심들을 이야기해볼까 한다.

이렇게까지 얘기했음에도 불구하고, "그래도 왜 하필 나이키냐?"고 묻는 이가 있다면, 해외 출장길에서 아직 국내에 시판되지 않은 나이키 특정 모델을 사기 위해 택시를 대절해서 이웃 도시 매장까지 다녀오던 내게 "이해가 안 된다"며 "도대체 왜 그러는데?"라고 묻던 보스에게 했던 말을 그대로 전해주고자 한다.

"그냥, 나이키가 좋았습니다!
물론, 오타쿠는 아닙니다만."

나이키 히스토리

그 대단한 운동화 회사는
어떤 길을 걸어왔을까?

공부를 잘해도 너무 잘했던
육상 선수

자, 그러면 본격적으로 나이키를 살펴보기 전에, 먼저 한 사람의 이름을 이야기하지 않을 수 없다. 필 나이트! '나이키의 시작이자 끝'이요, '나이키의 거의 모든 것'이라고 할 수 있는 사람.

1938년 미국 오리건주 포틀랜드에서 태어난 필 나이트는 달리기를 잘하는 소년이었다. 학교 코치의 눈에 띈 그는 육상부로 유명했던 클리블랜드고등학교에 진학하면서 본격적으로 중거리 선수가 되기로 결심했다. 지역 명문이자 강한 육상팀을 보유했던 오리건대학교에 진학해서도 그는 계속 육상 선수의 꿈을 키워나갔다.

그런데 엉뚱하게도 (사실 이게 맞는 것일 수도…) 나이트는 공부도 열심히 했다. 육상 훈련과 대회 출전을 병행하면서도 1959년 오리건대학교에서 저널리즘으로 학사 학위를 취득한 그는 스탠퍼드 경영대학원에 진학했다.

그리고 그곳에서 그의 운명을 바꿔놓은 수업을 듣게 되었다.

그가 들었던 수업은 명강으로 유명했던 프랭크 쉴렌버거 교수의 '소규모 창업론Small Business'이었다. (조금은 전형적인 위인전 풍의 표현이지만) '실패를 두려워하지 않는 과감한 도전과 기업가 정신'을 강조한 쉴렌버거 교수의 강의를 듣던 그는 충격에 빠졌다. 평생토록 트랙 위에서 경쟁자보다 단 1초라도 먼저 결승점에 들어오는 것을 목표로 살았던 그에게, 정해진 코스를 달리는 것이 아니라 스스로 결승점을 정하고, 트랙 자체를 만들어가는 것을 목표로 살아야 하는 기업가의 삶에 대한 강의는 감동 그 자체였다. 마치 자기 자신이 앞으로 살아가야 하는 삶을 이야기하는듯한 강의 내용에 감명을 받은 그는 창업을 하기로 마음먹게 되었고, 그 꿈은 생각보다 빠른 1964년에 이루어졌다.

그보다 2년 전인 1962년도에 경영학 석사를 마친 후 공인회계사 겸 포틀랜드주립대학교 겸임교수로 일하고 있던 나이트의 석사 논문 주제는 〈일본의 카메라가 독일의 카메라에게 했듯이(경쟁하고, 넘어섰듯이) 일본의 운동화도 독일의 운동화에게 그럴 수 있을 것인가? (Can Japanese Sports Shoes Do to German Sports Shoes What Japanese Cameras Did to German Cameras?)〉였다. 모두가 실패를 예상한 것과는 달리 일본의 카메라 회사인 니콘과 캐논이 독일의 카메라 완제품 및 렌즈 회사인 라이카, 칼자이스와의 경쟁에서 조금도 밀리지 않고 성공가도를 달린 사례를 빗대, 일본의 운동화 브랜드인 오니츠카타이거와 미즈노 등이 독일에서 태어나 당시 세계를 석권하고 있던 스포츠 브랜드 아디다스와 푸마를 능가할 수 있을 것인지를 분석한 논문이었다.

결론부터 이야기하자면, 나이트는 충분히 그럴 수 있으리라 생각했다. 당시 전쟁 후유증을 극복하고 오랜 기간 전해 내려온 정교한 손기술과 철저한 장인정신을 바탕으로 최고의 제품들을 저렴한 가격에 만들어내던 일본. 그러한 일본에서 만든 운동화라면 아무리 독일 브랜드의 아성이 높다 하더라도 충분히 극복할 수 있으리라 생각했다.

거기까지 생각이 미친 그는 일단 일본으로 건너갔다. 그리고 고베에 위치한 오니츠카타이거 본사를 찾아가 자신을 미국 내에서 가장 영향력이 있는 딜러 중 한 명이라고 허풍을 떤 뒤 오니츠카타이거의 판권을 달라고 했다. 쉽지는 않았지만 이런저런 우여곡절 끝에 미국 전역에 대한 독점 판권을 취득한 그는 1964년 블루리본스포츠라는 회사를 창업하게 되었다. 그러나 말이 거창해서 창업이지, 일본에서 보내준 물건을 받아다가 트럭에 싣고 다니면서 파는 행상에 지나지 않았다.

　　'패전국인 일본 사람이 만든 운동화라고?', '잽(일본인을 얕잡아 부르던 속어)이 만든 운동화가 작아서 어디 우리 발에 맞기나 하겠어?', '유럽 신발이라면 디자인이라도 멋있겠지만…' 일본에 대한 미국인들의 이러한 고정관념 탓에 초기에는 판매에 고전을 면치 못했다. 그러나, 몇 달 지나지 않아 나이트가 들여온 질 좋은 일제 운동화는 시장에서 폭발적인 반응을 얻기 시작했다. 첫해 8,000달러를 벌어들인 그들은 2년 뒤인 1966년에는 행상 신세를 벗어나 첫 번째 단독 매장을 캘리포니아 산타모니카에 열게 되었고, 그 성장 속도는 이후 그들 스스로가 무섭다고 할 정도가 되었다.

그러나, 오니츠카타이거가 불티나게 팔려나갈수록 나이트와 동업자들은 뭔가 아쉬운 생각이 들었다. 그들이 생각한 것은 단순히 싸고 질 좋은 외국산 운동화를 들여와서 미국인들의 주머니를 터는 것에 있지 않았기 때문이다. 그들의 마음속에는 그들 스스로 만든 운동화를 미국인들에게, 더 나아가서는 세계인들의 발에 신기고 싶다는 욕망이 가득했다.

때문에 1970년대 초반으로 접어들면서 나이트와 동업자들, 그리고 블루리본스포츠는 독자적인 브랜드의 신발을 조금씩 만들어서 팔기 시작했다. 그런 움직임을 눈치 챈 오니츠카타이거는 계약 위반을 들어 강력한 경고의 메시지를 보내왔다. 계약서를 들이밀고 엄포를 놓으면 '스미마셍-'하며 접고 들어오겠지.

그러나, 오니츠카타이거의 예상은 빗나갔다. 나이트 그리고 블루리본스포츠는 그런 일본인들의 상상의 범주 바깥의 트랙을 달리던 이들이었기 때문이다. 그들은 오히려 '이때가 기회'라는 듯 먼저 계약 해지를 선언하고 1971년 독자적인 브랜드를 내세운 회사로 변신했다.

그 회사가 바로 우리가 익히 알고 있는, 그리고 앞으로 우리가 학습하게 될 나이키다.

나이키의 경쟁자들 1:
오래된, 그리고 가장 강력한 경쟁자 형제

1964년에는 블루리본스포츠라는 일제 운동화 수입 도매상으로, 1966년부터는 단독 매장에서 운동화를 판매하는 소매상으로, 그리고 1971년부터는 독립 브랜드로 미국시장에 대망의 첫걸음을 내딛었던 나이키. 세계 최고, 최대의 스포츠 용품 브랜드로 성장한 오늘날의 모습만 봐서는 창립 이래 승승장구하며 별다른 경쟁자 없이 독보적인 성공을 거뒀을 것 같지만, 실제로는 그렇지 않았다.

나이키의 역사가 곧 경쟁자들과의 피비린내 나는 경쟁의 역사 그 자체라 할 정도로 나이키는 엄청난 이들과 치열한 승부를 벌이며 오늘날까지 성장해왔다. 그들 가운데에서도 가장 강력하고 오랜, 그리고 오늘날까지도 숨 막히는 경쟁을 펼치고 있는 경쟁자는 독일의 스포츠 브랜드 '아디다스'다.

독일 바이에른주 마인강의 지류인 페그니츠강 오른편에 자리 잡고 있는 오래된 공업도시 뉘른베르크의 한적한 시골 마을 헤르초게나우라흐에는 아돌프 다슬러와 루돌프 다슬러 형제가 살고 있었다. 이들은 시중에서 팔리고 있던 신발에 많은 불만을 갖고 있었다. 당시의 신발들은 신고 조금만 뛰거나 작업을 해도 금세 앞코가 터지고 밑창이 닳아버리는 등 내구성이 이루 말할 수 없이 조악했다. 디자인은 차마 입에 올리기도 민망했다.

형제는 그런 불만을 마음속에 담아만 두지 않고, 힘을 모아 직접 해결하기로 했다. 부모님이 운영하시던 세탁소 한 켠을 신발 공방으로 개조한 뒤, 1924년부터 '다슬러 형제의 신발 공방'이라는 간판을 걸고 운동할 때 신을 수 있는 편하고 가벼우면서도 튼튼한 가죽 신발을 만들기 시작했다.

동생인 아돌프가 전반적인 공방의 운영과 신발의 제작을 맡고, 형인 루돌프가 영업을 전담하며 다슬러 형제의 신발 공방은 독일 전역에 명성을 떨치게 되었다. 더군다나 형 루돌프가 당시 독일의 정치, 사회, 군사, 문화를 지배했던 독일 국가사회주의 노동자당, 일명 나치NAZI에 가입하면서 그들이 만든 신발은 날개 돋친 듯 팔려 나가기 시작했다.

다슬러 형제의 신발 공방이 지금과 같은 세계적인 스포츠 용품 회사로 성장하게 된 계기도 '나치'였지만, 아이러니하게도 창립 이후 가장 큰 위기를 겪게 된 이유 역시도 '나치'였다.

1936년 베를린 올림픽. 미국을 대표해 육상 경기에 참가한 제시 오언스 Jesse Owens는 가볍고 튼튼하기로 유명한 다슬러 형제의 신발을 신고 100미터, 200미터, 400미터 계주 그리고 멀리뛰기 종목에서 무려 4관왕이라는 위업을 달성하게 되었다. 세계 최고의 육상 스타로 떠오른 제시 오언스가 누가 만든 신발을 신었는지에 전 세계 스포츠팬들이 이목을 집중했고, 곧이어 그가 다슬러 형제가 만든 신발을 신고 우승했다는 소식이 퍼지면서 다슬러 형제의 공방은 말 그대로 세계적인 브랜드로 성장하게 되었다.

문제는 베를린 올림픽이 독재자 아돌프 히틀러가 아리아인의 우수성과 독일 제국의 힘을 보여주기 위해 심혈을 기울여 개최한 체제 홍보 이벤트였고, 오언스는 그런 히틀러가 혐오해 마지않았던 '미개한 종족' 흑인이었다는 것이다. 때문에, 한동안 다슬러 공방은 초창기의 전폭적인 지원과는 정반대로 냉랭해진 나치 관계자들을 달래느라 고생을 해야 했다. 베를린 올림픽에서 온탕과 냉탕을 오가며 단맛과 쓴맛을 맛본 다슬러 형제의 공방은 이후 승승장구하며 세계 최고의 운동화 생산 회사로 성장했다. 그러나, 호사다마랄까? 회사가 커나갈수록 형 루돌프와 동생 아돌프는 회사의 운영을 두고 사사건건 대립하게 되었다.

결국, 형 루돌프 다슬러는 자신을 따르는 부하직원들을 거느리고 다슬러 공방을 떠나 페그니츠강 건너편에 또 다른 신발 회사를 차렸다. 그리고는 어린 시절 자신의 별명을 브랜드명으로 하여 운동화를 만들어 팔기 시작했다. 그 회사의 이름은 '푸마.' 이후 현재까지도 세계적인 스포츠 용품 회사 중 하나로 남아있다.

한편, 형이 떠나고 홀로 남게 된 동생 아돌프 다슬러는 부인 케테 다슬러의 도움을 받아 공방을 정상화시키기 위한 작업에 착수했다. 회사의 분위기를 일신하기 위해 오랫동안 유지해온 '다슬러 공방'이라는 이름을 버리고, 자신의 애칭인 '아디'에 '다슬러'의 앞 세 글자를 붙여 새로운 회사 이름을 만들고 본격적인 사업 확장에 나섰다. 유럽을 넘어 세계를 주름잡는 거대 스포츠 용품 기업 '아디다스'의 탄생이었다.

1960년에서 70년대 말까지 아디다스의 성장세는 특히 무서웠다. 아디다스 브랜드 자체의 성장도 무서웠지만, 그들이 새롭게 자회사로 설립하거나 인수한 회사들 역시 승승장구하면서 '최고라면 아디다스를 입고 신어라. 최고가 아니라면 최고가 되기 위해 아디다스를 입고 신어라'라는 말이 있을 정도로 '운동 좀 한다는 사람'이라면 당연히 아디다스를 입고 신는 것이 당연시되었다. 국제올림픽위원회IOC, 국제육상경기연맹IAAF, 국제축구연맹FIFA 등 굵직굵직한 국제 체육 단체의 주요 요직에도 아돌프 다슬러와 친분이 있는 인사들이 포진하여 각종 공식 용품 채택, 스폰서 브랜드 선정 등에 아디다스에게 유리한 결정을 내려주면서 세계 스포츠계는 바야흐로 '아디다스 천하'가 되었다.

나이키의 경쟁자들 2: 화려했던 과거를 꿈꾸는 스포츠 용품계의 맏형

아디다스가 독일에서 태어나 성장한 경쟁자였다면, 리복은 영국에서 태어나서 성장한 경쟁자였다. 지금이야 나이키와 아디다스의 등쌀에 밀려 세계 각국에서 매출 규모로만 치면 3, 4위 수준의 브랜드로 평가받고 있지만, 리복은 그 역사가 지금으로부터 100년도 훨씬 넘게 거슬러 올라간 1890년 무렵부터 시작된 스포츠 브랜드의 원조 또는 시조새쯤 되는 기업이다.

잉글랜드 중부 볼튼 지역에서 단거리 육상 선수로 이름을 날리던 조셉 포스터Joseph W. Foster는 매번 스타트를 할 때마다 앞발이 미끄러져 넘어지기 일쑤였다. 그를 개선하기 위해 신발의 밑창에 여러 가지 소재를 사용해봤지만 별 효과가 없었다. 그러던 어느 날, 훈련을 마친 그의 머릿속에 '신발의 밑창에 날카로운 못을 촘촘히 박아 바닥을 찍듯이 달려 나가도록 하면 될 것 아닌가?' 하는 생각이 떠올랐다.

바닥에 못을 박으니 스타트할 때 신발이 미끄러지지는 않았지만, 스타트 이후 주로를 달릴 때는 마치 하이힐을 신고 뛰는 것처럼 균형이 맞지 않고 발이 아파 제대로 달릴 수 없다는 치명적인 단점이 발생했다. 그러한 단점을 해결하기 위해 무려 5년의 시간 동안 그는 연구에 연구를 거듭해 신발의 앞쪽은 단단한 밑창에 못을 촘촘히 박고 나머지 부분은 일반적인 운동화와 같은 모양을 갖춘 스파이크 신발을 발명하게 되었다. 처음에는 '포스터와 아들들'이라는 이름의 작은 공방으로 시작한 회사는 1895년 '머큐리스포츠Mercury Sports'로 사명을 바꾸며 본격적으로 스파이크 러닝화를 생산하기 시작했다.

주로 영국 지역에서 이름을 떨치던 머큐리스포츠의 스파이크 러닝화가 세계적인 명성을 갖게 된 것은 1924년 프랑스 파리에서 개최된 제8회 하계 올림픽 대회에 영국 대표팀이 머큐리스포츠에서 제작한 스파이크 러닝화를 신고 출전하면서부터였다.

당대 최강이었던 영국 육상 대표팀은 머큐리스포츠의 스파이크 러닝화를 신고 남자 100미터, 400미터, 800미터에서 금메달, 남자 400미터 계주, 3,000미터 팀 레이스, 10킬로미터 경보에서 은메달, 남자 200미터, 400미터, 1,500미터, 1,600미터 계주에서 동메달을 따는 등, 말 그대로 대부분의 육상 종목을 석권하면서 일대 파란을 일으켰고, 당연히 그들이 신었던 신발에 전 세계인의 이목이 집중되었다. 바야흐로 머큐리스포츠의 스파이크 러닝화는 영국을 뛰어넘어 세계적인 명성을 얻게 된 것이다.

창업자였던 조셉 포스터 사망 후 경영권은 두 아들, 제임스와 존에게 넘겨졌다. 그러나 실질적인 회사의 운영은 그들의 아들이자 조셉 포스터의 손자였던 조 포스터 주니어와 제프리 포스터가 맡게 되었다. 그들은 이제까지 써왔던 '머큐리'라는 브랜드가 로마 신화에 나오는 여행, 체육, 상업의 신의 이름에서 따왔기에 그 의미도 좋고, 많은 사람들에게 익숙하지만, 너무 흔하고 독창적이지 않다는 생각을 오랜 시간 해왔었다.

조금 더 특이하면서도 한 번 들으면 사람들의 뇌리에 선명하게 남을 이름을 찾던 그들은 우연히 아프리카에서 치타를 빼고 가장 빠른 동물로 꼽힌다는 가젤류 중 하나인 그레이리복Grey Rhebok의 존재를 듣게 되었다. 미끈한 몸매에 정적이고 아름다운 자태를 지니고 있으면서도 한 번 달리기 시작하면 시속 80킬로미터를 넘나드는 엄청난 속도로 달리던 리복에 매료된 그들은 자신들의 브랜드 이름을 리복의 철자를 바꿔 'Reebok'으로 정했다.

그렇게 영국과 영연방 국가 그리고 일부 북미 지역의, 주로 러닝화시장에서 활약하던 리복이 세계적인 성장을 거두게 된 계기는 1979년 미국의 캠핑 장비업자이자 모험가로 유명했던 폴 파이어맨Paul Fireman이 리복의 북미 판권을 사들이면서부터였다. 1980년대 초반에 불기 시작한 운동 열풍에 힘입어 사업을 확장하던 리복은 1982년 여성들을 위한 에어로빅화인 '프리스타일'이라는 제품을 생산, 판매하기 시작했는데 신발의 인기에 폴 파이어맨의 수완이 합쳐지면서 리복은 북미시장에서 폭발적인 성장을 거두게 되었다.

그 여세를 몰아 리복은 펌프Pump라는 공기 주입 방식을 운동화에 도입하여 기존에 운동화 끈이나 벨크로 테이프, 일명 찍찍이로 신발과 발을 밀착, 고정시키던 방식을 뛰어넘는 새로운 형태와 방식으로 착용감을 극대화한 농구화를 선보임으로써 80년대 들어 다소 부진했던 아디다스를 대신하여 나이키의 강력한 경쟁자로 급부상하게 되었다.

나이키의 경쟁자들 3: 막내지만 무섭게 도전해오는 신흥 강자

앞서 살펴본 두 경쟁자들이 과거의 경쟁자이자 이미 나

이키와 한 번 이상 승부를 겨뤘고, 그 경쟁에서 나이키가 승리를 거두면서 어느 정도 우열이 정해진 경쟁자라면, 마지막으로 꼽을 경쟁자는 현재 또는 미래의 경쟁자이자 현 시점에서 보면 나이키의 가장 강력한 라이벌이 될 가능성이 매우 높은 신흥 경쟁 상대다.

1972년 메릴랜드 켄싱턴에서 태어난 케빈 플랭크Kevin Plank는 메릴랜드 최대 규모의 부동산 개발 회사 사장이었던 아버지와 켄싱턴시의 전임 시장이었던 어머니 덕분에 유복한 가정에서 자라났다. 다만 학업 성적은 조금 부진했던 터라 그의 아버지는 플랭크를 대학에 보내기 위해 미식축구를 가르쳤고, 메릴랜드대학교에 체육 특기생으로 입학을 할 수 있었다.

대학팀에 들어가서 그가 맡게 된 역할은 풀백 또는 러닝백이었다. 그는 일단 시작을 했으니, 당대 미식축구리그NFL 최고의 풀백으로 인정받았던 대릴 존스턴Daryl P. Johnston이나 역사상 최고의 러닝백으로 꼽히는 배리 샌더스Barry Sanders와 같은 선수가 되고 싶었다.

그러나 그러기에는 타고난 재능이 부족해도 한참 부족했다. 거기에 그에게는 운동선수로서 치명적인 약점이 있었으니, 지독한 다한증 증세가 있었다는 점이다. 가만히 서있기만 해도 땀이 줄줄 흘러내리는 체질의 그였기에 쿼터백의 뒤편에 있다가 결정적인 순간에 엄청난 속도로 달려 나가며 상대편 선수가 막아서면 힘겨루기까지 해야 하는 풀백 혹은 러닝백 포지션은 큰 부담이었다. 가벼운 몸풀기 훈련을 할 때도 속에 받쳐 입는 셔츠를 남들보다 빈번하게 갈아입어야 했고, 중요한 경기라도 있는 날이면 여러 장의 속셔츠를 준비했다가 쉬는 시간마다 갈아입어야 했다.

그러던 어느 날, 그런 불편을 겪고 있던 그에게 누군가 특수소재로 만든 쫄티를 선물해주었다. 처음에는 몸에 꽉 끼는 착용감에 불평을 늘어놓던 플랭크는 이내 땀을 급속히 배출해서 저절로 마르게 만드는 티셔츠의 성능에 푹 빠져들어 버렸다.

이 티셔츠의 기능과 효과에서 대박의 조짐을 발견한 그는 아예 할머니 집 지하 창고를 빌려 몸에 딱 붙어 활동성은 극대화하면서도 땀은 쉽게 배출해서 마르게 하는 기능성 셔츠를 개발하기 시작했다. 주로 여성용 보정 속옷 등에 들어가는 탄성섬유를 섞어 만든 플랭크의 셔츠는 이내 땀을 많이 흘리는 운동선수들 사이에 입소문을 타면서 엄청난 속도로 팔리기 시작했다.

할머니 집의 가내수공업 공장에서 생산한 티셔츠 물량으로는 시장의 넘치는 수요를 맞추지 못하게 되자, 플랭크는 주위의 투자를 받아 1997년 오하이오에 공장을 세우고 본격적인 스포츠 용품 기업의 체계를 갖추기 시작했다. 또, 자신의 옷을 두고 '쫄쫄이 속옷underlayer'라고 비웃는 사람들을 향해

"이 옷은 속옷이 아니라,

과거 기사들이 철제 장구를 착용하기 전에

속에 받쳐 입던 속갑옷이다!"

라고 일갈하며, 자신이 만든 티셔츠 회사의 이름을 '속에 받쳐 입는 갑옷'이라는 뜻인 '언더아머Under Armour'라 명명했다.

결국, 사업을 본격적으로 시작한 1996년 말에는 채 2만 달러에도 미치지 못하던 매출이 불과 18년이 지난 2014년에는 무려 30억 8,000만 달러로 늘어나 북미 스포츠 용품시장만을 기준으로 했을 때 부동의 2위였던 아디다스를 제치고 나이키에 이어 두 번째로 거대한 스포츠 용품 기업으로 자리매김하게 되었다.

현재도 언더아머는 미국에서 가장 핫한 스포츠 용품 기업 중 한 곳이며 수많은 프로 스포츠 스타들이 즐겨 착용하는 브랜드이자 나이키의 강력한 경쟁자로 대접받고 있다.

아! 그리고 보니 '나이키의 역사'를 이야기한다고 해놓고 '아디다스', '리복', '언더아머'의 역사를 더 길게 늘어놓고 말았다. 어차피 무수한 경쟁자들과 치열한 승부를 겨뤄온 것이 나이키의 역사이기도 하고, 앞으로 나이키의 이야기는 질리도록 나올 예정이니 이 정도에서 마무리하고 다음 이야기로 넘어가도록 하자.

세 번째 강의

나이키의 현장 중시
제품 전략

탁월한 제품과 서비스는
어떻게 탄생하는가?

와플 팬으로
신발을 굽다

몇 해 전 봄. 웹 서핑을 통해 이런저런 뉴스를 살펴보던 나는 깜짝 놀랐다. 미 항공 우주국, 나사NASA가 6개월짜리 프로젝트 하나를 승인했다는 뉴스였다. 우주, 항공과 관련한 수백, 수천 가지 프로젝트를 진행 중인 나사에서 또 하나의 프로젝트에 착수했다는 것은 놀라운 뉴스가 아니었다. 다만, 그들이 착수하기로 한 프로젝트의 성격이 나를 깜짝 놀라게 했다.

그들의 신규 프로젝트는 인간이 먹는 음식을 3D 프린터를 이용해 만들어내겠다는 것이었다. 만우절 농담 같은 이 프로젝트는 나사가 SMRC^Systems and Materials Research Corporation라는 기업에 무려 12만 5,000달러나 투자해 추진한 진짜 프로젝트였다.

나사가 다소 허무맹랑하게 들리는 이런 프로젝트를 추진하게 된 배경은 다음과 같다. 장거리 우주여행은 한 번에 15년 이상 걸릴 수 있는데, 그럴 때 비행 중 먹을 음식을 모두 음식물의 형태로 가져가려면 연료를 실을 공간과 우주비행사가 생활해야 할 공간까지 음식물로 채우고도 모자랄 지경이라는 계산 결과가 나왔다. 음식물이 산화되거나 부패하지 않도록 하기 위한 보관용기나 냉장시설도 필요하니, 말 그대로 우주선인지 음식물 운반선인지 구분이 안 될 지경에 이르게 되리라는 예측이었다.

때문에 우주인들에게 필요한 음식을 완성된 형태로 우주선에 싣는 대신 탄수화물, 단백질, 미네랄을 함유한 영양소들을 습기를 완전히 제거한 분말 형태로 실은 뒤 끼니 때마다 3D 프린터가 그 분말로 음식을 '출력'하는 방식을 생각하게 된 것이었다.

이처럼 음식을 전통적인 식당 주방이 아닌 3D 프린터 등의 장비가 갖춰진 연구실이나 설비로 가득한 공장에서 만들어내려는 시도는 이미 여러 곳에서 이어지고 있다. 영국의 한 대학교에서는 이미 영양성분이 함유된 분말로 기초적인 음식을 만드는 데 성공했고, 보다 더 복잡한 음식물을 만들기 위한 연구에 착수했다. 캐나다나 네덜란드는 음식의 원료가 되는 시금치, 양상추 등의 채소와 당근, 감자 등과 같은 뿌리식물을 논밭이 아닌 100% 로봇에 의해 운영되는 폐쇄된 공장에서 생산하는 데 성공하기도 했다.

뉴스를 다 읽은 내 머릿속에서는 엉뚱하게도 이런 생각이 떠올랐다.

'그런데 반대인 경우는 어떨까?'

음식물이 만들어져야 할 주방에서 조리기구들을 이용해 공장에서 만들 법한 공산품을 생산해낸다면? 예를 들어 전자레인지를 이용해 볼펜이나 만년필을 만들어내고, 프라이팬을 이용해 옷이나 신발을 만들어낸다면, 과연 이게 가당키나 한 이야기일까? 아니, 설사 그게 가능하더라도, 부엌에서 만들어낸 제품을 우리가 실생활에서 제대로 사용할 수 있을까?

그런데, 그런 '설마 했던 일'을 해냈던 사람들이 있었다. 그것도 이미 수십 년 전에.

다들 예상하다시피 나이키가 바로 그 주인공이었다.

물론, 현재 나이키의 밑창은 고성능 컴퓨터를 활용해 정교하게 디자인되고, 실제 제품화에 앞서 우주식량을 만드는 데나 사용할 첨단 3D 프린터를 활용해 시제품을 만든다. 그 뒤 엄청나게 복잡하고 다양한 실험을 거쳐 최종적으로 만족할만한 데이터 값을 얻은 제품만이 대량생산되어 시장에 출시되고 있다. 마치, 우주 공간에서 입을 우주복을 만드는 것처럼 매우 과학적으로 만들어지고 있는 것이다. 그런데, 그 첫 시작으로 거슬러 올라가 보면, 앞서 운을 띄웠던 것처럼 '그런 대단한' 나이키의 밑창은 '누군가의 집' 주방에서 시작됐다.

"여보! 바로 그거야!"

"잠깐만, 그거 내가 좀 빌릴게! 하하하! 하하하!"

1970년 어느 아침이었다. 부엌 식탁에 앉아 아침 식사를 기다리던 나이키의 공동창업자 빌 보워만의 눈에 음식을 준비하는 아내의 모습이 들어왔다. 순간 보워만은 자리에서 벌떡 일어났다. 그리고는 아내의 손에 들려있던 주방기구를 빌려달라고 해서는 그 길로 회사 작업실로 뛰어갔다.

그 무렵 그의 머릿속에는 온통 신발 밑창에 대한 생각뿐이었다. 단거리 선수들은 달리는 거리는 짧지만 폭발적인 가속도를 내기 위해 스타트 후 최초 열 걸음 이상은 발에 엄청난 부하가 걸릴 정도로 내딛어야 했다. 장거리 선수는 단거리 선수에 비해 가볍게 내딛기는 하지만, 긴 시간 동안 지속적으로 발에 무리를 가하며 뛰어야 했다. 이들에게 보다 완벽한 쿠션을 주고 싶었던 보워만은 온갖 종류의 소재로 이런저런 디자인의 밑창을 만들어봤지만 영 마음에 들지가 않았다. 그러던 차에 아침 식사를 준비하던 아내의 손에 쥐어진 주방도구, 바로 와플을 만드는 무쇠 팬을 발견한 것이었다.

보워만은 아내에게 빌려온 와플 팬을 틀 삼아 여러 가지 소재를 녹여 부어 밑창을 만들어봤다. 예상은 적중했다. 그냥 평평한 밑창 소재를 발 모양으로 잘라서 만든 밑창에 비해 올록볼록한 와플 팬에 재료를 부은 뒤 굳혀서 만든 밑창은 훨씬 덜 미끄러웠고, 발에 가해지는 충격도 훨씬 덜했다. 몇 가지 소재를 더 구해 실험을 거친 뒤 밑창의 모양이 최종적으로 완성되었고, 그렇게 만들어진 밑창은 이후 나이키에서 출시된 대부분의 신발에 장착되었다.

나이키의 역사는 곧 중력과의 전쟁에 대한 기록이다

멋진 폼으로 점프하여 슛을 성공시킨 농구 선수!

찰나의 시간 동안 공중에 머문 뒤 바닥에 착지한다. 일반인들의 체공 시간은 0.5초 이상 되기가 쉽지 않고, 한때 인간계 최장의 체공 시간을 자랑했던 마이클 조던의 기록도 채 1초에 못 미치는 0.92초였다!

이렇게 1초도 안 되는 시간 동안 공중에 머문 뒤 바닥으로 내려올 때 발이 받는 충격은 선수 자신 몸무게의 약 10배. 전성기 시절 마이클 조던은 키 198센티미터에 몸무게 98킬로그램이었다고 하니, 그의 발은 한번 점프슛을 할 때마다 980킬로그램의 충격을 그대로 받는 셈이었다. 그나마 농구의 경우 슛이나 리바운드를 하기 위해 점프하는 횟수를 다 합쳐도 경기당 100회를 넘지는 않으니 그래도 괜찮지만, 장거리 육상 선수의 경우에는 농구 선수만큼 강한 충격은 아닐지라도, 충격이 가해지는 횟수가 차원이 달랐다.

5,000미터 선수의 경우 3,000~3,500번, 1만 미터 선수의 경우 5,000~5,500번, 42.195킬로미터를 달려야 하는 마라톤 선수는 무려 2만 5,000번이나 발에 자신의 몸무게 이상이 되는 충격을 주어야만 했다. 특히, 그중에서도 통상 가장 먼저 땅에 닿는 뒤꿈치 부분에 몰리는 충격은 가히 상상을 초월했다.

다행히도 우리의 인체는 직립보행에 적응하면서 그러한 충격으로부터 우리의 발을 보호하기 위한 방향으로 진화해왔다. 인체의 뼈 중 약 25% 가량이 발에 집중되어있고, 전반적인 모양 역시 충격을 가장 잘 흡수하도록 되어있다. 그럼에도 불구하고 인류는 조금이라도 발에 충격을 덜 주면서 스포츠를 즐기기 위해 많은 노력을 해왔다. 에틸렌과 비닐아세테이트를 인공적으로 화합시켜 만들어낸 에틸렌비

닐아세테이트의 경우 단단하면서도 충격을 가하면 부드러워지는 특징이 있어 체중의 분산과 충격 흡수 효과가 탁월하다. 때문에 그 특성을 활용한 제품들이 신발의 밑창으로 인기리에 활용되고 있다. 말랑말랑 부드럽기로는 둘째가라면 서러울 실리콘 소재 역시 재가공을 통해 신발의 중창 소재 등으로 널리 활용되고 있다.

하지만, 자연의 순리를 거스르고자 발에 가해지는 충격-중력을 벗어나고자 했던 시도에 대해 가해지는 가혹한 형벌로부터 인체를 해방시키기 위한 운동화 쿠셔닝의 역사, 그 역사의 새 장을 열었던, 지금까지도 가장 효과적이며 인기 있는 쿠셔닝 기술은 1979년 나이키로부터 나왔다.

1979년 당시, 나사 엔지니어 출신 신발 개발자였던 프랭크 루디M. Frank Rudy는 인체, 특히 발에 가해지는 충격을 최소화할 수 있는 기술을 개발하기 위해 골머리를 앓고 있었다. 시중에 판매되는 온갖 소재들을 사용해서 이리 겹쳐보고 저리 더해봤지만 원하는 수준의 충격 흡수 효과를 거둘 수 없었다. 충격을 흡수하는 소재들은 많았지만 그 재질이 대부분 말랑말랑해서 그 소재로 만든 밑창을 달고 조금만 오래 달려도 밑창이 찢어지거나 내려앉아 두께가 반으로 줄어버리는 일이 비일비재했기 때문이다.

그러던 중 루디는 풍선을 깔고 앉으면 푹신푹신한 기분이 드는 것에서 착안하여 '탄성이 좋은 튜브 안에 공기를 주입한 뒤 밀봉해서 충격을 가

세 번째 강의 나이키의 현장 중시 제품 전략

해보면 어떨까?'라는 생각을 하게 되었다. 기존의 경험대로라면 충격을 흡수 분산한 뒤 다시 원상태로 복귀할 것이라는 생각이 들었다. 그를 신발의 밑창으로 사용한다면 원하는 수준의 쿠셔닝을 얻을 수 있으리라는 데까지 생각이 미친 루디는 곧바로 시제품 제작에 착수했다. 질긴 비닐로 튜브를 만든 뒤, 그 안에 질소 가스를 충전시키고 입구를 밀봉하는 방식으로 밑창을 제작했다.

테스트 단계에서 튜브가 터지는 바람에 개발이 난관에 봉착하기도 했지만, 열경화성 수지가 아니라서 지나치게 단단하지도 않으면서 유사한 3차원 구조를 지니고 있어 질기고 화학약품에 잘 견디며, 신축성까지 좋은, 그러면서 값도 비싸지 않은 폴리우레탄이라는 최상의 재료를 찾아내면서 개발에 속도가 붙었다. 결국 몇 차례의 시행착오 끝에 러닝화인 테일윈드 제품의 밑창에 처음으로 이 쿠셔닝 시스템이 적용되었다.

밑창의 이름은 당연하게도 '공기^{air}'가 들어간 '밑창^{sole}'이라는 뜻의 '에어 솔^{Air Sole}.'

이후 40여 년간 전 세계에서 가장 유명한 쿠셔닝 시스템이자 진화를 거듭해 현재까지도 가장 사랑받는 쿠셔닝 시스템으로 평가받고 있는 '나이키 에어'가 탄생하는 순간이었다.

스포츠는 진화한다.
쿠셔닝도 함께 진화한다

초기에는 뒤꿈치 부분에 작은 크기의 에어솔을, 그것도 잘 보이지 않도록 밑창 안쪽에 적용한 제품들이 주를 이루었으나 에어 시스템이 선풍적인 인기를 끌면서 에어솔을 바깥에서 보이도록 하거나 아예 밑창 전체에 에어 시스템을 적용한 제품까지 등장하게 되었다.

진화를 거듭하던 에어 시스템은 1993년이 되자 더욱 극적으로 발전했다. 다소 납작한 형태였던 에어 튜브를 더 크게 만들고 보다 고압의 압축 공기를 밀어 넣어 쿠셔닝을 극대화시킨 맥스에어^{Max Air} 시스템이 등장한 것이다. 1987년도에 최초의 라인업이 등장했지만 크게 주목받지 못하고 있던 에어맥스^{Air Max} 제품 라인은 맥스에어 시스템을 밑창에 적용한 제품들을 선보이면서 그야말로 초대박을 치게 되었다. 그중 대표적인 것이 지금까지도 나이키가 만들어낸 제품 중 가장 히트한 제품을 꼽으면 늘 세 손가락 안에 들어가는 '에어맥스95'였다.

보다 나은 쿠셔닝을 제공하기 위한 나이키의 노력은 이후로도 끊임없이 계속되었다. 에어맥스95의 엄청난 성공 분위기가 채 가시기도 전인 1995년, 나이키는 줌에어^{Zoom Air}라는 신기술을 선보였다.

세 번째 강의 나이키의 현장 중시 제품 전략

맥스에어가 두꺼운 튜브에 고압의 공기를 주입하다 보니 더 많은 쿠셔닝을 얻을 수는 있었지만, 반대로 신발이 발에 밀착되지 못하고 조금은 붕 뜬 느낌을 준다는 소비자들의 의견을 반영하여 두께는 얇으면서도 충분한 쿠셔닝을 얻을 수 있도록 한 기술이었다.

초기에는 맥스에어의 풍성한 느낌에 비해 줌에어의 다소 밋밋한 쿠셔닝은 소비자들의 관심을 끌기 부족했다. 더군다나 보이는 쿠션visible cushion을 표방한 맥스에어가 신발 외형에서도 에어솔이 들어있는 것을 알 수 있었던 반면 줌에어는 아무런 표시가 없었기에 소비자들의 외면을 받기도 했다. 하지만 실제 운동화를 착용하고 줌에어의 성능을 경험해본 소비자들의 반응이 시장에 퍼지면서 점차 사랑을 받기 시작했다. 그 인기의 불길에 기름을 부은 것은 1996년도 미국에서 치러진 애틀랜타 올림픽이었다. 줌에어를 장착한 농구화, 러닝화를 신은 미국 대표 선수들이 연일 최고 기록을 경신하며 연승 끝에 금메달을 획득하자 줌에어의 인기 역시 하늘 높은 줄 모르고 치솟기 시작했다.

줌에어가 시장에 완벽하게 안착한 1999년에는 또 다른 형태의 새로운 쿠셔닝 시스템이 등장했다. 샥스Shox라고 불리는 시스템이 바로 그것이다. 겉으로 보기에는 여러 개의 플라스틱 스프링이 신발의 밑창을 받치고 있는 구조처럼 보이지만, 실제로 스프링은 아니고 스프링처럼 기능할 수 있도록 탄력이 있는 소재를 기둥 모양으로 만들어 신발의 밑창을 지탱하는 방식이었다. 마치 공상과학영화에나 나올법한 다소 이질적인 디자인 탓에 초기에는 소비자들로부터 외면을 받았지만, 기존의 줌에어를 더한 모델들이 출시되면서 나이키 쿠셔닝의 역사에 한 획을 긋는 쿠셔닝 시스템으로 자리 잡게 되었다.

변화를 거듭하던 나이키의 쿠셔닝 시스템은 최근 들어 밑창에 별도의 시스템을 삽입하는 형태에서 밑창을 이루는 소재 자체를 변화시켜 쿠션을 제공하는 형태로 진화하고 있다. 탄력이 좋으면서도 어느 정도 강성을 지니고 있고 무게는 가벼운 루나 라이트 폼Luna Light Form이라는 소재를 활용해 발바닥의 특정 부위에 몰리는 압력을 발 전체로 고르게 퍼뜨려줌으로써 발의 부담을 줄이고 기능은 빠르게 회복시켜 주는 기술은 달을 뜻하는 라틴어인 'luna'에서 그 이름을 따온 이유를 설명해주듯 중력이 없다시피 한 달에서 걷는 것 같은 부드러운 쿠셔닝을 제공하며 선풍적인 인기를 끌고 있다.

나이키의 역사가 곧 신발 밑창 쿠셔닝의 진화를 이끌어온 역사라 할 정도로 나이키는 쿠셔닝 기술의 발전을 위해 최상의 노력을 기울여왔다. 또한 지금 이 순간에도 더 나은 쿠셔닝을 제공하기 위해 수많은 노력을 기울이고 있기도 하다.

집착에 가까운 그들의 연구와 노력.

그렇다면 그 시작과 원동력은 어디에서부터였을까? 그를 설명하기 위해 나이키 이야기를 접어두고 잠시 다른 기업의 이야기를 해볼까 한다.

세상에서 가장 유명한 수프 회사를 구해낸 위대한 '어슬렁거림'

지금이야 우리나라에서 만든 물건의 품질이 수입품과 비슷하거나 더 나은 경우가 대부분이라 그 인기가 많이 떨어지기는 했지만, 한때 우리나라 사람들에게 '미제'나 '불란서제'는 '고품질', '고가', '고급'과 같은 뜻으로 쓰이고는 했다. 과거 우리나라 경제가 발전하지 못했을 때는 외화의 무분별한 유출을 막기 위해 꼭 필요한 것 위주로 수입을 제한했는데, 그러다 보니 미제, 불란서제는 높은 인기에 비해 일반인들이 구하기가 무척 어려웠다. 덕분에 남대문시장이나 부산 국제시장 등에는 이른바 '도깨비시장'이라고 해서 공식, 비공식 루트를 통해 암암리에 구한 수입품들을 웃돈을 얹어 파는 가게들이 성행했다. 나 역시 어린 시절 부모님을 따라 그 도깨비시장의 가게에 가서 미제 먹거리나 영국제 위스키 등을 구경했던 기억이 있다.

그때, 그 가게에서 가장 인기 있었던 제품 중 하나로 '캠벨' 깡통 수프가 있었다. 흰색과 빨간색으로 이루어진 특유의 디자인으로 포장된 캔 안에는 당시 한국에서는 쉽게 맛보기 힘들었던 '정통 미국맛' 수프가 들어 있었다. 가정에서도 냄비에 데우기만 하면 바로 맛볼 수가 있어서 당시 우리나라에 좀 산다 하는 집이나 서양물 좀 먹었다 하는 집에서는 도깨비시장에서 몰래몰래 사다 먹고는 했었다.

그 수프를 만드는 기업인 캠벨수프는 뉴저지 브릿지튼에서 과일, 야채 통조림을 만들어 팔아오던 과일상 조셉 캠벨과 사우스저지에서 역시 통조림을 만들던 아이스박스 제작업자 에이브러햄 앤더슨이 동업해 1869년 창업한 회사였다. 그간 부침은 있었지만, 대표 제품인 수프를 비롯해 과자, 주스 등을 생산하여 전 세계 120개국 이상의 나라에 판매하는 거대 식품 기업으로 성장했다. 한때 코카콜라와 함께 미국의 대량 생산, 자본주의 등을 상징하는 아이콘으로 여겨져 앤디 워홀을 비롯한 수많은 예술가들의 창작 활동에 영감을 불어넣는 역할을 하기도 하며 '세계에서 가장 유명하고 잘 팔리는 캔 수프'의 자리를 굳건히 지켜왔다.

그랬던 캠벨이 1990년대 들어 휘청거리기 시작했다. '유기농'의 '신선한' 식재료가 각광을 받게 되면서 '미리', '대량으로 제조한' 캠벨의 음식들은 인기를 잃기 시작했고, 주요 판매처였던 월마트 등과 같은 대형 마트에서는 선반에서 캠벨의 제품들을 빼겠다고 통보해왔다. 이제까지 열광적인 반응을 보여줬던 소비자들은 캠벨을 '낡고', '오래된' 브랜드로 여기기 시작했다. 당연히 판매량은 급감했고 1999년에서 2001년 단

세 번째 강의 나이키의 현장 중시 제품 전략

3년 만에 주가는 46%나 급락해버렸다. 그뿐만이 아니었다. 회사 사정
이 이렇다 보니 캠벨은 2001년도에 실시된 직원 몰입도 검사에서 조사
대상이었던 500대 기업 가운데 거의 최하위의 평가를 받고 말았다.

그렇게 흔들리던 캠벨에 2001년 새롭게 부임한 CEO가
제너럴밀즈, 크라프트 등과 같은 다국적 식품 기업에서 성공적인 커리어
를 쌓아온 더글러스 코넌트Douglas Conant였다. 최악의 상황에서 캠벨에 합류
한 그는 회사를 추스르기 시작했다. 그를 위해 선택한 방법은 이른바 '운
동화 경영'이었다. 더글러스 코넌트는 출근하는 즉시 중역들이나 팀장들
의 보고를 받는 대신 운동화로 갈아 신었다. 그리고 회사의 곳곳을 돌며
직원들과 대화하기 시작했다. 처음에는 불만의 목소리가 높았다.

"새로 온 CEO는 하는 일이 도대체 뭐야?"
"아니, 이제는 직원 책상까지 찾아와서 감시하겠다는 건가?"
"뒤에서 어슬렁거리니까
도무지 일에 집중을 할 수 없잖아!"

그러나 코넌트는 자신의 운동화 경영을 멈추지 않았다. 일하는 현장을
잘 모르면 문제에 대한 제대로 된 답을 찾을 수 없다는 평소의 소신을
포기하지 않고, 출근 후 간단한 결재 등을 마치고 난 이후에는 늘 운동

화로 갈아 신고 사무실을 돌기 시작했다. 처음에는 본사 사무실만을 돌았지만, 이후로는 생산 현장을, 물류 창고를, 판매 상점을 돌기 시작했다. 그가 위기에 처한 캠벨의 새로운 CEO로 부임해서 그와 같은 방식을 실천한 것은 비슷한 경험을 했던 다른 한 기업의 사례로부터 배운 교훈 때문이었다.

1939년 빌 휴렛과 데이비드 팩커드가 공동창업한 휴렛팩커드, 지금의 HP는 어찌 보면 현재의 실리콘밸리를 만들어낸 원조와도 같은 IT 기업이었다. 그런데, 어렵던 창업기를 버텨내고 회사가 어느 정도 기반에 오르자 HP의 사람들이 변하기 시작했다. 더 정확히는 회사의 중요한 의사결정을 책임져야 하는 부서장과 임원들이 변했다. 함께 고민하고 협력해서 기민하게 문제에 대처하던 모습들은 오간 데 없어지고 권위적이고 고압적인 리더들만 회사에 가득 차게 되었다. 현장에서 어떤 문제들이 벌어지고 있는지는 관심이 없고, 늘 어떻게 하면 사내 정치 싸움에서 승리할지만 골몰하는 이들이 늘어갔다.

그러한 문제를 고민하던 HP의 최고경영진은 한 가지 개념을 리더들에게 전파하기 시작했는데, 그것이 바로 'MBWA'였다. 'Management By Wandering Around', '주위를 어슬렁거리며 하는 경영'이라는 의미의 이 말은, 직원들이 일하는 현장으로 가서 그 주위를 어슬렁거리면서 불편한 점은 없는지, 일을 하는 데 추가적으로 지원해줘야 할 사항은 없는지 살피고 그 즉시 해결해주는 방식의 경영을 말한다.

실제로 이 MBWA가 도입되자 리더들의 반발이 터져 나왔다.

> *"아니, 이제는 부하직원을 찾아뵙고*
> *결재를 받아와야 한단 말인가?"*
> *"부하를 상전으로 모시라는 얘기로구먼."*
> *"그럼, 회장님도 나한테 찾아오실 건가?"*

반발은 부하직원들로부터도 쏟아졌다.

> *"내 보스더러 우리들 감시를*
> *더 열심히 하라는 뜻 아닌가?"*
> *"한마디로, 우리를 믿지 못하겠다는 말이군."*

그런데, 그런 반발은 제도 도입 후 채 6개월도 지나기 전에 싹 사라져버렸다. 리더들의 현장에 대한 이해가 높아지면서 엉뚱한 지시를 내리거나 리더 자신의 학습을 위해 지시하는 불필요한 보고서 작성이 확 줄어든 것이었다. 의사결정의 오류가 줄어들면서 두 번 일을 해야 하는 경우도 확연히 사라졌고, 과거에는 현장의 부하직원과 회의실의 리더가 시장 상황에 대해 이해하는 바가 달라서 서로 엉뚱한 방향에서 업무에 접근하는 경우가 빈번했는데, 이제는 그런 문제가 줄어들면서 일하는 속도가 엄청나게 빨라진 것이었다.

일은 더 하기 쉬워진 반면에 일의 성과는 훨씬 높아지는 경험을 하면서 구성원들은 MBWA에 대해 더 이상 불평을 하지 않게 되었고, MBWA 는 HP를 넘어 경영대학원 교과서에까지 실리는 보편적인 경영 방식의 하나로 발전하게 되었다.

신발은 공장이 아닌 운동장에서 만들어진다

캠벨의 CEO 더글러스 코넌트가 운동화를 신고 사무실을, 생산 현장을, 슈퍼마켓을 누빈 것도 바로 이 MBWA 때문이었다. 그는 직접 일이 이루어지고 있는 캠벨의 모든 현장을 찾아 '무엇이 문제인지', '최고경영자로서 도와줘야 할 부분이 무엇인지' 살폈고, 발견되는 문제, 도와줘야 할 부분은 그 즉시 의사결정해서 실행하는 모습을 보여 줬다. 그렇게 찾아낸 해답, 지원 방안 등은 과거 집무실에 앉아서 부하직원들의 보고를 받거나 중역 회의실에서 몇몇 고위 임원들과의 회의를 통해 도출해낸 그것과는 확연하게 차이가 났고, 그 효과는 즉시 눈에 보이기 시작했다. 코넌트가 CEO로 재직한 10여 년간 캠벨은 수많은 변화를 일궈냈고, 반 토막 나다시피 했던 주가는 고공행진을 거듭했다. 무엇보다 가장 큰 성과는 상실감과 허탈감에 빠져 자신의 직무에 몰입하지 못했던 직원들이 다시금 자신의 일에 몰두할 수 있게 되었다는 것이다.

지금 이 시간에도 자신의 사업에서, 자신이 맡은 조직에서, 자신이 하고 싶은 일에서 최고가 되고 싶어 하는 수많은 사람들이 현장에서 '어슬렁거리고' 있다.

스타벅스를 창업한 하워드 슐츠 회장 역시 세계 최대의 커피 프랜차이즈 기업의 수장이 된 오늘날에도 여지없이 매주 스물다섯 군데 이상의 스타벅스 매장에 들러 '위생 상태는 잘 관리되고 있는지', '제품에 대한 고객의 불만은 없는지', '커피를 제조하고 판매하는 직원들이 불편한 부분은 없는지' 꼼꼼하게 살피고, 도와줘야 할 부분이 있으면 그 즉시 지원해주고 있다고 한다.

물론, 현재의 나이키 신발들은 앞서 말한 것처럼 고성능 컴퓨터와 3D 프린터 그리고 첨단 생산 기기들로 만들지, 와플 팬으로 만들고 있지는 않다. 하지만, 이런 생산 방식의 변화와는 달리 변하지 않는 것이 있다. 그것은 바로 주방의 와플 팬에서 만들어지건 슈퍼컴퓨터와 3D 프린터로 가득 찬 첨단 공장에서 만들어지건, 그 시작점은 언제나 늘 나이키를 신고, 입고, 달리는 이들이 있는 필드에서 시작된다는 점이다.

이 이야기에 나이키의 성공의 열쇠가 되는 또 하나의 중요한 단서가 담겨있다. 필 나이트는 육상 선수였고, 빌 보워만은 그를 지도하는 육상 코치였다. 나이트는 어떻게 하면 더 빨리 뛸 수 있을지를 고민했고, 보워만은 그런 그를 어떻게 하면 더 빨리 뛰도록 지도하고 지원할 것인가를 고민했다. 그랬던 두 사람이기에 이후 운동화 사업을 하면서도 그들의 관심은 늘 '신발이 몇 개나 팔렸나', '신발 매장이 몇 개나 늘었나'가 아니라, '어떻게 하면 운동을 하는 사람들에게 더 도움이 되는 신발을 만들 것인가?', '어떻게 하면 선수들이 더 부담 없이 운동할 수 있도록 도와주는 신발을 만들 것인가?'에만 쏠려있었다.

실제 스포츠 활동이 이뤄지는 현장에 나가 운동을 하는 사람들을 면밀히 관찰하고 그들을 위한 제품을 만들겠다는 생각에, 늘 고민하고 또 연구했기에, 아침 식탁의 와플 팬에서 그들은 해답을 찾을 수 있었던 것이다. 와플 팬은 늘 현장에서 고민했던 사람에게 주어진 작은 신의 선물에 지나지 않다. 이후로도 그들은 늘 현장에서 고민했고, 그런 그들에게 신은 나이키 에어를 비롯한 수많은 선물들을 선사했다.

나이키의 신발은 공장이 아닌 운동장에서, 기술자에 의해서가 아닌 실제 신발을 신고 뛰는 운동선수에 의해서 만들어지고 있다. 신발이 공장이 아닌 운동장에서부터 만들어져야 한다는 믿음은 필 나이트와 빌 보워만이 처음 나이키를 세웠을 때부터 시작되어 현재까지도 확고하게 지켜지고 있는 나이키의 믿음이다.

네 번째 강의

나이키의 협업 전략

에어조던의 전설은
어떻게 시작되었나?

역사상 가장 유명한
덩크슛

1988년 2월 6일. 시카고 웨스트메디슨스트리트 1800번지.
1928년 7월에 완공된 이래 도시의 랜드마크이자 주요 행사 장소로 애
용되던 시카고 스타디움이 한순간 정적에 휩싸였다. 경기장을 가득 채
운 1만 8,000여 명의 관객들은 침묵한 채로 천천히 공을 튕기며 하프라
인으로 들어서는 두 선수에 집중했다.

이날은, 다음 날 펼쳐질 제38회 NBA 올스타전의 전야제 날이었다. 전
야제 최고의 하이라이트는 뭐니 뭐니 해도 덩크슛 콘테스트. 수많은 쟁

쟁한 경쟁자들을 물리치고 최종 결승전에 오른 것은 두 사람, 애틀랜타 호크스의 포워드로 이후 아홉 차례나 NBA 올스타에 뽑히며 '휴먼 하이라이트 필름'으로 불리게 될 덩크슛의 황제 도미니크 윌킨스Dominique Wilkins와 또 다른 한 선수였다.

총 세 번에 걸쳐 덩크슛을 선보여 NBA 레전드들로 구성된 심사위원들의 평가를 받게 될 콘테스트에서 기선을 먼저 제압한 것은 윌킨스였다. NBA 선수로는 그다지 크지 않은 203센티미터의 키에도 불구하고 넘치는 탄력과 정교한 손기술을 바탕으로 먼저 공을 백보드에 던져놓고 튕겨져 나오는 공을 잡아 그대로 림에 내리꽂은 그의 덩크에 심사위원들은 50점 만점을 주었다. 뒤이어 등장한 '그 선수' 역시 공을 잡고 공중에서 몸을 뒤로 돌려 공을 넣는 백덩크를 선보였고, 그런 그의 덩크 역시 50점을 받으며 1라운드는 무승부로 막을 내렸다.

두 번째 라운드가 시작하자 윌킨스는 코너로 향했고 엔드라인을 따라서 두어 걸음 옮기더니 그대로 공을 림에 내리꽂았고, 그런 그의 덩크에 심사위원들은 또다시 50점 만점을 주었다. 반면, '그 선수'는 경기장의 사이드라인 쪽에서 대각선으로 질주해 공중에서 두 번 몸의 방향을 트는 더블 클러치를 선보였지만, 의외로 심사위원들은 '그 선수'의 두 번째 덩크에 47점이라는 낮은 점수를 주었다. 경기장을 매운 관중들은 점수를 이해할 수 없다는 표정으로 심하게 야유를 퍼부었으나, 의외로 '그 선수'의 표정은 담담했다.

마지막 라운드.

윌킨스는 두 손을 풍차처럼 돌리는 덩크를 선보였으나 전반적으로 밋밋한 덩크였고, 심사위원들은 45점이라는 낮은 점수를 주었다. 이제 마지막 남은 '그 선수'의 차례.

47점 이상만 받으면 이길 수 있는 기회를 잡은 '그 선수'는 조용히 공을 들고 경기장 가운데로 들어섰다. 사람들은 과연 그가 어떤 덩크를 선보여 막판 대역전극을 펼칠지 궁금해하기 시작했다. 그런데, 경기장에 들어선 그는, 엉뚱하게도 골을 넣어야 할 방향이 아닌 반대 방향으로 걸어가기 시작했다. 사람들은 술렁이기 시작했고, 평상시 그의 플레이를 잘 알고 있던 골수팬이나 농구 관계자들은 '혹시…'라며 묘한 기대감에 휩싸이기 시작했다.

그렇게, 잠시지만 길게 느껴진 시간 동안 경기장의 반대편 끝까지 걸어간 그는 잠시 심호흡을 하고서는 공을 튕기며 질주하기 시작했다. 3점 숏 라인 근처까지 빠르게 달려오던 그는 그대로 공을 들고 날아올라 한 손으로 공을 림에 꽂아 넣었다.

'슬램 덩크'였다!

덩크슛의 꽃이라는 슬램 덩크, 그것도 자유투 라인에서 뛰어올라 5미터가량을 날아서 덩크를 한 그의 예술적인 묘기에 경기장에 모인 1만 8,000명의 관객들은 물론, TV 중계를 지켜보던 전 세계 농구팬들은 열광했다. 그리고 이날 그의 덩크는 NBA 역사상 최고의 장면 중 하나로 꼽히며 그대로 하나의 역사가 되어버렸다. 그의 이름 역시 NBA를 넘어서서 20세기 스포츠 역사의 전설이 되었다.

이미 눈치챘겠지만, '그 선수'의 이름은 마이클 조던, NBA의 전설이자, 세계 프로 스포츠 업계 전체를 통틀어서도 가장 유명한 세기의 영웅 중 한 명으로 추앙받고 있는 선수다. 오늘 이 시간에는 나이키를 신화로 만들어준 사나이이자 나이키가 전설로 만들어준 사나이 마이클 조던과 나이키의 이야기를 통해 나이키의 제품들이 어떻게 최고의 모습으로 성장해왔는지 살펴볼까 한다.

농구 그리고 그를 위한 가장 화려한 무대, NBA의 시작

내 또래의 청장년층이라면 어린 시절 TV에서 만나볼 수 있었던 한 사람을 기억할지 모른다. '오리吾里'라는 다소 특이한 호를 갖고 있던 전택부 선생. 〈사랑방 중계〉 등과 같은 프로그램에 출연해 아픈 이야기를 털어놓는 출연진에게는 이웃집 할아버지 같은 구수한 덕담을, 또 때로는 우리가 잊지 말아야 할 기본적인 것들을 잊고 지낼 때는 초등

학교 교장 선생님처럼 따끔하고 엄하게 꾸짖는 말씀을 들려주시던 진정한 이 시대의 어른이었다. 2008년 향년 93세를 일기로 작고하시기 전까지 그는 영원한 'YMCA맨'으로 종교, 사회 운동에 앞장섰었다.

우리 또래에게는 YMCA는 오리 선생이요, 오리 선생이 곧 YMCA였다. 사실, 부끄러운 이야기지만, 그래서 꽤 나이를 먹은 이후에도 YMCA가 뭘 하는 곳인지 잘 몰랐었다. 그저, 오리 선생이 몸담은 곳, 동네에 있는 스포츠센터의 주인, 미국 팝 음악의 제목 정도….

YMCA, 그러니까 기독교청년회Young Men's Christian Association는 1844년 영국의 복음주의자들이 젊은이들의 정신적, 종교적 개선을 목적으로 런던에서 최초로 결성한 민간단체를 그 모태로 하고 있다. 1855년 8월 세계 기독교청년회 연맹 창립총회에서 그들의 공동이념을 담은 파리 기준Paris Basis를 제정한 이래 YMCA는 전 세계 120여 개국으로 뻗어나가 종교, 교육, 출판, 사회 운동, 생활 스포츠 등 각종 분야에서 다양한 활동을 통해 사회에 기여해왔다. 우리나라의 경우 1903년에 YMCA가 설립된 이래 신문물의 도입, 독립운동과 민주화운동에 대한 물심양면의 지원 등 여러 가지 면에서 지대한 영향을 끼쳐왔다. 특히, YMCA는 한창 혈기왕성한 젊은이들이 모인 단체답게 체육 활동에도 큰 관심을 가져, 새로운 스포츠의 탄생에도 많은 기여를 했다. 그 대표적인 사례가 바로 농구다.

1891년 미국 매사추세츠주 스프링필드에 소재한 YMCA

의 체육 교사였던 제임스 네이스미스James Naismith 박사는 미국의 북동부에 위치한 학교의 지리적 특성 탓에, 가뜩이나 긴 겨울이면 눈이 많이 오고 추위가 혹독해 스포츠 활동을 할 수 있는 날이 적은 것을 늘 안타까워했다. 그는 실내에서도 충분한 운동량을 확보할 수 있는 운동 시합을 만드는 데 몰두했다. 그렇게 해서 고안해낸 것이 스프링필드 지역의 특산품이었던 복숭아를 수확하는 바구니를 벽에 매달아놓고 축구공을 던져 넣는 게임이었다.

처음에는 마치 우리 어린 시절 학교 운동회 때 청군 백군으로 나뉘어 모래주머니로 박을 터뜨리던 시합처럼 포지션도 없었고 참가인원의 제한도 없었다. 심지어 현대 축구의 골키퍼처럼 골대 아래에 있다가 상대가 던지는 공을 몸으로 막아내는 선수도 허용되었다. 그렇게 3년 가까이 미국 전역의 YMCA 단체들 사이에서 유행하며 시행착오를 겪은 '복숭아 바구니basket에 공ball 넣기'는 1904년 제3회 세인트루이스 올림픽 시범종목으로 채택되면서 현대와 유사한 형태로 체계를 잡기 시작했고, 그 이름도 바스켓볼 또는 대바구니 '롱籠'자를 써서 '농구籠球'라 붙여졌다.

미국은 농구의 종주국답게 초창기부터 수많은 팀이 생겨났고, 그들이 모여 여러 농구 단체를 결성했다. 그중 대표적이었던 것이 NBL과 ABL이었는데, 모두 채 10년도 가지 못하고 해체되고 말았다. 1920년대 말 몰아닥친 뒤 1930년대 중반까지 세계경제에 씻기 힘든 후유증을 남긴 대공황의 여파에 농구의 인기는 거의 사라질 위기에 처했다.

그랬던 농구가 다시 붐을 일으킨 곳은 공교롭게도 몇 년 뒤 농구 종주국인 미국과 수년에 걸쳐 치열한 세계대전을 치르게 될 독일 제국이었다. 1936년, 히틀러와 나치 일당은 베를린에서 열리는 올림픽을 국력을 홍보하고 게르만 민족의 우수성을 전 세계에 알리는 선전과 선동의 장으로 만들고자 했다. 그들은 베를린 올림픽을 역대 최대의 올림픽으로 만들기 위해 어떠한 종목이건 간에 게임 방식이 정착되어 승부를 겨룰 수 있고, 그를 할 줄 아는 운동선수들이 있으면 무조건 올림픽 정식 종목으로 편입시켜 선수들이 최대한 많이 출전하도록 했다.

농구 역시 그런 종목 중 하나였다. 1936년 올림픽에 농구가 정식 종목으로 채택될 거라는 소문이 퍼지자마자 1931년에 해체되었던 ABL이 다시 재창설되어 활동을 시작했다. 결국, 올림픽에서 미국 대표팀이 캐나다 대표팀을 꺾고 금메달을 따내자 농구 붐이 일기 시작했고, 이듬해인 1937년에는 NBL까지 다시 창설되어 왕성한 활동을 재개했다. 그러한 인기 덕분에 1946년도에 창설된 BAA가 ABL과 NBL을 통합하여 1949-50년 시즌에 새로운 이름의 리그를 출범하게 되는데, 이름 하여 National Basketball Association, 바로 우리가 NBA라고 부르는 그 리그가 시작된 것이다.

NBA는 처음 출범할 당시 총 17개 팀이었으나, 체계적인 관리 부족과 들쭉날쭉한 경기력 등으로 인해 퇴출과 신규 영입을 반

네 번째 강의 나이키의 협업 전략

복하다가 1950년대 중반에는 8개 팀으로까지 줄어들었다. 그때 등장한 팀이 보스턴 셀틱스였다. 정규시즌 MVP 5회, NBA 우승 11회라는 전무후무한 기록을 세운 불세출의 센터 빌 러셀을 앞세워 1957년에 첫 우승을 차지한 이래 1958년부터 1965년 시즌까지 무려 8년 연속 우승컵을 들어 올린 셀틱스의 활약은 '누가 과연 셀틱스의 우승을 저지할 수 있을까?'라는 호기심을 불러일으키며 사람들을 경기장으로 불러들였다.

셀틱스 덕분에 다시 불기 시작한 농구 붐에 편승해 새로운 팀들의 창단이 줄을 이었다. 거기에다가 1967년도에 창설되어 NBA와 경쟁 관계에 있던 ABA가 재정적 어려움과 확장 정책의 실패로 표류하던 끝에 NBA와의 합병을 전격 결정하면서 NBA는 어엿하게 미국을 대표하는 농구단체 겸 리그로 자리매김하게 되었다.

이후 1980년대는 바야흐로 NBA의 새로운 전성기였다. 1960~70년대를 주름잡았던 NBA 3대 스타였던 빌 러셀, 윌트 체임벌린, 카림 압둘자바의 쇠퇴가 시작될 무렵, NBA에는 새로운 스타들이 등장했다. 가장 먼저 농구 선수로는 드문 백인 선수가 전통의 강호 보스턴 셀틱스에 입단하는데, 입단 첫해 신인상을 시작으로 정규시즌 MVP 3회, NBA 파이널 MVP 2회, 올스타 9회 선정 등 농구 선수로서 이룰 수 있는 것들은 대부분 이루며 역사상 최고의 스몰포워드 자리에 우뚝 선 래리 버드가 그 주인공이다.

비슷한 시기 로스앤젤레스를 연고로 한 LA 레이커스에도 걸출한 신인

한 명이 입단을 했다. 206센티미터에 100킬로그램을 넘나드는 덩치이면서 현란한 드리블과 정교한 패스워크로 코트를 종횡무진 누비는 모습이 마치 마법을 부리는 것 같다 해서 본명보다 '매직Magic'이라는 애칭으로 더 많이 불렸던 그는 역시 정규시즌 MVP 3회, NBA 파이널 MVP 3회, 올스타 9회 선정 및 올스타전 MVP 2회에 빛나는, 역대 NBA 최고의 테크니션으로 불리는 어빙 '매직' 존슨이다.

이들의 활약 덕분에 NBA는 70년대의 인기를 80년대에도 그대로 이어나가며 MLB, NFL, NHL과 더불어 미국 최고 인기 프로 스포츠의 자리를 굳건히 지킬 수 있었다. 그러나, 거기서 끝나지 않았다. NBA는 1980년대 중반에, 진정 그들의 운명을 바꿀만한 영웅을 맞이하게 되었다.

조던과 나이키, 그 역사적인 만남

전설의 시작은 1982년으로 거슬러 올라간다.

당시 조지타운대학교는 패트릭 유잉이라는 괴물급 센터의 맹활약 덕분에 전미 대학 농구계를 평정한 명실공히 최고의 팀이었다. 213센티미터의 키에 110킬로그램의 체중을 자랑하던 유잉은 다른 팀 선수들이 나이를 속이거나 약물을 한 것이 아닌지 확인해달라고 주최 측에 요청할 정도로 압도적인 실력을 자랑했다. 심지어 그와 상대한 상대편 센터는 "마치 벽을 앞에 두고 경기를 치르는 것 같았다"라고 토로할 정도로 센터로서 그의 실력은 막강했다.

덕분에 조지타운대학교는 전미 대학체육협회NCAA 농구 대회에서 압도적인 전력으로 상대하는 모든 팀들을 누르고 결승전에 진출했다. 그리고 결승전에서 상대하게 된 팀은 노스캐롤라이나대학교였다.

조지타운대학교를 결승전에서 맞이한 노스캐롤라이나대학교는 제임스 워디와 샘 퍼킨스를 더블 포스트로 세워 유잉을 공략했지만 10센티미터 가깝게 더 큰 키에 압도적인 파워를 갖춘 유잉은 무너지지 않았다. 오히려 그가 빠른 몸놀림의 워디와 정통 센터라기보다는 외곽 슛까지 갖춘 센터와 포워드의 중간 스타일인 퍼킨스를 힘으로 압도하며 한두 점차 승부를 숨 막히게 이어나갔다.

경기 종료 17초를 남겨놓고 경기는 조지타운대학교가 1점차로 앞서고 있었다. 공격권은 노스캐롤라이나대학교에 있었지만 놀라운 수비력의 유잉이 골 밑을 단단하게 지키고 있었고, 워디와 퍼킨스 누구도 그러한 유잉을 상대로 확실하게 역전 골을 넣으리라는 확신을 못 하는 상황이었다. 노스캐롤라이나의 포인트 가드 지미 블랙은 노련미와 기교를 갖춘 가장 확실한 슈터 워디에게 공을 투입하려 했지만 번번이 차단되었다. 그렇게 경기가 조지타운대학교의 승리로 굳어질 무렵, 블랙의 눈에

노 마크 상태로 비어있는 신입생 슈팅 가드 한 명이 보였다.

순간, 블랙의 머릿속으로 오만 가지 생각이 스쳐 지나갔다.

'이 큰 경기, 마지막 슛, 과연 신입생이 성공할 수 있을까?'

'그래도 가장 득점 가능성이 높은 워디에게

공을 주어야 하는 것은 아닐까?'

'만일 신입생이 득점에 실패한다면,

모든 책임은 공을 보내준 내가 져야 할 텐데…'

하지만 결심을 굳힌 블랙은 공을 신입생에게 패스했고, 공을 받은 신입
생은 하늘로 높이 솟구쳐올라 차분하게 점프 슛을 던져 성공시켰다.

그 한 골로 노스캐롤라이나대학교는 역사상 가장 치열했던 NCAA 농
구 우승을 차지했고, 괴물 센터 유잉을 앞에 두고 과감하게 슛을 성공시
켰던 배포 든든한 신입생은 일약 전 미국에서 가장 유명한 대학 농구 스
타로 등극하게 되었다. 미국 대학 농구와 프로 농구를 통틀어, 아니 전
세계 농구 역사를 통틀어 가장 유명한 선수, 농구 선수를 넘어서서 농구
그 자체로 불렸던 영웅, 이제는 사람들에게서 잊히지 않을 농구계의 전설
로 자리 잡은 바로 그 이름, 마이클 조던의 신화가 탄생하는 순간이었다.

1984년 대학 3학년을 마쳤을 무렵, 조던에게 대학 무대

는 더 이상 아무런 의미가 없었다. 그는 곧바로 NBA 무대로 진출하기를 희망했고, 드래프트에 나서 3순위로 NBA 동부 컨퍼런스 센트럴 디비전의 시카고 불스에 입단하게 되었다.

입단 첫해 신인왕을 차지한 조던은 이듬해에는 부상으로 거의 대부분의 시즌을 벤치에서 보내야 했지만, 그다음 해인 1986년부터 슬슬 전설을 써나갈 시동을 걸기 시작했다. 86-87시즌에는 무려 1,098골을 쏟아 부으며 리그 득점왕에 오른 이래 1993년까지 무려 7시즌 연속 득점왕에 오르는 위업을 달성했다. 그뿐만이 아니었다. 그는 수비에도 능해 수비상을 수상한 적도 있었고, 스틸상은 세 번이나 수상하기도 했다. 이외에도 우승 6회, 정규시즌 MVP 5회, NBA 파이널 MVP 6회, 올스타 MVP 3회에 두 개의 올림픽 금메달 및 당연한 결과지만 농구 명예의 전당 헌액 등 말 그대로 농구 선수가 이룰 수 있는 모든 것을 다 이룬 선수였다.

하지만, 조던이 단순히 농구를 잘하는 스타를 넘어서 현대 농구의 역사를 바꿔놓은 위대한 영웅으로 여겨지는 까닭은 그가 단순히 혼자만 잘하는 개인기 좋은 선수가 아니라 중요한 순간 승부의 판도를 바꿔놓는, 한마디로 매 경기를 지배한 선수였다는 것이다.

농구팬들은 다 아는 것처럼 조던은 선수 생활 중 한 차례 은퇴를 하고 야구 선수로 변신했던 적이 있다. 자신의 정신적 스승이자 삶의 멘토였던 아버지가 노상강도를 만나 살해당한 1993년의 일이다. 크게 마음의 상처를 입은 조던은 전격적으로 은퇴를 선언하고 어린 시절 잠시 선수 생활을 했던 야구로 전향, 시카고 화이트삭스 마이너리그팀 선수로 활동했다. 야구 선수로서 조던의 성적은 신통치가 않았고, 같은 시기 조던이 떠난 시카고 불스의 성적은 더 신통치 못했다.

결국 94-95시즌에 친정팀 시카고 불스로 돌아와 다시 제2의 농구 인생을 시작하게 되었다. 그리고는 놀랍게도 복귀한 이듬해부터 3년 연속으로 득점왕에 올랐고, 팀 역시 세 차례 연속해서 우승시키며, 한때 '몰락해버린 과거의 팀'이라는 소리를 듣던 시카고 불스를 다시금 NBA 정상에 올려놓았다. 그리고 그와 동시에 그가 신고 뛴 나이키의 농구화 역시 1980, 90년대를 거치며 적수가 없는 최고의 인기를 구가하며 현재의 위치를 점하게 되었다.

농구 역사상 최고의 선수이자 스타였던 마이클 조던, 농구화의 새로운 지평을 연 나이키. 지금이야 나이키 농구화를 신지 않는 조던, 조던이 광고 모델이 아닌 나이키는 상상조차 할 수 없는 이야기지만, 한 가지 재미있는 사실은 대학 재학 시절만 하더라도 조던은 아디다스 농구화를 주로 신었다고 한다. 만일 나이키가 아닌 아디다스의 마케팅 담당자가 조던에게 먼저 접근했었더라면, 오늘날 우리는 '나이키 에어조던'이 아닌 '아디다스 아디프렌플러스Adiprene+ 조던'을 만나게 되었을지도 모른다.

아무튼, 그랬던 조던이 나이키의 모델이 되는 데 결정적인 역할을 한 사람이 있다. 소니 바카로Sonny Vaccaro라는 인물이다. 1939년 펜실베이니아 주 트래퍼드에서 태어난 그는 나이키의 농구 담당 마케터로 근무하고 있었다. 그의 주 업무는 향후 스타성이 엿보이는 농구 선수들을 발굴해 싼값에 모델로 기용하거나, 나이키의 신발을 신고 경기에 나서도록 주선하는 역할이었다.

1984년 말. 나이키의 농구화를 신길 새로운 농구 스타를 구해오라는 지시를 받은 바카로는 지시를 내린 필 나이트 회장에게 "금액은 얼마까지 지불할 용의가 있나?"라고 물었다. 그 물음에 나이트 회장은 "50만 불"이라고 대답했다. 지금의 화폐 가치로는 그다지 큰돈이라 여겨지지 않을 수도 있지만, 당시 스타 마케팅이나 거액의 광고비용 집행에 인색했던 나이트 회장이었기에 '50만 불'은 대단히 큰 금액이었다. 나이트 회장은 내심 바카로가 당대 최고의 농구 스타를 데리고 올 거라 기대했는지도 모른다. 그러나, 얼마 뒤 바카로가 나이트 회장에게 올린 보고서에는 아직 학생 티도 채 가시지 않은 앳된 선수의 사진과 이름이 적혀져 있었다.

마이클 조던이었다.

"프로 무대에서 아직 채 한 경기도 뛰지 않은 선수에게
50만 불을 지불하라니….".

나이트 회장은 버럭 화를 냈다.

그러나, 바카로는 단호했다.

"이 선수는 지금 지불하는 돈의 몇 배, 아니 몇백 배의 수익을
우리에게 가져다줄 선수입니다.
그러니 50만 불을 몽땅 들여서라도 그와 계약을 맺어야 합니다."

결국, 바카로의 실력을 신뢰했던 나이트 회장은 과감하게 '풋내기' 조던과 5년간 총 250만 불의 광고 모델 계약을 추진했다. 그리고, 1985년 에어조던1 발매를 시작으로 '나이키의 광고 모델 마이클 조던'이라는 역사가 탄생할 수 있었다.

사실 에어조던1은 신발 공학적으로 대단히 혁신적이라거나 디자인적으로 뭔가 차별화된 특별한 신발은 아니었다. 하지만, 조던이 그 신발을 신고 85년 데뷔 시즌 첫해 28.2점의 평균 득점을 쏟아부으며 리그 신인왕까지 거머쥐자, 그야말로 날개 돋친 듯 팔리기 시작했다.

같은 해 촬영되어 방영된 TV 광고는 인기에 불을 붙였다. 항공기가 이륙할 때 나는 엔진 소리를 배경음으로 조던이 코트를 질주한 뒤 높이 날아올라 덩크슛을 성공시키고서는, '누가 인간이 날 수 없대Who said man was not meant to fly?'라는 멘트로 끝나는 이 광고는 수많은 청소년들이 흉내내다가 부상을 당해 어른들의 골머리를 썩게 만들었지만, 나이키와 조던의 인기를 더욱더 치솟게 만드는 계기가 되었다.

1985년에 처음 발매된 에어조던1은 첫해에만 무려 1억 3,000만 달러라는 엄청난 매출을 올렸고, 나이키의 매출 역시 10억 달러를 넘어섰다. 덕분에 1980년대 초반 리복에 밀려 고전했던 아픈 기억들을 잊고 새롭게 도약할 수 있었다. 2년 뒤인 1987년 에어조던2가 출시되었고, 다시 1년 뒤인 1988년도에 에어조던3가 출시되었다.

에어조던3는 여러 가지 면에서 에어조던1과 비견될 정도로 중요한 제품인데, 바로 나이키 팬들 사이에서 '에어조던의 어머니'로 불리는 팅커 햇필드가 나이키에 합류해 처음으로 선보인 제품이기 때문이다.

필 나이트 회장과 마찬가지로 오리건주 출신이었던 그는 오리건대학교에서 건축학을 전공한 뒤 1981년도에 나이키에 입사해서 1985년도부터 신발 디자인을 담당하고 있었다. 초기에는 주로 러닝화나 트레이닝화를 담당했던 그가 처음으로 농구화 디자인을 맡아 주도적으로 론칭한 신발이 바로 에어조던3였다.

이후, 에어조던 시리즈는 광고 모델인 마이클 조던의 엄청난 활약, 디자이너인 햇필드의 천재적인 감성으로 빚어낸 멋진 디자인에 힘입어 나오는 모델마다 날개 돋친 듯 팔려나가기 시작했다. 에어조던9이 출시될 무렵인 1994년에 조던이 농구를 접고 야구 선수가 되면서 에어조던의 운명도 거기에서 끝날 듯싶었지만, 이듬해 '다시 돌아온' 조던이 새로 출시된 에어조던10을 신고 화려한 복귀전을 치르면서 다시금 에어조던 시리즈는 그 명맥을 잇게 되었다. 아니, 이전보다 훨씬 더 큰 인기를 얻게 되었다.

이 무렵, 나이키에는 에어조던 시리즈의 신제품 출시를 주말에 하는 전통이 생겨나게 되었는데, 남들보다 하루라도 먼저 에어조던의 신제품을 사고 싶어 하는 청소년들이 매장 앞에 줄을 서느라 학교를 빼먹는다는 학부모들의 원성이 쇄도해 내린 결정이었다고 한다. 그야말로 에어조던은 단순한 인기를 넘어서 하나의 신드롬이 되어갔다.

조던은 2003년 시즌을 끝으로 은퇴를 했지만, 에어조던의 인기는 식을 줄을 몰랐고, 2008년 에어조던23을 끝으로 더 이상의 에어조던 시리즈는 없을 거라는 예상이 팽배했지만, 5년 뒤인 2013년에 다시 새롭게 시작되는 넘버링으로 에어조던28이 등장한 뒤 현재까지도 계속해서 새로운 에어조던이 출시되고 있다.

역사상 최고 또는 최악의 만남

그렇다면, 나이키와 조던의 이와 같은 멋진 궁합은 어떻게 만들어진 것일까?

그 전에, 멋진 궁합을 바탕으로 탁월한 성과를 기대했지만 기대와는 정반대의 결과를 만들어낸 이들의 이야기를 하나 먼저 할까 한다. 원래 잘한 사람의 이야기보다는 지독하리 못한, 실패한 이들로부터 배우는 것이 더 많은 법이니까.

2000년 1월 10일. 전 세계 IT 업계와 미디어 업계는 충격에 빠져들었다. 미국 최고의 인터넷 서비스 사업자였던 아메리카온라인, 줄여서 AOL의 스티브 케이스 회장과 세계 최고의 미디어 회사로 꼽히던 타임워너의 제럴드 레빈 회장이 전격적으로 합병을 발표한 것이었다. AOL이 주식과 부채를 포함해 1,820억 달러에 타임워너를 인수해서 향후 시가총액 3,500억 달러, 당시 환율로 환산했을 때 한화 약 400조짜리 초대형 온오프라인 종합 미디어 기업을 출범시키겠다는 계획이었다.

당시 AOL은 창립된 지 고작 14년밖에 안 된 신생 회사이긴 했지만, 인터넷 열풍에 힘입어 미국에서만 약 2,000만 이상의 가구에 고속 광대역 인터넷 접속 서비스를 제공하는 시장 지배적 사업자였고, 타임워너는 70년이 넘는 역사를 자랑하는 잡지와 한때 세계 3대 메이저 영화사였던 제작사 그리고 1,300만 가구 이상의 회원을 보유한 케이블TV 채널 등을 보유한 명실공히 세계 최고, 최대 수준의 종합 미디어 기업 중 하나였다. 두 당사자들은 물론이거니와 둘을 바라보는 시장의 기대 역시 합병의 성공을 점치고 있었다.

그러나, 합병의 두 당사자를 포함해, 시장이 꿈꾸었던 핑크빛 꿈은 말 그대로 일장춘몽에 지나지 않았다. 합병 계약서의 잉크가 채 마르기도 전인 그해 봄부터 주식시장에서 이상 신호가 울리기 시작하더니, 더위가 찾아올 무렵에는 실질적인 미디어시장 전반에서 치명적인 소식들이 들려오기 시작했다. 인터넷에 몰렸던 거품이 꺼지면서, 불과 1년 만에 주식 가치는 75%이상 하락했고, 무려 1,000억 달러라는 천문학적 영업손실을 기록하게 되었다.

수년간 갖은 노력을 다하며 실패를 만회하기 위해 애썼지만 백약이 무효했고, 지속적인 구조조정 끝에 2009년 AOL과 타임워너는 원래대로 각자의 길을 가기로 결정했다. 이후 AOL은 정보기술 전문매체인 〈테크크런치〉와 인터넷 언론인 〈허핑턴포스트〉 등을 인수하며 인터넷 미디어로 변신, 부활을 모색했지만 2015년 5월, 북미 최대 이동통신 사업자 버라이즌을 보유한 버라이즌커뮤니케이션스에 인수되고 말았다. 타임워너 역시 알짜배기 채널과 매체 등을 시장에 내다팔며 겨우 생존하기는 했으나 과거와 같은 영광을 누리려면 앞으로 꽤 오랜 시간이 걸릴 것 같다는 것이 시장의 대체적인 평가다.

왜 이런 일이 벌어졌을까? 러시아의 대문호 톨스토이의 소설 《안나 카레니나》는 다음과 같은 문장으로 시작한다.

'행복한 가정은 모두 엇비슷하고,

불행한 가정은 불행한 이유가 제각기 다르다.'

그로부터 영감을 받은 미국의 저명한 진화생물학자 재레드 다이아몬드는 '안나 카레니나의 법칙'이라는 용어를 만들었다. '모든 성공에는 단한 가지 이유, '성공할만하니까…'가 있는 반면, 실패에는 제각기 천 가지, 만 가지 이유가 존재한다'는 것이 그 법칙의 핵심이었다.

AOL과 타임워너의 합병 실패 사례는 워낙 유명하다 보니 유수의 경영대학원과 수많은 경영학자들이 앞다투어 케이스 스터디 대상으로 삼으면서 엄청나게 많고 자세한 이유들이 분석되어있다. 그중 많은 이들이 공통적으로 꼽은 두 회사 합병 실패 이유는 다음과 같다.

첫째, '서로가 처한 현실에 대한 무지' 그리고 그로 인한 '과대평가'다. 이들이 처음 합병을 논의하던 당시는 이미 인터넷 사업이 조정기를 거치며 초기의 버블이 거의 사라지고, 냉정한 재평가를 거쳐 그 가치가 정상적인 수준으로 되돌아가고 있는 상황이었다. AOL 역시 자신들의 생각과는 달리 시장이 평가하는 가치는 기존보다 상당히 절하되어있었다. 그럼에도 불구하고 합병 당사자들은 '전통적인 미디어'와 '뉴미디어 정보통신'의 결합이라는 환상에 도취되어 AOL의 기업 가치를 일반적으로 시장에서 생각하는 가치의 두 배 가까이 부풀려서 평가했다. 그리고 그러한 자아도취는 끝내 기업 가치의 동반 하락이라는 참혹한 결과를 불러오고 말았다.

둘째, '사일로silo 문화의 탈피'에 실패했다는 점이다. AOL과 타임워너는 비슷한 점도 많았지만, 그보다는 차이가 훨씬 더 많은 기업이었다. 그러한 두 기업이 서로 오픈 마인드로 접근하여 유기적으로 협업하려 하기보다는 합병된 회사 내에서의 유무형적 지분을 상대보다 조금이라도 더 많이 차지하기 위해 경쟁했다.

AOL과 타임워너의 각 부서들은 곡식이나 사료를 저장해놓은 굴뚝 모양의 원통형 창고를 뜻하는 사일로 안에 갇힌 것처럼 상대와 소통하려 하지 않았다. 합병의 시너지 효과를 내려면 서로 간에 원활한 정보 공유와 의사소통이 이뤄져야 했지만, 그들은 정보를 사일로 안에 꽉 움켜쥔 채 누구도 먼저 다가서려 하지 않았다. 오죽하면 실무자들 사이에서 "차라리 과거에 서로 다른 회사로 있으면서 현안별로 필요에 따라 파트너십을 구사했던 때가 더 나았다"는 이야기가 공공연하게 흘러나올 정도였다. 결국 그들은 함께 일하면서 따로 일하던 때보다도 훨씬 못 미치는 성과를 내고야 말았던 것이다.

셋째, '협업으로 인해 발생하는 비용에 대한 과소평가'다. 설립된 지 70년이 넘은 잡지사부터 시작해서 영화사, 방송국 등을 갖고 있는 종합 멀티미디어 기업과 외형 규모는 컸지만 창업한 지 이제 갓 10년이 넘은 인터넷 기반 기업이 합병을 하기 위해서는 여러 가지 눈에 보이지 않는 비용

네 번째 강의 나이키의 협업 전략

이 들게 마련이었다. 서로 다른 영역에서 서로 다른 방식으로 일을 해오며 서로 다른 모습으로 축적된 문화는 단순히 계약서의 사인 몇 개로 통합이 되지 않았다.

그런 두 회사 간에 진정한 협업이 이뤄지기 위해서는 눈에 보이는 성과만큼이나 보이지 않는 통합의 결실을 만들어내기 위한 비용과 시간이 필요했지만, 이미 장밋빛 미래에 도취된 두 회사의 경영진은 오직 긍정적인 예상 결과만을 이야기할 뿐, 지금 당장 쏟아부어야 할 협업에 필요한 비용을 지불하는 데에는 무척이나 인색했다.

그렇다면 반대로, 협업을 잘 이뤄낸 기업과 기업, 기업과 개인의 사례에서는 어떤 모습들을 공통적으로 발견할 수 있을까? 그들은 협업의 과정에서 빠지기 쉬운 함정, 즉 '협업의 상대방은 과소평가하고 자기 자신에 대해서는 과대평가하는 지나친 자기만족이나 자아도취', '파트너를 따돌리고 모든 과실을 독점하고 싶은 욕구', '일단 뭉쳐서 더 커졌으니, 더 강해지고, 더 잘 할 것이라는 근거 없는 낙관' 등에 빠지지 않고 자신들의 파트너들에게 기꺼이 손을 내밀고 그들과 함께 성공을 향해 달려 나갈 줄 아는 사람들이었다.

에어조던의 신화는
계속된다

마이클 조던과 나이키의 관계 역시 마찬가지였다.

처음부터 조던이 나이키에게 헌신적이었던 것은 아니었다. 나이키 또한 조던에 대해 '다소간의 기대를 갖고 있는 신예 광고 모델' 그 이상도 이하도 아닌 것처럼 대했다. 때문에 에어조던1 운동화를 처음 받아 들었을 때 조던의 첫마디는,

"뭐야, 나더러 이런 걸 신으라고?
이걸 신으면 마치 광대처럼 보일 거라고!"

였다고 한다.

실제로 그럴 법도 한 것이 당시 농구화라고 하면 몸체 전체가 하얗고 로고나 상표 등 극히 일부분만 약간의 문양이나 색깔이 들어간 것들 일색이었기 때문이다. 반면, 에어조던1은 거의 온통 붉은 몸통에 검은색으로 포인트를 준 디자인에 흰 색깔은 거의 눈에 띄지 않을 정도였다. 때문에 NBA 커미셔너는 조던이 신고 나온 에어조던1이 너무 화려해서 다른 선수들의 경기 운영에 방해가 된다며 경기당 5,000달러라는 거액

의 벌금을 부과하기까지 했다.

그러나, 그 무렵 나이키가 생각을 바꿨다.

'마이클 조던'이라는 선수의 아직 만개하지 않은 실력과 광고 모델로서의 상품성을 간파한 나이키는 그와 함께 성장하기 위해 노력을 기울이기 시작했다. 경기당 5,000달러라는 벌금은 나이키가 대신 내기로 결정했다. 그렇게 해서라도 에어조던1을 조던의 신발로 각인시키기 위해 노력했다.

초기에는 그저 단순한 유망주 광고 모델과 그를 고용한 광고주의 관계로 시작했던 조던과 나이키는 이후 경기장에서 그의 맹활약과 스포츠화시장에서 에어조던의 성공에 발맞춰 최상의 협업 관계로 발전해나갔다. 나이키는 조던을 철저하게 분석해서 '어떻게 하면 그를 광고 모델로잘 써먹을지'가 아니라, 그가 최상의 플레이를 펼칠 수 있도록 '어떻게하면 그에게 적합한 농구화를 만들어줄지'를 고민하기 시작했다. 오죽하면 디자인을 총괄했던 햇필드가

> *"우리는 모두 마이클 조던을 위한*
> *집을 짓는다는 생각으로 일하고 있다."*

라고 할 정도로 최선을 다해 에어조던 시리즈를 만들어갔다. 나이키의구성원들은 자신의 디자인 실력을 뽐내기 위해서가 아니라 조던을 위

한 신발을 만들어낸다는 생각으로 혼신의 노력을 기울였다.

최상의 협업을 발휘한 것은 조던 역시 마찬가지였다. 에어조던3를 발매할 때까지도 여전히 조던은 농구화의 디자인에 불만을 품고 대학 시절 내내 신고 뛰어서 익숙했던 아디다스로의 이적까지 생각했었다. 그러나 이후 생각을 고쳐먹은 뒤 디자이너들과 찰떡궁합을 이루며 자신의 생각을 에어조던의 기능과 디자인에 반영하기 위해 노력했다. 그 결과, 에어조던은 단순히 유명 스포츠 스타의 이름만을 따서 상표로 붙인 제품이 아니라 조던의 농구에 대한 생각과 정신이 담긴 명품으로 거듭날 수 있었다.

이처럼 나이키는 협업의 가치를 잘 아는 기업이었을 뿐만 아니라, 협업에 성공하기 위해 자신들의 역할을 하는 데 매우 헌신적인 기업이었다.

그렇게 자신들의 제품에 담긴 가치를 그를 신는 광고 모델, 일반 소비자들과 함께 공유하고, 그들이 제품에 바라는 욕구에 공감하고, 더 좋은 제품을 만들기 위해 함께 힘을 모아 공조했던 나이키는 조던과 함께 지금까지도 승승장구하고 있다.

나이키의 고객 활용
마케팅 전략

도대체 쓸만한 물건은
누가 만드는 걸까?

나이키가 만들어준
소년 재벌

한때 꼭 구하고 싶은 나이키 운동화가 있었다. 아주 희귀하거나 특이한 아이템은 아니었지만 어쨌든 한정판이었고, 특히나 (당시) 우리나라에서는 정식으로 발매되지 않은 모델이었다. 왜 그랬는지는 모르지만(사실은 은근히 자주 있는 일이다), 완전히 꽂혀서 다른 운동화는 눈에 들어오지도 않았다. 결국, 평상시 이런 쪽으로 도가 튼 후배 녀석에게 부탁을 했다. 그러자 후배의 입에서 한 사람의 이름이 튀어나왔다.

"형, 인스타그램 다이렉트 메시지로
벤자민 카펠루쉬닉한테 연락해보세요."

'벤저민 카펠루쉬닉.' 후배가 이름을 이야기해주던 무렵만 하더라도 아직까지 사춘기도 지나지 않은 앳된 소년이었다. 그러나, 알아보니 그는 이미 나이키 마니아들 사이에서 무시 못 할 영향력을 가진 이른바 '큰 손'이었다.

미국 플로리다의 부유한 유태인 가정에서 태어난 벤자민은 8학년, 우리 학제로 중2가 되던 해에 부모님을 졸라 자신만의 회사를 창업했다고 한다. 그가 창업 아이템으로 선택한 것은 운동화, 정확하게 말하자면 '구하기 어려운 운동화를 구해서, 사람들에게 되파는 사업'이었다.

그가 처음 아이디어를 냈을 때, 그게 사업이 될 수 있을 거라 생각한 사람은 거의 없었다. 온라인과 오프라인을 통틀어 수천, 수만 개의 매장들이 있는데, '구하기 어려운 운동화'라는 것이 존재할지 많은 사람들이 의문을 가졌고, 그런 운동화가 실제로 있고, 그걸 어렵게 구했다 하더라도 '웃돈을 주고 구입할만한 사람'이 얼마나 있을지 많은 이들은 회의적이었다. 그러나, 벤자민은 자신이 있었다.

벤자민이 그런 아이디어를 생각했을 무렵 나이키에서는 마이클 조던 이후 최고의 스타로 군림하고 있던 르브론 제임스의 이름을 따 르브론 10 MVP라는 신발을 출시했다. 전작인 르브론9과 흡사한 아이덴티티 를 지니고 있으면서도 보다 발전된 형태와 세련된 감각으로 무장한 르 브론10 MVP는 출시되자마자 동이 났고, 한정판이었기에 더 이상 일반 매장에서 구할 수도 없었다. 바로 그 르브론10 MVP가 벤자민의 눈에 들어왔다. 그는 자기 자신, 자신의 친구, 부모님과 부모님의 인맥 등을 동원해서 르브론10 MVP를 사 모았다. 그리고 사진을 찍어 자신의 소셜 미디어에 올렸고, 그를 보고 몰려든 사람에게 다시 되팔았다. 그가 400달 러에 사들였던 르브론10 MVP는 최대 4,000달러에 판매가 되었다.

성공을 확신한 그는 온라인 쇼핑몰을 구축하고 본격적인 '운동화 되팔 기' 사업에 나섰다. 2009년 출시된 나이키의 덩크 로우 프리미엄 SB 옐 로우랍스터는 100불에서 300불 사이에 판매되는 일반적인 덩크 로우 스타일 운동화였음에도 불구하고 '한정판', '프리미엄 제품'이라는 타이 틀이 붙으면서 그 10배의 가격에 판매가 되었다. 역시 한정판으로 출시 된 200불짜리 에어조던1 레트로OG^{OriGinal}도 그가 사들여 판매했을 때 는 그 가격이 1,000불로 5배나 훌쩍 뛰어있었다. 이 신발이 바로 내가 그토록 갖고 싶어 여기저기 수배했던 바로 '그 신발'이었다.

그런데, 이 같은 성공 신화를 쓴 인물은 벤자민뿐만이 아 니었다. 나이키는 2015년 기준으로 전 세계에 약 930여 개의 매장을 운영 중에 있다고 한다. 그중 3분의 1 이상이 나이키의 발상지 격인 북미 지역에 있고, 나머지가 전 세계에 퍼져있다. 그런데, 뭔가 이상하지 않은 가? 전 세계에 1,000개 남짓한 매장이 있는 브랜드치고는 나이키가 지나치게 우리에게 친숙한, 눈에 잘 띄는 브랜드라는 생각이 들지 않는가? 그렇다.

나이키는 정식 매장은 1,000개에 불과하지만, 벤자민과 같이 나이키를 나이키의 직원보다 더 잘 알고, 아끼고, 사랑하는 수백만 명의 소비자들이 단순한 소비자가 아닌 또 하나의 유통업자, 또 하나의 1인 매장이 되어 전 세계에 나이키 제품을 알리고, 판매하고, 유통시키고 있다. 그렇기에

'나이키의 성공은 나이키가 만들지 않는다.
나이키는 나이키를 입고 신는 소비자들이 만든다.'

라는 말까지 있을 정도이다.

고객이 참여하는 수준을 넘어서 거의 대등하다시피 한 파트너 관계를 맺고 서로의 성장을 위해서 노력하는 모습. 이론으로는 존재했지만, 나이키가 거의 완벽하게 이뤄낸 새로운 형태의 마케팅 기법인 마케팅 3.0! 이왕 말이 나온 김에 조금 더 자세히 알아보자.

마케팅1.0에서
2.0, 그리고…

사실, 우리가 마케팅1.0이니, 2.0이니, 3.0하며 구분해서 쓰고는 있지만, 이것들이 무슨 '제1차 세계대전', '제2차 세계대전' 하는 식으로 정확하게 나뉘어 쓰이는 것은 아니다. 어찌 보면 다른 학문 분야들도 마찬가지이긴 하지만, 관련 연구를 하는 사람들이 편의상, 혹은 개념적으로 구분 지어놓은 것에 지나지 않아 보이기도 한다. 그러나 분명히 차이는 존재하며, 그 차이를 기가 막히게 잘 이해하고 활용하여 성공한 기업들이 있다. 나이키처럼.

영어로 '시장'을 뜻하는 '마켓'이라는 단어는 아주 오래전부터 사용되어 왔지만, 그 시장에서 이뤄지는 상인이나 기업들의 여러 가지 활동을 뜻하는 마케팅이라는 단어가 사용된 지는 그리 오래되지 않았다. 1900년대 초반까지는 어떠한 경영학 도서에서도 '마케팅'이라는 단어를 찾아보기가 쉽지 않았다.

그런데, 사실 그랬던 이유가 있다. 그때만 하더라도 '마케팅'이라는 것이 필요가 없었기 때문이다. 우리는 그 시대를 마케팅1.0의 시대라고 부른다. 과거이자 마케팅1.0으로 대변되는 시대는 생산보다 수요가 압도적으로 많았던 시기였다. 조금 과장해서 말하면, 만들기만 하면 그걸 사갈 사람들은 시장에 얼마든지 있었다. 때문에, 마케팅1.0이란 '표준화된 단순한 제품을 가능한 낮은 비용으로 최대한 대량생산해서 조금이라도 더 많은 소비자들이 상품을 구매하도록 하는 것'이었다. 즉, 지극히 상품 위주, 생산 및 판매자 위주의 마케팅이었던 것이다.

마케팅2.0 시대의 도래는 정보통신, 유통기술의 발전과 함께 시작되었다. 즉, 이제까지는 쇠로 만든 망치라고 하면 우리 동네 대장장이 폴이 만든 10프랑짜리 망치가 최고이고, 그걸 사는 것만이 유일한 선택인 줄 알았는데, 새로 산 라디오를 들어보니 이웃 도시에 있는 A라는 회사에서는 단돈 7프랑에 비슷한 품질의 망치를 만든다는 사실을 알게 된 것이다.

사람들은 이제까지 하지 않았던, 아니 할 필요가 없었던 고민을 하기 시작한다. 10프랑에 이제까지 쓰던 폴의 망치를 편하게 사다 쓸 것인지, 아니면 구입하는 데 조금 번거롭고 시간이 걸리긴 하지만 7프랑이라는 파격적인 가격에 망치를 사다 쓸 것인지에 대해서.

그런데, 그런 고민을 하는 사람들에게 이번에는 다른 망치가 눈에 띄기 시작했다. 이번에는 이웃 도시가 아닌, 바다 건너 저 멀리에 있는 난생처음 들어보는 이름의 나라에서 만든 망치라고 한다. 품질에 대해서는 확신이 들지 않는다. 폴이 만든 내 손에 꼭 맞는 망치에 비해 영 엉성하다. 그런데, 산더미같이 쌓인 망치 더미 위에 놓인 가격표를 본 순간 사람들은 탄성을 질렀다. '4프랑.' 게다가 세 개를 사면 12프랑이 아닌 10프랑만 받겠다고 한다. 폴의 망치를 하나 살 돈이면 세 개의 망치를 살 수 있게 된 것이다.

자, 사람들의 고민은 이제 더 깊어지기 시작했다.

이처럼 소비자의 제품이나 서비스에 대한 비교와 선택의 폭이 넓어지자, 기업들은 비로소 '어떻게 만들 것인지'라는 고민에 더해 '어떻게 팔 것인지'를 고민하기 시작했다. 소비자의 다양한 욕구나 필요에 대한 정보를 분석해 세분화한 뒤 각 시장과 소비자를 대상으로 한 마케팅 방법을 개발해내기 시작했다. 그 대표적인 것이 STP마케팅을 활용한 마케팅 믹스다.

STP마케팅은 세분화를 의미하는 세그먼테이션^{Segmentation}, 고객 선정을 의미하는 타깃팅^{Targeting} 그리고 위치 선정을 의미하는 포지셔닝^{Positioning}의 앞글자를 따서 만든 단어다. 기업이 제공할 수 있는 제품이나 서비스의 범주와 소비자들이 원하는 욕구에 근거해서 동질적인 여러 고객 집단으로 나누고(S), 다양한 요건을 고려해 가장 자신 있는 시장을 선정한 뒤(T), 그 시장의 고객들에게 자신의 제품 혹은 서비스가 가장 적합하다는 것을 알려주는 것(P)을 이른바 STP마케팅이라고 한다.

마케팅1.0 시대에는 아무 생각 없이 그저 하루에 만들

다섯 번째 강의 나이키의 고객 활용 마케팅 전략

수 있을 만큼 최대한 많이 망치를 만들어냈던 폴이라는 대장장이는 마케팅2.0 시대에 접어들어서는 우선 고객들을 나누는Segmentation 작업부터 실시했다. 10프랑을 내고서라도 품질이 좋은 연장을 빨리 구해다 쓰고 싶어 하는 소비자가 누구일지 찾아봤다. 그리고는 평일은 다른 일에 종사하면서 주말에만 목공이나 집을 수리하는 데 시간을 들이는 일반인들이라는 구체적인 대상까지 찾아냈다Targeting. 그리고, 그들에게 '조금은 비싸더라도 튼튼하고 예쁜' 공구라는 점Positioning만 어필하면 충분하겠다는 판단을 했고, 그 판단을 근거로 기존의 가격을 유지한 채(혹은 필요에 따라 더 높은 가격으로) 일반인들도 갖고 싶은 예쁜 공구를 집중적으로 만들어 팔기 시작했다.

이러한 마케팅2.0 시대부터 본격적인 마케팅 활동이 시작되었다고 보는 것이 일반적이다. 경쟁이 심화되면서 지금까지 사람들의 입에 전설처럼 오르내리는 주옥과도 같은 광고, 홍보 이벤트, 프로모션 등이 등장한 것도 바로 이 시기였다.

이야기 속의 '폴', 폴 바우만Paul Baumann이 만든 공구 피비스위스툴PB Swiss Tools은 탁월한 디자인과 높은 품질 덕분에 현재에도 날개 돋친 듯 팔려나가고 있다. 물론, 폴이 살았던 동네를 넘어 스위스 전역은 물론 바다 건너 아시아까지.

본격적으로 꽃을 피운
마케팅3.0의 시대

마케팅2.0은 마케팅1.0과 달리 기업이 고객의 마음을 사로잡기 위해 적극적으로 노력하는 고객 중심의 마케팅 개념이기는 했지만, 그렇다고 고객을 마케팅1.0과 크게 다르게 바라본 것은 아니었다. 그저 소비자를 마케팅 활동의 주체가 아닌 말 그대로 타깃이 되는 대상, 혹은 조금 더 심하게 말하면 단순한 사냥감 정도로 취급했다. 소비자라는 존재의 본질을 기업이 알려준 정보, 제공한 활동에 의해 좌우되는 수동적인 존재로만 보았다는 측면에서 이후 등장하게 될 마케팅 3.0과는 많은 면에서 구별이 되는 시기였다.

그리고, 현재는 이른바 마케팅3.0의 시대이다.

사실, 이 이름 역시 딱히 무언가 대단한 기준을 갖고 여러 학자들이 열띤 토론 끝에 만들어낸 용어라기보다는 세계 최고의 경영학자 중 한 명이자 '마케팅 구루'라고 불리는 노스웨스턴대학교 켈로그스쿨의 필립 코틀러 교수가 기존의 마케팅을 1.0과 2.0으로 정의하고 그와 다른 새로운 마케팅 개념을 설명하며 앞의 두 단계와 차별하기 위해 붙인 이름

다섯 번째 강의 나이키의 고객 활용 마케팅 전략

에 지나지 않는다.

'마케팅3.0'이라고 해서 과거의 마케팅1.0이나 2.0과 본질적인 면에서 엄청난 차이가 있다거나 전혀 새로운 무언가는 아니다. 오히려 마케팅 1.0과 2.0의 연속선상에서 시도한 여러 가지 방안의 일환으로 탄생하게 된 것이라 보는 것이 맞다. 다만, 마케팅3.0 역시 마케팅2.0과 마찬가지로 소비자의 욕구를 충족시켜 기업이 필요한 것을 획득하는 활동인 것은 동일하다.

하지만, 거기에 머물지 않고 한발 더 나아가 소비자를 단순히 제품이나 서비스를 팔아먹는 대상으로만 여기지 않고, 그들을 기업의 전반적인 경영 활동에 동참시켜 그들과 함께 성장하며, 기업과 소비자 모두 더 나은 삶, 더 나은 세상을 향해 나아갈 수 있도록 동반 성장을 도모하는 형태를 말한다.

이러한 마케팅3.0 시대가 도래하게 된 것에 대해 경영학자들은 여러 가지 이유를 제시하지만, 가장 큰 이유는 누가 뭐래도 정보통신 기술의 발달과 사회 구성원들의 생각 변화로 촉발된 '공유, 공감형 사회의 등장'이 아닐까 한다.

과거 기업이 소비자들에게 사랑받는 제품을 만들어내고 선호하는 기업이 되는 방법은 단순했다. 같은 제품이나 서비스를 다른 경쟁 기업보다 훨씬 더 싸게 만들어 제공하거나, 같은 가격이라면 훨씬 더 좋고, 크고,

멋진 제품을 만들어 제공하는 것, 단 두 가지뿐이었다. 그러나, 이제는 그것만 가지고 소비자들에게 선택을 받기는 힘든 시대가 되었다. 소비자들은 자신들이 공감하지 못한 서비스, 자신들과 정보를 공유하지 않는 기업의 제품은 구매하기를 꺼리는 특성을 보이고 있다. 애플의 아이폰은 가장 화질이 좋지도, 카메라 화소 수가 가장 높지 않음에도 불구하고 소비자들이 공감하는 그 무언가 가치가 있기에 시장을 석권하고 있으며, 레고는 비슷한 블록 장난감 중에서 압도적으로 높은 가격임에도 불구하고 신제품이 나올 때마다 기꺼이 지갑을 여는 전 세계적으로 엄청난 수의 광적인 팬들을 소비자로 두고 있다.

물론, 연구가 활발하게 진행되고 있음에도 불구하고, 아직까지도 마케팅3.0의 본질이 무엇인지, 어떻게 하면 마케팅3.0 시대에 성공적인 마케팅 활동을 전개할 수 있을 것인지에 대한 의견은 분분하다. 다만 분명한 것은, 시대가 변했고, 변화한 시대에 마케팅 성공을 위해서는 기존에 마케팅의 '대상'으로 여겼던 고객, 소비자를 이제는 대상일 뿐만이 아니라 함께 마케팅을 펼쳐나가는 동료이자 파트너 또는 더 나아가 동업자로 인식하고 그에 걸맞게 대해야 한다는 점이다.

슈퍼볼을 점령한
과자 한 봉지

이런 사례는 또 찾아볼 수 있다. 2007년, 미국의 대표적인 스낵 브랜드인 도리토스는 자사 소비자들을 대상으로 미식축구 리그 최종 결승전인 슈퍼볼 중계방송 중에 방영될 TV 광고 영상을 직접 촬영, 편집해서 응모하도록 한 UCC^{User-Created Contents} 콘테스트를 진행했다. 최초에는 반응들이 미적지근했다. 그러나 이내 '슈퍼볼'이라는 미국 최고의 스포츠 이벤트가 가진 폭발적인 화제성에 이름 없는 하지만 탁월한 내공을 갖춘 수많은 광고업자, 광고계 지망생, 광고홍보학을 전공한 학생, 그냥 도리토스의 과자를 즐기는 일반인 등이 몰리면서 엄청난 응모작들이 쏟아졌고, 사람들은 과연 누가 우승할 것인지를 두고 즐거운 내기를 하게 되었다.

엄청난 수의 응모작 중 영예의 우승자는 스물두 살의 청년 데일 바커스 ^{Dale Backus}가 제작한 'Live the flavor'였다. 도리토스 나쵸칩을 먹으면서 운전하다가 우연히 역시 나쵸칩을 먹으며 길을 걷는 매력적인 여성을 발견하면서 겪게 되는 짧은 에피소드를 영상에 담아낸 그의 UCC는 제품의 특징을 잘 드러내면서도 그를 직접적인 화법이 아닌 우스꽝스러운 상황 속에 잘 녹여냈다는 호평을 받으며 응모를 심사하는 일반 소비자들의 압도적인 지지를 받았다.

그런데, 소비자들의 그런 열광적인 지지 덕분에 응모 행사 우승 영상은 그해 슈퍼볼에서 방영된 광고 중 시청자 선호도 전체 4위를 차지해버렸다. 결국, 2007년 단발 행사로 끝내려 했던 이 이벤트는 매년 성황리에 진행되고 있다.

슈퍼볼 경기 시간 중 방영되는 광고는 단가가 높기로 유명하다. 2020년 2월 개최된 제54회 슈퍼볼을 기준으로 30초 분량의 광고단가가 최대 560만 달러라고 하니, 우리나라 돈으로 1초당 약 2억 원이 넘는 어마어마한 금액이다. 그럼에도 불구하고 세계 유수의 기업들이 슈퍼볼 경기에 광고를 집어넣기 위해 혈안인 까닭은 당연히 비용을 훨씬 상회하는 광고 효과 때문이다. 슈퍼볼 당일 TV를 통해 이 경기를 지켜보는 미국인이 약 1억 1,000만 명이 넘고, 전 세계적으로는 10억 명 가까운 인구가 슈퍼볼을 시청한다고 알려져 있다. 경기 시간이 길고, 경기에 대한 몰입도가 높다 보니 광고를 통한 효과, 즉 구매 의사 표현 빈도나 재구매 의사 비율 모두 여느 다른 스포츠 경기의 광고와 차원이 다를 정도로 높다.

그러다보니 슈퍼볼 경기에 광고를 하는 기업들은 대부분 글로벌 플레이어인 초거대 기업들이 대부분이고, 그들이 제작한 광고 역시 모르고 보면 블록버스터 영화의 한 장면으로 착각하기 십상일 정도로 치밀한 구성과 현란한 특수 효과로 이뤄진 대작들이 대부분이다. 이런 총성 없는 전쟁에서 시청자들의 눈길을 사로잡고, 원하는 광고 효과를 얻기란 하늘의 별 따기만큼 어려운 것이 사실이다. 그런데, 그런 엄청난 일을 도리토스가 해낸 것이다.

매년 슈퍼볼 시즌이 되면 도리토스 본사로 엄청난 양의 UCC 광고 영상들이 몰려든다. 그중에는 상금을 노리고 덤벼든 반쯤 전문적인 광고업자들도 있지만, 대부분의 사람들은 순수한 열정과 도리토스에 대한 애정으로 응모한 평범한 이들이 대부분이다. 그들은 자신들이 찍은 도리토스 광고 영상을 서로 나눠보고, 품평을 하고, 평가를 해서 그해 슈퍼볼 경기 당일 내보낼 영상으로 선정하는 일을 별다른 대가 없이 흔쾌히 하고 있다. 그리고 그런 그들 덕분에 도리토스의 광고는 자신들보다 수백, 수천 배 더 많은 광고비를 집행하고, 세계적인 슈퍼스타들을 등장시킨 광고들의 틈바구니 속에서 올해도 가장 많은 시청자들의 관심을 끈 광고 중 하나로 버틸 수 있었던 것이다.

이런 사례는 우리나라에서도 역시 어렵지 않게 찾아 볼 수 있다. 2012년 패스트푸드 프랜차이즈기업인 맥도날드는 자신들의 대표메뉴인 '빅맥' 탄생 45주년을 맞이하여 빅맥의 재료를 가사로 한 노래 '빅맥송'을 만들었다.

"참깨 빵 위에, 순 쇠고기 패티 두 장,

특별한 소스, 양상추~ 치즈, 피클, 양파까~지!"

단순한 단어의 나열에 지극히 단순한 음조를 붙인 노래는 마치 한글을 처음 배우는 아이들의 옹알이처럼 들렸지만 묘한 중독성 탓에 사람들의 입에 오르내리기 시작했다. 맥도날드 측은 여기에서 그치지 않고, 매장에 와서 주문할 때 빅맥송을 부르면 제품을 할인해준다거나, 자신만의 이미지, 율동, 가창 방식으로 동영상을 만들어 사이트에 올리면 상품을 주는 이벤트를 실시했다.

제복을 입은 의경, 군인, 간호사, 소방관, 교복을 입은 중고생, 다양한 복장과 율동으로 무장한 젊은이들, 심지어 나이 지긋하신 어르신들까지 이 이벤트에 참가하면서 삽시간에 빅맥송은 대한민국에서 가장 많이 불린 노래가 되었다.

덕분에, 불과 한 달 만에 해당 사이트 방문자는 17만 명이 넘어섰고, 동영상 시청자 수는 400만 명을 가볍게 넘어섰다. 노래의 주인공인 빅맥의 판매량 역시 당연히 이전 동기간 대비 약 30% 이상 증가라는 엄청난 성과를 거두게 되었다.

이들 외에도 수많은 기업들이 마케팅3.0 시대를 맞아 마케팅, 홍보는 물론, 기업 경영의 다양한 분야에 소비자들을 직접 참여시

다섯 번째 강의 나이키의 고객 활용 마케팅 전략

켜 한 축을 담당하게 함으로써 소비자들은 자신의 니즈를 기업 경영에 반영할 수 있어 만족하고, 기업은 단골을 넘어서 골수의 팬이 되는 고객을 확보할 수 있게 되어 만족하는 윈윈 전략을 구사하고 있다.

전 세계인이 만든 나이키를 전 세계인이 입고 신는다

나이키는 그 명성만큼이나 자신들의 제품 품질과 브랜드 가치를 지키는 데 편집증적이라 할 정도로 꼼꼼한 것으로 정평이 나 있다. 한때 나이키의 최대 생산기지였던 부산 지역을 중심으로 암시장에 폐기물로 처리된 나이키 운동화가 나온 적이 있었는데, 얼핏 보면 일반 매장에서 파는 제품과 전혀 다를 것이 없어 보이지만 자세히 살펴보면 나이키 스우시 로고에 티끌만 한 점이 찍혔다거나, 'NIKE' 로고 박음질이 한두 개 잘못 박힌 것들이었다. 그만큼 품질에 대해서만큼은 엄격하게 관리하고 있다는 사실의 방증이었다.

유통 관리에 있어서도 역시 마찬가지였다. 비록 과거 폐기해야 할 상품이 일부 폐기물에 뒤섞여 흘러나온 적은 있었어도, 다른 유수의 패션 브랜드처럼 시장 질서를 혼탁하게 할 정도로 상설 매장 등을 통해 대규모로 재고 물량을 털어낸다거나 비공식 루트를 통해 판매하는 행위 등은 엄금하고 있다. 광고 홍보나 브랜드 관리에서는 더했다. 어떠한 일이 있더라도 자신들의 브랜드가 훼손되거나 값어치가 떨어지는 일들이 일어나지 않도록 철저하게 관리해오고 있다.

　　여기까지만 보면 나이키의 조직이 매우 폐쇄적이고 비밀이 많은 조직 같지만, 한 꺼풀 안쪽으로 들어가 보면 그렇지 않다는 것을 발견할 수 있다. 그들은 태생적으로 늘 함께 토론해서 올바른 답을 찾는 것에 익숙한 사람들이었다. 때로는 외부의 전문가들이나 탁월한 아이디어를 보유한 사람들과 협업을 하거나, 아예 그들을 조직 안으로 들여 자신들의 제품과 서비스를 개선시키는 데 능숙했던 사람들이었다. 특히, 광고 홍보에 있어서는 절대 건드려서는 안 되는 브랜드 정체성의 핵심적인 부분을 정해놓고, 그 외의 부분에 있어서는 소비자들이 적극적으로 개입하는 것을 허용했을 뿐만 아니라, 어느 부분에 있어서는 오히려 적극적으로 장려했다. 소비자들이 단순히 나이키의 제품을 구입하는 데에서 끝나는 것이 아니라, 나이키를 구매하고, 착용하여, 활용하는 각 단계별로 자신들의 경험을 사람들과 공유하고, 그를 통해 새로운 가치를 창출하도록 도왔다. 그 결과, 앞서 벤자민 카펠루쉬닉의 경우처럼 막대한 경제적 이익이나 유명세를 획득하도록 했다.
실제로 벤자민의 주요 고객 중 트래비스 스콧Travis Scott이라는 사람이 있다. 우리나라에도 제법 이름이 널리 알려진 그는 현재 미국에서 가장 핫한 힙합 아티스트 중 한 명이다. 그런데, 스콧은 아티스트로서의 명성만큼이나 나이키의 마니아로도 유명한데, 자신이 갖고 싶은 신제품이 나오면 웃돈을 주고서라도 반드시 구입한다.

물론, 그중 상당수는 벤자민을 통해서다.

그렇게 구입한 운동화를 신은 사진을 자신의 인스타그램 등에 올리고 있는데, 나이키는 광고비 한 푼 안들이고(실제로는 운동화 값만큼 돈을 받고) 미국 최고의 힙합 아티스트 중 한 명을 모델로 한 광고를 하고 있는 셈이다.

브랜드 전략 개발과 실행 분야의 세계적인 석학인 번트 슈미트 컬럼비아대학교 교수는 마케팅3.0 시대에 기업의 성공은 '얼마나 많은 고객을 기업의 경영에 참여시키느냐'에 달려있다고 주장했다. 즉, 앞으로의 시대에 더 큰 마케팅 효과를 거두려면 고객들을 적극적으로 기업의 안으로 들어오도록 해야 한다는 것이다. 그러면서, 그를 위해 '고객에게 참여를 체험할 수 있는 기회 제공'과 '혁신을 창조하는 빅 씽크Big Think 전략 수립 및 실행' 그리고 '장기적 관계 형성을 통한 고객 행복의 창출'이라는 세 가지 화두에 대해 기업들이 보다 더 적극적으로 고민해야 한다고 말했다.

앞서 이야기했던 것처럼 고객은 더 이상 기업의 제품과 서비스를 받아들이는 수동적 존재가 아닌, 기업과 상호작용하며 참여하기를 원하는 능동적 존재로 변화하고 있다. 때문에, 진정한 마케팅3.0의 성과를 거두려면 눈앞의 이익에만 매달리지 말고 보다 거시적이고 장기적인 관점에서 인내심을 갖고 시장과 고객을 바라보려는 노력이 필수적이다.

나이키처럼.

나이키의 고객 동기화
전략

그들이 고객과 나누고자 했던 것은
무엇이었을까?

찾아다니는 기업
vs. 찾아오는 기업

몇 년 전 회사에서 처음으로 관련 팀을 맡아 조직문화 활성화를 위한 컨퍼런스를 기획했던 적이 있다. 준비를 위해 주어진 시간은 단 4주. 그 안에 컨퍼런스 기획부터 시작해서 특강 연사 섭외, 특별 공연팀 준비, 무대 설치, 리허설, 구성원 대상 참가 안내 등 모든 것이 다 이뤄져야 했다. 사실, 불가능에 가까웠다. 다행인 것은 함께 일하게 된 팀원들 세 명의 존재였는데, 이들의 능력이 막강했다.

그중 제일 고참은 과거 지방의 공장에서 노경업무를 담당하던 친구였다. 스무 살 이상 차이 나는 노련한 노동조합 간부들을 대상으로 업무를 해왔던 덕분인지 매사에 안정적으로 중심을 잡아주고, 다른 멤버들이 못 챙기는 부분을 살뜰하게 챙겨주는 안방마님 역할을 해줬다. 또 다른 팀원은 일반적인 회사원이라고 하기에는 조금은 독특한 발상을 하는 친구였다. 기존의 틀로 보면 이상한 친구였지만, '한번 너의 뜻대로 맘껏 꾸려봐라' 하고 판을 벌여주니 천재적인 발상과 전투적인 추진력으로 놀라운 것들을 만들어서 가져왔다. 막내는 과거 방송기자를 준비했을 정도로 냉철한 분석력과 본인 스스로의 논리 체계가 완벽한 사람이었다. 게다가 프로 방송인 뺨칠 정도의 화술과 행사 진행 능력을 보유하고 있었다. 단 4주였지만, 그들은 환상적으로 움직여줬다.

그러나, 정작 내가 걱정했던 것은 준비를 맡은 우리 팀이 아니었다. '회사에서 하는 행사'를 대하는 구성원들의 보편적, 일반적 반응에 대한 일종의 트라우마 같은 것이었다. 수십 차례 안내를 하고, 당일에 직접 손을 잡고 이끌어도 뜨뜻미지근한 반응, 마치 도살장에 끌려가듯 어기적거리며 행사 시작 시간에 딱 맞춰서 혹은 이미 시작한 이후에 문을 열고 들어설 모습들…. 다른 팀에서 준비한 행사 때마다 구성원들이 보여줬던 그런 무관심, 무덤덤, 비협조적인 모습들이 이번에도 또다시 재현될까 봐 걱정이 되기 시작했다. 그것도 몹시….

그런데, 나와 비슷한 고민을 했던 또 한 명의 사람이 있었다. 미국 보스턴 출신의 케빈 시스트롬Kevin Systrom이라는 청년이었다. 어렸을 때부터 수재에 컴퓨터 천재로 이름을 날렸던 그는 2003년도에 스탠퍼드대학교에 진학하면서 실리콘밸리로 진출했다. 학교를 다니는 동안에는 트위터의 전신인 오데오Odeo에서 인턴으로 경험을 쌓았고, 졸업한 뒤에는 구글에서 3년을 근무했다. 업무 성과는 탁월했고, 앞으로 구글에서 승승장구할 일만 남은 것 같았다.

하지만, 그에게는 자신만의 회사를 창업하고 싶은 꿈이 있었다.

2010년, 그는 독립하여 버븐Burbn이라는 사진 공유 앱을 만들었다. 같은 대학에서 상징 신호 체계Symbolic Systems로 학위를 받은 마이크 크리거Mike Krieger를 영입하고 투자자를 통해 50만 달러의 펀딩을 받음으로써 사업을 본격적으로 시작할 구색을 갖추게 되었다.

그와 그의 회사가 제공하는 앱은 다른 경쟁자와 비교할 수 없을 정도로 탁월했다. 그러나 신기하게도, 그다지 인기가 없었다. 홍보 이벤트를 하거나 블라인드 테스트를 하면 거의 모든 사람들이 버븐이 제공하는 사진 공유 서비스 앱이 비교할 수 없을 정도로 탁월하다고 인정했지만, "왠지 이용하고 싶지는 않다"는 답변을 했다.

시스트롬과 크리거는 고민에 빠졌다.

'왜 앱이 잘 팔리지 않을까?'

'우리 앱이 얼마나 탁월한데…

왜 사람들의 반응이 뜨뜻미지근한 것일까?'

한참을 고민하던 두 사람은 버븐에 자신들이 보유한 모든 기술을 담아 최고의 앱으로 만들겠다는 생각을 버리고, 철저하게 고객의 입장에서 다시 살펴보았다. 신기하고 탁월해 보이기는 하지만 고객의 입장에서 복잡하다고 생각할 수도 있는 기능, 별다른 매력을 크게 느끼기 힘든 기능은 최대한 배제하여 단순하고 직관적인 새로운 앱을 만들어냈다.

2010년 10월 6일.

아이폰 앱스토어를 통해 출시된 그들의 앱은 불과 3주 만에 30만 번이 넘게 다운로드 되었고, 저스틴 비버, 셀레나 고메즈, 테일러 스위프트 등이 이 서비스를 이용한다는 것이 알려지면서 그 숫자는 기하급수적으로 늘어났다. 삽시간에 수백만 번을 넘어서더니, 이내 4,000만 명이 넘는 사용자가 생겨나게 되었다. 하지만, 그때까지만 하더라도 그들의 회사는 단 한 푼의 수익도 거둬들이지 못하는 스타트업에 지나지 않았다.

그러던 2012년 4월 초.

케빈 시스트롬은 전화 한 통을 받게 되었다. 수화기 건너편의 상대는 그 이름도 유명한 페이스북의 창업자이자 CEO였던 마크 저커버그. 그는 단도직입적으로 케빈 시스트롬과 마이크 크리거가 만든 회사를 사들이고 싶다고 말했다. 그리고, 그로부터 불과 48시간 만에 저커버그와 시스트롬은 계약서에 사인을 하게 된다.

마크 저커버그가 인수 비용으로 지불한 돈은 1억 달러, 우리 돈으로 무려 1조 2,000억 원에 가까운 엄청난 금액이었다. 그렇게 '즉각Instant' 게시할 수 있는 사진 '전보Telegram'를 뜻하는 '인스타그램Instagram'은 세계 최고의 SNS 기업이자 최대의 IT 기업 중 한 곳인 페이스북의 일원으로 세계시장에 선보이게 되었다.

소식이 전해지자 많은 사람들은 "마크 저커버그가 페이스북의 급격한 성공에 도취해 잘못된 판단을 했다"느니, "너무 갑자기 돈을 벌다 보니 제대로 쓸 줄을 모른다"느니, 심지어는 "인스타그램의 경영진이 마크 저커버그를 속였다"는 이야기들을 입에 올렸다. 그러나, 그런 소문은 불과 몇 달 만에 잠잠해졌다. 페이스북에 인수된 이듬해인 2013년 12월, 전 세계의 전자정보통신 기술과 관련 제품 또는 서비스에 대한 리뷰와 뉴스를 제공하는 유력 매체인 〈씨넷CNET〉의 조사 결과 '스마트폰에서 가장 많이 사용하는 앱 순위 4위'에 오르는 기염을 토한 인스타그램은 2016년 6월에는 전 세계적으로 그 사용자가 5억 명을 돌파했고, 광고 수익은 우리 돈으로 수조 원이 넘어설 정도로 급속히 성장했다.

그러나, 사실 인스타그램이 단 5년 만에 거둔 엄청난 성공을 찬찬히 한

번 살펴보면 한 가지 신기한 것이 있다. 인스타그램을 사용하는 수많은 사람들이 접속하는 이유, 그들이 보고 싶어 하는 것들이 인스타그램 회사 자체적으로 만들어낸 것이나 제공하는 것이 아니라는 사실이다. 사람들은 인스타그램을 통해 자신이 아는 다른 사람들의 사진, 그 사진이 담아낸 일상과 특별한 사생활들을 보고 싶어 접속했다. 즉, 인스타그램의 놀라운 성공의 비결에는 그들이 만들어낸 앱, 서비스 그 자체보다는 그를 활용하고, 그 내용을 채워나가며 이야기들을 만들고 공유해온 '소비자들'이 있었다.

참,
행복한 기업들

기업이 존재할 수 있는 원동력은 굳이 말할 것 없이 '그 기업이 만든 제품이나 서비스를 고객들이 찾아줄 때', '그 제품이나 서비스를 구입하기 위해 기꺼이 지갑을 열 때', 그리고 '그러한 행위가 일회성으로 끝나는 것이 아니라 지속적이고 반복적으로 이루어질 때' 발생한다. 때문에 전 세계 모든 기업들은 어떠한 일이 있어도 최대한 많은 고객을 찾아내서, 그 고객들에게 자신들의 제품이나 서비스를 선보이고, 그들과 원만한 관계를 최대한 장기간 유지해나가기 위해 많은 노력을 기울이고 있다.

그를 일컬어 CRM^{Customer Relationship Management}이라고 하는데, 우리말로 '고객 관계 관리'라고 하면 더 이해하기가 쉬울 것이다. 말 그대로 기업과 고객과의 관계를 효과적으로 관리하는 기법을 말한다. 기업들은 고객 관계 관리, CRM을 보다 효과적, 효율적으로 더 잘하기 위해 많은 전략들을 세우고 노력하고 있는데, 그중 대표적인 것이 '고객 획득 전략 Customer Acquisition Strategy', '고객 확장 전략Customer Extension Strategy', '고객 유지 전략Customer Retention Strategy' 등이다.

'고객 획득 전략'은 해당 기업의 제품이나 서비스에 관심이 있을 법한 고객, 이른바 가망고객의 리스트를 확보하여, 그들이 관심을 가질만한 제품이나 서비스를 구성하고 그에 대한 정보를 매력적으로 보이도록 가공한 뒤, 보다 효과적으로 전달하기 위해 수립하는 전략을 말한다.

'고객 확장 전략'은 말 그대로 고객으로부터 얻는 이익을 극대화하기 위해 수립하는 전략을 말하는데, 고객의 숫자를 최대한 늘려서 수익을 늘리는 전략과 확보된 고객이 더욱더 많은 구매 활동을 하거나 한 번 구매한 고객이 재구매를 하도록 유도하는 전략으로 구분된다.

'고객 유지 전략'은 경쟁사의 고객을 자사로 이동시키거나 자사의 고객이 이탈하지 않도록 하기 위해, 넘어올 의향이 있는 경쟁사 고객이나 경쟁사로 이탈할 가능성이 있는 자사의 고객을 사전에 파악하여 그들에

여섯 번째 강의 나이키의 고객 동기화 전략

게 적절한 가치를 제공해줌으로써 경쟁사로부터 이탈시키거나, 경쟁사로의 이탈을 방지하는 전략을 말한다. '고객 충성화 전략Customer Loyalty Strategy'과도 일맥상통하는 전략이다.

이처럼 기업들은 여러 가지 전략을 써가며 어떻게 해서든지 보다 많은 고객들을 발굴하여 그들을 붙잡아두고, 오래도록 함께 가기 위해 엄청난 자원과 노력을 쏟아붓고 있다. 그러나, 그럼에도 불구하고 대다수의 기업들이 그에 실패하고, 기업의 존폐와도 직결되는 문제로 비화되고는 한다.

그런데, 이러한 '고객 관계 관리'가 저절로 되는 기업들이 있다.

아, 물론, 아무런 활동도 하지 않았는데 절로 그렇게 되었다는 것은 아니다. 다만, 투자한 것에 비해 훨씬 더 잘되고 있다거나, 고객들의 자발적인 동참과 기여를 통해 점점 더 향상되는 기업들이 있다는 말이다. 그 대표적인 사례가 앞서 말했던 인스타그램이다.

인스타그램은 그저 하나의 자유로운 기회이자 비어있는 공간, 마음대로 사용할 수 있는 도구이자 백지와도 같은 여백에 지나지 않았다. 그들은 퓰리처상을 수상한 저널리스트들을 보유한 〈뉴욕타임스〉처럼 수준 높은 칼럼을 제공하지도 못했고, 과거의 〈라이프Life〉처럼 전 세계인들의 심금을 울린 유명 작가의 사진을 게재하지도 않았다. 그저, 수많은 사람들, 심지어 대다수는 이름 없는 일반인들이 자신이 먹고 마신 것, 방문한 곳 또는 그곳에서 한 일을 휴대폰으로 대충 찍어 올린 사진이 전부였다. 사진을 열심히 올린다고 해서 누가 사진에 대한 기고료를 주거나 달린 글에 대해 인세를 주는 것도 아니었다. 다만, 조금 신기하거나 흥미로운 사진을 찍어 올리면 더 많은 사람들의 관심과 반응을 받을 수 있다는 것 정도. 하지만, 사람들은 그 '관심'과 '반응'을 받기 위해 틈이 날 때마다 사진과 글을 인스타그램에 올렸고, 많은 사람들이 그 사진과 글을 보기 위해 인스타그램에 몰려들었다. 특히, 해시태그#, Hashtag가 도입되면서 사람들은 검색어 하나로 인스타그램에 올라온 사진들을 검색할 수 있게 되었고, 맛집을 찾고 싶거나 분위기 좋은 여행지를 찾고 싶을 때 미슐랭 가이드나 여행책자를 펴보는 대신에 인스타그램의 사진과 그 밑에 달린 간략한 글을 먼저 참조하게 되었다.

남들은 고객에게 제공할 제품이나 서비스를 만들어내기 위해 안간힘을 다해 노력하는 가운데, 멍석만 깔아놓으면 고객들이 알아서 찾아와서 열광하고, 제품이나 브랜드의 성장과 성공을 위해 알아서 기여하는 '복에 겨운 기업'은 비단 인스타그램만이 아니다. 이제는 단순히 인기 연예인을 넘어서 '하나의 문화 현상', '국가 브랜드 제고를 이끈 일등 상품'으로 여겨지는 빅히트엔터테인먼트 소속의 7인조 보이 그룹 방탄소년단BTS. 그들의 성공 스토리에서도 인스타그램의 성공담과 유사한 모습들을 발견할 수 있다.

팬들은 과거 그저 자신이 좋아하는 연예인들을 따라다니며 그들의 일거수일투족에 열광하던 모습을 넘어서, 바이럴Viral 마케팅과 집단화 능력을 기획사에서 소속 연예인들을 데뷔시키는 초기, 아니 데뷔를 준비하는 시기부터 적극적으로 제공하여 함께 스타를 만들어나가고 있다. 즉, 기획사에서 제공하는 제품을 구입하여 즐기는 수동적인 모습을 넘어서서, 기획사와 함께 제품을 만들어나가고, 심지어 기획사의 역할과 자신들의 역할을 일정 부분에서 동일시하는 모습까지 보여주고 있다. 때문에, 한 문화평론가는 사적 견해임을 전제로 한류 열풍의 가장 큰 주역 중 하나로 기업과 소비자의 경계를 무너뜨린 우리나라의 적극적인 팬클럽 문화를 언급하기도 했다.

이외에도 고객과 함께 성공을 만들어가는 행복한 기업들은 더 있다. 신제품이 출시되는 날이면 매장 앞에서 고객과 직원들이 함께하는 일종의 첫 구입 세레머니가 펼쳐지는 애플, 단 아홉 대의 항공기를 보유한 소규모의 저가 항공사임에도 불구하고 고객 충성도가 가장 높은 항공사 중 하나이며, 2015년도에 일어난 상표 표절 소동 때도 고객들이 앞장서서 지켜줬던 싱가포르 국적의 항공사 스쿠트Scoot, 그리고 우리가 살펴보고 있는 나이키가 바로 그 주인공들이다.

나이키와 함께하기를 원하는 소비자들

나이키의 오랜, 수많은 경쟁자들. 그들 대부분이 나이키가 보유했던 제품력에 버금가는, 아니 한때는 더 나은 제품력을 보여주기도 했었다. 흔히 우리가 신발 혀라고 부르던 설포 부분에 동그란 튜브가 있어 그걸 몇 차례 누르면 발등 전체를 감싸고 있던 공기 주머니가 부풀어 오르면서 발과 신발이 밀착되는 기능의 '펌프' 시리즈는 이제까지의 신발에 대한 고정관념을 바꿔놨다는 호평을 받으며 1980년대 말부터 90년대 초반까지 리복의 전성기를 활짝 열어줬다.

기술력이라고 하면 아디다스 역시 결코 뒤떨어지지 않았다. 쾌적한 운동을 돕는 기능들인 '클라이마라이트Climalite', '클라이마쿨Climacool', '클라이마웜Climawarm' 등은 보온, 보냉, 통기성에 있어 최상의 기능성을 선사하며 아디다스가 유니폼시장에서 나이키의 가장 강력한 경쟁자가 되는 데 큰 기여를 했다.

디자인 역시 마찬가지로 경쟁자들은 나이키 못지않은, 때로는 그를 능가하는 수준을 보여줬다. 푸마는 자메이카가 낳은 세계 최고의 육상 선수 우사인 볼트를 광고 모델로 영입한 것을 계기로 아예 '자메이카' 그리고 자메이카의 국민 음악이라고 여겨지는 '레게'를 모티브로 삼아 화려한 색감과 다양한 디자인의 제품들을 출시하고 있다.

아디다스는 한발 더 나아가 다양한 디자이너들과의 협업을 통해 파격적인 디자인의 제품 라인을 선보이고 있으며, 그중 몇몇 라인은 디자인적 가치를 인정받아 전 세계적으로 큰 인기를 끌기도 했다. 일본이 낳은 포스트모더니즘 패션계의 세계적인 거장 야마모토 요지를 크리에이티브 디렉터로 영입하여 만들어낸 '아디다스×요지 야마모토'와 비틀즈의 멤버 폴 매카트니의 딸이자 역시 세계적인 스타일리스트였던 스텔라 맥카트니를 크리에이티브 디렉터로 영입해 탄생시킨 '아디다스 by 스텔라 맥카트니'가 대표적인 사례다.

그럼에도 불구하고 사람들은 여전히 나이키를 찾고 있고, 나이키를 최고라 여기며, 더 나아가 나이키가 더 멋진 브랜드가 되고 더 널리 알려지도록 만드는 데 자기 자신의 재능을 투자하는 모습을 보이고 있다.

나는 그 이유를 나이키가 가진 '연결의 힘'에서 찾고 싶다. 그저 단순한 스포츠 브랜드가 아닌, 보다 건강한 몸으로, 보다 나은 삶을, 보다 멋지게 살아가고 싶다는 고객의 욕망과 삶의 가치를 현실에서 이룰 수 있도록 그 가치에 대해 함께 느끼고(공감), 그 가치를 함께 나누고(공유), 그 가치를 실현할 수 있도록 실질적인 도움을 주는(공조) 역할을 나이키가 해왔기에, 고객들은 나이키를 입고 신은 자신을 자신이 생각하는 삶의 가치가 투영된 하나의 아바타로 여기고 소중히 여겨온 것이 아닌가 하는 생각을 하게 된다.

일방적으로 제품을 만들어 소비자에게 파는 것이 아니라 자신들이 생산한 제품에 대한 생각, 더 나아가 운동 그 자체에 대한 생각을 소비자가 운동을 대하는 마음, 생각과 연결시켜 서로 공감한 것이다. 그를 통해 자신들이 생산한 제품을 구입하고 그렇게 구입한 경험을 주변의 사람들과 공유하며 더 나아가 나이키의 제품을 개선하고 발전시켜서 더 많이 판매되도록 하는 데 공조하게 만드는… 그렇게 나이키와 사람들을 연결시키는 힘. 그 힘이 수많은 경쟁자들의 오랜 도전을 이겨내고 오늘날과 같은 모습으로 승자의 자리를 굳건히 지킬 수 있었던 원동력이었던 것이다.

앞서 잠깐 이야기했던, 내가 회사에서 추진한 조직문화 관련 컨퍼런스도 결과부터 말하자면, 나의 걱정과 달리 큰 성공을 거두었다. 그것도 이루 말할 수 없는 엄청난 성공을 거뒀다. 그 성공 이유 역시 인스타그램이나 방탄소년단, 그리고 나이키가 해왔던 것과 같은 소비자의 공감, 공유, 공조를 이끌어낸 덕분이었다. 과거 회사에서 진행하는 컨퍼런스는 전적으로 회사의 관점에서 직원들에게 전달하고 싶은 사항들을 최대한 효율적으로 전달하는 수단으로 준비되었다. 당연히 그러한 수단의 대상이 되는 직원들로서는 전혀 즐겁지도, 관심이 가지도 않는, 그래서 참가하기 싫어 억지로 끌려오는 행사였다.

우리 팀은 발상을 바꿨다. 우리가 전하고자 하는 메시지보다는 구성원이 듣고자 하는 메시지에 집중했다. 우리가 잘하는 것을 보여주기보다는 구성원들이 잘하는 것을 선보일 수 있는 무대가 되도록 했다. 내용의 전달 방법 역시 기존의 딱딱한 방식이 아닌, 한편의 버라이어티쇼처럼 게임, 공연, 특강, 대화 등 온갖 수단을 한데 버무려 직원들이 먹고 싶을 만한 밥상으로 차려냈다.

물론, 첫 회 컨퍼런스부터 반응이 엄청나게 좋거나 한 것은 아니었다. 그러나, 그런 '밥상'을 꾸준히 차려내기 시작하자 반응이 오기 시작했다. 객석에 앉는 것조차 꺼려하던 직원들이 무대에 올라 자기 사례를 발표하거나, 토크쇼의 패널 혹은 공연팀의 보조출연자 역할을 도맡아 하기 시작했고, 컨퍼런스 사진을 자신의 SNS를 통해 친구들과 공유하고 자랑하기 시작했다. 그렇게 구성원들의 공감, 공유, 공조를 이끌어낸 컨퍼런스는 지금까지도 대기업에서 진행한 사내 조직문화 컨퍼런스의 베스트 사례로 유명세를 떨치고 있다.

나이키의 고객 활용 전략

왜 멀쩡한 손님들끼리
싸우게 만들까?

'처음'이라는
전쟁

2020년 1월.

인터넷으로 뉴스를 검색하던 나는 깜짝 놀랐다.

'일본 스시 업체 사장, 21억 원에 참치 한 마리 구입!'

아니, 아무리 참치를 좋아하는 일본인들이라 하지만, 생선 한 마리에 21억이라니….

그러나, 그 뒤에 덧붙여진 기사를 본 뒤 나는 고개를 끄덕이게 되었다.

'그러면, 그렇지. 일본 녀석들 또 그 병이 도졌구나…'

일본 에도시대에 유행했던 시 형태의 짧은 단문인 센류川柳 중에는 이런 구절이 있다.

'마누라를 팔아서라도 맏물 가다랑어'

아니, 도대체, 세상에 얼마나 맛있는 가다랑어이기에 사랑하는 아내를 팔아서라도 먹고 싶다고 한 것일까? 혹시, 이제까지 우리가 먹어보지 못한 기가 막힌 맛을 지닌 가다랑어가 에도시대 일본에는 있었던 것일까?

그런데, 사실은 별다른 맛이 있는 가다랑어가 아니었다. 가다랑어가 아니어도 상관이 없었다. 다만, 그 앞에 붙은 '맏물'이라는 단어가 중요했다.

일본어로 '맏물'이라 함은 하츠初 또는 하츠모노初物라 하여 새해 처음으로 수확한 산물을 일컫는 말이었다. 즉, 초봄의 뱅어나 산채, 여름에 낚은 은어, 갯장어나 가다랑어, 가을에 수확한 감이나 대추, 겨울에 잡은 방어나 대구 중 가장 처음으로 수확한 것들에게만 맏물이라는 호칭을 붙여줬다.

앞서의 시 구절에서처럼 어떠한 대가를 치르고서라도 이 맏물을 구해 먹기 위해 줄을 섰고, 때로는 다른 사람이 구한 맏물을 빼돌리기 위해 칼부림을 벌이는 일까지 벌어졌다.

유달리 일본 사람들이 이 맏물에 과도한 애착을 갖게 된 것에 대해 일본의 학자들은 과거 숨이 막힐 정도로 틈 하나 없이 완고한 계급사회였던 일본에서 비교적 하위 계층이었던 상인들이 아무리 돈이 많다고 하더라도 잘난 체하거나 권력을 탐하는 모습을 보이는 것은 목숨을 걸어야 할 만큼 위험한 일이었다. 때문에 그들이 할 수 있는 최대한의 '있는 척', '잘난 척'은 바로 다른 누구보다 먼저, 심지어 자기보다 높은 계급인 사무라이나 다이묘보다도 먼저 제철에 나온 음식을 맛보는 것이었다고 한다.

따라서 나름 돈 좀 있다 하는 사람들이라면 철마다 그 철에 나오는 산물 중 맏물을 구해 먹기 위해 엄청나게 많은 웃돈을 썼고,

'에도의 상인 누구누구가 그 철의 맏물을 구해 먹었다!'

라는 소문이 돌면 사람들은 부러움에 휩싸여 소문의 주인공을 바라보고는 했다.

그중에서도 특히 인기가 높았던 것은 가다랑어, 일본어로 가쓰오라고

하는 생선이었는데, 맏물 가다랑어는 아예 하츠가쓰오라는 별도의 이름까지 있었다. 가다랑어는 원래 여름이 제철인 생선이었는데, 늦은 봄이 되면 일본 제일의 가쓰오 산지로 알려진 가고시마 지역에는 하츠가쓰오, 맏물 가다랑어를 구해오라는 주인어른의 명령을 받고 그를 구하기 위해 몇 날 며칠씩 해안가 항구에서 노숙을 하는 하인들로 인산인해를 이뤘다고 한다.

이날 1억 9,000만 엔, 우리 돈으로 약 20억 8,000만 원에 낙찰된 참치 역시 그냥 참치가 아니었다. '일본 최대의 수산물시장'인 도요스에서, 2020년 '새해 첫' 경매에서 거래된, '당일 경매의 가장 큰' 참치였다. 이미 이 스시 업체 사장은 2019년 도요스 개장 후 첫 경매에서 거래된 참치를 3억 3,600만 엔에 사들인 이 분야에서 유명한 사람이었다.

그런데, 에도시대에나 유행했을 법한, 혹은 수산시장에서나 벌어질만한 이 '맏물 경쟁'이 수시로 벌어지는 곳이 있다. 바로 애플과 나이키가 그 두 주인공이다.

21세기의 만물 경쟁,
가고시마의 혈투

2014년 10월 18일 일본 가고시마현의 한 나이키 매장.
대학생으로 보이는 자유로운 복장의 사내와 회사원으로 보이는 말끔하
게 차려입은 사내가 서로를 노려보며 말다툼을 하다 이내 몸싸움을 시
작했다. 그 둘이 다툰 것은 아직 영업 시작 전인 나이키 매장 앞에 길게
늘어선 대열의 뒤편에서 걸어온 회사원이 갑자기 대열의 맨 앞으로 새
치기해 들어왔기 때문이다. 맨 앞에서 두 번째에 서있던 대학생이 "새치
기하지 말라"고 고함을 치자 회사원이 그의 어깨를 밀치며 벌어진 몸싸
움이었다.

그러나, 회사원 역시 그럴만한 이유가 있었다. 대열의 맨 앞에 서있다가
그에게 자리를 비켜준 이는 프리터족이었던 그의 막내 동생이었다. 회
사원인 자신은 출근을 해야 돼 밤을 새울 수가 없으니 편의점 오후 근무
를 마친 동생을 용돈으로 꼬드겨 밤새 맨 앞에 줄을 서도록 하고 자신은
출근을 했다가 매장이 문을 여는 10시 30분에 맞춰 사무실에서 잠깐 나
와 동생과 교대를 한 것이었다.

그러나 소란도 잠시. 매장 안에서 직원이 문을 열고 나와 대열을 이룬
사람들에게 번호표를 나눠주기 시작하자 두 사람은 얌전한 어린아이가

되어 1번과 2번 번호표를 받고 영업이 시작되기만을 기다렸다. 그리고 잠시 후, 매장 문이 열리자 두 사람은 동시에 매장 안으로 뛰어 들어가 매장 한가운데 쌓여있는 묵직한 패키지를 들고 감격 어린 표정으로 셀프 인증샷을 찍고, 친구에게 전화를 걸어 환호성을 지르다가 이내 둘이 부둥켜안았다. 언제 다투기라도 했냐는 듯이.

그들의 손에 쥐어진 패키지는 나이키가 일본 만화 〈슬램 덩크〉와 그를 작화한 이노우에 다케히코를 기념하기 위해 출시한 '조던 6 슬램 덩크 컬렉션'이었다.

〈슬램 덩크〉는 일본의 대형 출판사인 슈에이샤에서 발간하는 일본 최고 인기 만화잡지인 〈주간 소년 점프〉에 1990년부터 1996년까지 이노우에 다케히코가 연재한 농구 만화였다. 농구라는 스포츠에 대한 작가의 깊은 이해도를 바탕으로, 일본 고등학교 농구부 부원들의 경쟁과 우정, 그 가운데 펼쳐지는 풋풋한 사랑 이야기 등이 잘 조화를 이뤄, 일본은 물론이거니와 아시아 전역, 바다 건너 미국에서까지 큰 인기를 거뒀다. 만화가 출간될 무렵까지만 하더라도 일본에서 농구는 비인기 종목에 가까웠는데, 이 만화 하나로 일본 내 메이저 프로 스포츠로 성장하는 계기가 되었다는 후문이 들릴 정도였다. 연재를 마친 뒤 단행본으로도 출간되어 일본 국내에서만 1억 2,000만 부라는 어마어마한 판매량을 올리며 수많은 슬램 덩크 마니아를 양산했다.

바로 그 〈슬램 덩크〉 만화로부터 모티브를 딴 이 컬렉션은 기존에 출시되된 에어조던6를 베이스로 한 모델과 조던 슈퍼플라이3를 베이스로 한 모델 등 두 가지 종류로 출시가 되었는데, 이날 먼저 출시된 에어조던6 레트로 모델의 경우 만화 〈슬램 덩크〉의 주인공인 강백호의 상징색이라고까지 할 수 있는 빨간색의 몸체에 만화의 몇몇 장면들이 은은하게 무늬처럼 그려져 있는 독특한 느낌의 농구화였다. 뒷굽에는 조던 시리즈의 정체성을 나타내는 상징적인 숫자라고까지 할 수 있는 마이클 조던의 등번호 '23' 대신, 만화 속 강백호의 등번호였던 '10'이라는 숫자를 자수로 수놓아서 컬렉션으로서의 정체성과 가치를 더욱 더 높여놓았다. 전체 작업 과정에 만화 원작자인 이노우에 다케히코가 참여하여 디자인의 디테일과 퀄리티를 높였으며, 신발 자체는 물론, 그 신발을 담는 박스조차 만화의 명장면들을 멋들어지게 인쇄해놓아서 한 언론으로부터는,

'이 컬렉션을 구입한 사람 중
박스를 내다 버린 사람은 단 한 사람도 없을 것이다.
왜냐하면 신발과 박스가 합쳐져야 예술이 완성되기 때문이다.'

라는 극찬을 들을 정도였다. 때문에, 나이키의 팬이자 〈슬램 덩크〉의 팬들은 오매불망 이 컬렉션이 출시되기만을 기다렸고, 제품이 입고됐다는

소식이 들리자마자 가게 앞에 길게 줄을 늘어섰던 것이다.

사실, 앞선 에피소드에서 회사원과 다툰 대학생은 가고 시마 출신이 아닌 인접 지역에 거주하는 주민이었음에도 불구하고, '이 노우에의 고향 마을'이라는 상징성이 있는 가고시마에서 〈슬램 덩크〉 컬렉션을 구매하고 싶다는 생각에 전날 오후 기차를 타고 와 밤을 새운 터였다.

그런데, 이처럼 사람들을 애태우고 안달 나게 해서 줄 세우는 제품은 이 날 출시된 〈슬램 덩크〉 컬렉션이 처음이 아니었다. 나이키에서는 훨씬 더 오래 전부터 다양한 제품들이 전 세계의 나이키 팬들을 매장 앞에 줄 서게 했다.

사람들을 줄 세운
수많은 나이키 제품들

2016년 8월, 우리나라 모 지방의 한 백화점 매장에서 중 년의 관리자가 한참 나이 어린 고객들의 앞에 무릎을 꿇고 사과하는 일 이 발생했다. 사연은 다음과 같았다.

이날은 나이키의 신제품 '에어 모어 업템포Air More Uptempo가 출시되는 날
이었다. 한정판으로 출시되는 이 모델을 구하기 위해 사람들은 물량을
확보한 매장들을 수소문하기 시작했고, 두 곳의 나이키 매장을 운영하
는 이 백화점에 약 50켤레의 제품이 들어올 예정임을 알게 되었다.

그런데 같은 건물에 있는 두 개의 매장이 서로 다른 공지를 내면서 제품
을 구매하려는 소비자들이 세 줄로 줄을 서게 되었고, 그중 두 개의 줄
에 선 사람들만 제품을 구매할 수 있게 했다. 여기서 문제가 생긴 것이
었다. 그토록 원했던 제품을 손에 넣지 못하게 된 소비자들은 분통을 터
뜨렸고, 그중 일부는 책임자의 사과와 문제 해결을 요구하며 강한 항의
를 이어갔다. 때문에 자칫 더 큰 문제로 커질 것을 염려해 해당 나이키
매장이 입점한 층을 총괄 관리하는 매니저가 직접 무릎을 꿇으면서까
지 사과를 한 것이었다.

이처럼, 나이키의 한정판 제품들은 출시될 때마다 늘 시장에 한바탕 북
새통을 일으키며 요란한 등장 퍼포먼스를 벌여왔다.

　　　　가장 대표적인 한정판이자 가장 유명했던 한정판 중 하
나는 2011년 12월 출시된 에어조던11 레트로 콩코드Concord이다. 1995
년에 출시된 에어조던11은 출시 당시부터 엄청난 인기를 끌며 '역대 최
고의 에어조던 시리즈'라는 찬사를 받았던 모델이다. 에어조던11 중에
서도 가장 인기 있는 라인이 에어조던11 콩코드였는데, 1995년도에 처

음 출시된 OG 모델도 인기가 있었지만, 그로부터 10년 뒤에 발매된 에어조던11 콩코드 DMP^Defining Moments Package^는 현재 말 그대로 부르는 것이 값일 정도로 엄청난 웃돈이 붙은 가격으로 판매되고 있다.

그랬던 에어조던11을 다시 한정 생산해 2011년 12월에 시장에 선보이겠다는 나이키의 발표가 있자마자, 사람들은 제품의 출시일을 손꼽아 기다리기 시작했다. 그리고, 출시 당일이 되자 나이키의 매장 밖에는 끝도 없이 기다란 줄이 생겨났다.

사건은 미국 중서부 인디애나주의 주도인 인디애나폴리스에서부터 시작되었다. 에어조던11의 판매가 시작되기만을 기다리던 청소년을 포함한 300여 명가량의 고객들이 매장 유리문을 부수고 매장 안으로 진입한 것이었다. 대부분 전과가 없는, 단지 나이키를 너무나도 아끼고 사랑하는 일반적인 나이키 마니아들이 저지른 일이었기에 미국 국민들이 받은 충격은 실로 어마어마했다. 그런데, 거기서 끝이 아니었다.

인디애나폴리스에서의 난동 소식이 채 가라앉기도 전에 미국 전역에서 '에어조던11으로 인해 발생한 사건 사고'가 끊임없이 제보되기 시작했다. 워싱턴, 볼티모어 등지에서는 신발을 먼저 사려는 사람들 간에 난투극이 벌어져 수십 명이 크고 작은 부상을 입는 사건이 발생했고, 시애틀에서는 매장 영업이 시작되자마자 먼저 들어가려던 사람들끼리 집단 난투극이 벌어져 무장 경찰이 출동하고 최루액과 진압 방패까지 동원되고서야 겨우 상황이 정리되는 최악의 사태가 벌어졌다.

나이키에서는 에어조던11을 사려는 학생들이 학교를 빼먹는 것을 방지하기 위해 출시 일자를 주말로 맞췄지만, 학생들은 이미 평일인 전날부터 결석하고 매장 앞에 줄을 서버리면서 백약이 무효한 상황을 맞이하고 말았다. 덕분에, 에어조던11 레트로 콩코드 한정판 출시로 인해 발생한 사태는 세계 4대 주요 뉴스 통신사의 헤드라인을 장식하면서 에어조던11은 세계에서 가장 유명한 한정판 제품 중 하나로 등극하게 되었다.

출시와 동시에 '나이키로서는 기분 좋은' 한정판 논란에 휩싸인 제품들은 에어조단11 외에도 다양했다. 기존에 출시된 거의 대부분의 에어조단 레트로 모델들은 물론이고, 디자이너나 화가, 음악가 심지어 건축가와의 콜레보레이션을 통해 출시된 제품들이 그에 해당했다.

영국의 레코드 레이블 모왁스Mo'Wax와의 협업을 통해 만들어진 '나이키×모왁스 바이 제임스 라벨James Lavelle', 일본 출신의 디자이너 아베 치토세가 이끄는 여성복 브랜드 사카이Sacai와 협업을 통해 만들어진 '나이키랩×사카이', 베를린을 기반으로 독일 패션을 한 단계 업그레이드 시킨 디자이너라는 평을 듣고 있는 조안나 슈나이더Johanna Schneider와의 협업을 통해 탄생한 '나이키랩×조안나 슈나이더' 그리고, 파리를 근거지로 프랑스 스트리트패션을 접수한 천재적 디자이너 스테판 애쉬풀Stéphane Ashpool과의 협업으로 만들어진 '나이키×피갈레Pigalle'까지, 사람들의 마음을 사로잡고, 그들을 매장 밖에 줄 세우고, 닫혔던 지갑을 기꺼이 열게 만든 매력적인 나이키의 한정판 상품들은 매년 출시되어왔고, 지금 이 순간에도 출시 계획을 발표하고 있다.

그러면, 왜 나이키는 이러한 한정판 제품들을 만들어내고 있는 것일까?

담장이 높을수록
담장 안이 더 궁금해진다

인도의 카슈미르 지역엔 이런 우화가 전해 내려온다.

얼굴이 추한 한 처자가 살았다. 나이를 먹어 혼기가 꽉 차서 넘칠 때까지 시집을 못 가고 있자, 지역 유지이자 막대한 갑부였던 처자의 아버지는 온 마을에 방을 붙여, '내 딸과 결혼을 하는 남자에게는 큰돈과 막대한 땅을 물려주겠다'라고 소문을 냈다. 그러나, 결혼을 하겠다고 나서는 신랑감이 단 한 사람도 없었다.

실의에 빠져있던 그에게 한 힌두교 승려가 찾아와서는 신랑감에게 줄 돈을 자신의 사원에 기부하면 열흘 안에 신랑감을 찾아주겠다고 호언장담을 했다. 반신반의하며 사원에 공물을 바친 그날, 승려는 그 집안의 하인들에게 명해 담장을 높이고, 횃불을 들고 밤새 외곽을 지키라고 시켰다. 그리고는 누가 이유를 물어보면 "이 집 딸이 너무나 예쁘고 매력적이어서 혹시라도 괴한이 납치라도 할까 봐 그럽니다"라고 답하라 시켰다.

단 사흘 만에 마을에는 이상한 소문이 돌기 시작했다. '우리 마을 부자 나리 댁에 딸이 하나 있는데, 너무나 매력적이어서 아무나 만나주지 않는다'라는. 그리고 약속한 열흘이 되었을 때는 집 대문 밖으로 처자를 만나게 해달라는 청년들이 줄을 섰다고 한다.

한 가지 신기한 것은 결국 줄을 선 청년들 중 몇을 골라 처자가 직접 만났는데, 청년들 중 그 누구도 처자의 얼굴을 타박하는 이가 없었다고 한다. 오히려 "보기 드물게 매력적이다"라고 했다고….

비단 사례로 들었던 이 우화뿐만이 아니라, 사람들에게는 이상한 심리 하나가 있다. '만나기 어렵고', '구하기 어려운' 사람이나 물건일수록 더 만나보고 싶고, 갖고 싶다는 생각을 하게 되는 현상이 있다. 이른바 희소성에 대한 집착과 갈구이다.

이러한 사람들의 심리를 활용한 마케팅 기법 혹은 전략이 바로 '한정판 Limited 마케팅'이다. 한정판 마케팅이란 한정된 수량 또는 판매 시간을 내세워 희소성을 강조함으로써 소비자들의 구매 욕구를 자극해 최대한 끌어올리는 마케팅 기법을 말한다.

앞서 일본 에도시대의 '맏물' 경쟁처럼 그 계절에 특정한 지역에서만 나는 자연산 식재료들이나 제조에 오랜 시간이 걸려 많은 양을 만들래야 만들 수 없는 고급 와인이나 위스키, 그리고 장인이 한 땀 한 땀 손으로 만든 맞춤복 등이 주로 한정판 마케팅의 대상이었다.

그런데, 공장에서 만드는 제품들은 '공장'이라는 생산시설의 특징상 재료와 판로만 있다면 '언제든지', '얼마라도' 만들어낼 수 있기에 한정판 마케팅의 대상은 아니었다. 물론, 롤스로이스, 벤틀리 같은 명차들이나 페라리, 람보르기니 등과 같은 슈퍼카들의 경우 공장에서 생산됨에도 불구하고 한정판 마케팅 기법을 사용하기도 한다. 그러나 공장이라고는 하지만 대다수의 공정이 수십 년간 한 우물을 파온 장인들의 손에서 마무리가 되는 공장이므로 패션 장인이 손바느질로 만든 옷과 비슷하다고 볼 수 있을 것이다. 그렇기에, 엄격히 말하자면 공장에서 대량생산되는 제품은 아니었고, 때문에 한정판 마케팅의 재미를 톡톡히 봐왔다.

일례로 이탈리아 슈퍼카 브랜드 페라리가 최초의 하이브리드 차량으로 개발한 '라페라리La Ferrai'라는 자동차는 2013년 출시도 하기 전에 전 세계에 단 499대만 판매하겠다고 공표했다. 최대 963마력의 엔진에 공차 중량이 1,255킬로그램밖에 나가지 않는 가벼운 몸집 덕에 최고 시속은 350킬로미터 이상을 낼 수 있었으며, 멈춰 섰다가 시속 100킬로미터까지 도달하는 시간이 3초가 채 안 되는, 말 그대로 '괴물' 같은 슈퍼카였다. 때문에 순수 차량 가격만 14억이 넘는 엄청난 가격으로 출시되었음에도 불구하고 전 세계에서 차를 사고 싶다는 사람이 줄을 섰으며, 때문에

페라리 측에서는 이미 페라리를 다섯 대 이상 보유한 고객 중 특별히 선택된 사람에게만 라페라리를 판매하겠다고 발표했다.

그런데, 그러면 그럴수록 사람들은 더욱 더 라페라리를 사기 위해 애를 썼다. 심지어 어떤 일본의 부호는 라페라리 구입 조건을 맞추기 위해 수억 원을 들여 필요도 없는 페라리를 몇 대 더 사들여 뉴스의 한 켠을 장식하기도 했다.

결국, 라페라리는 출시와 동시에(사실은 출시 전에) 모두 제 주인을 찾아가는 이른바 '완(전)판(매)'을 기록하게 되었다. 이후 몇 번의 시운전만 했다지만 엄연히 다른 이의 손을 거친 중고차였던 라페라리 한 대가 미국의 중고차시장에서 거래가 되었는데, 그 가격이 자그마치 500만 달러, 우리 돈 약 56억 5,000만 원가량이나 되었다고 한다.

이것이 바로 한정판 마케팅의 힘이다.

이런 한정판 마케팅이 최근에는 말 그대로 공장에서 만들어진 저렴한 공산품에도 활용되고 있다. 대표적인 사례가 모나미의 '153 볼펜 50주년 에디션'이다.

153 볼펜이라고 하면 우리나라에서 판매되는 가장 싸고 흔한 볼펜 중 하나로 관공서는 물론, 학교나 회사에서 책상이나 테이블 밑 구석구석 잘만 살펴도 아무렇게나 굴러다니는 거 몇 개는 주울 수 있을 정도로 흔

하디흔한 제품이다. 그도 그럴 것이, 1963년 5월 1일 출시된 이래 전 세계적으로 매월 300만 자루 이상 팔려 지금까지 팔린 개수만 약 36억 자루 이상이고 그것들을 일렬로 늘어놓으면 지구를 12바퀴 돌고도 족히 남는다고 한다.

모나미를 창업한 송삼석 회장이 일본 최대 문구류 업체인 우치다요코의 소개로 오토볼펜 기술을 지원받아 국내 최초로 만든 볼펜이 153 볼펜이었는데, 처음 출시된 제품은 약 15원, 지금의 화폐가치로 환산하면 한 자루에 1,000원 정도하는 제법 귀한 물건이었다. 하지만 점차 한국의 산업과 경제가 발전하면서 더 나은 제품, 더 비싼 필기구 등이 줄지어 출시되었고, 어느새 153 볼펜은 어딜 가나 흔하게 굴러 다녀서 굳이 돈 주고 억지로 사지는 않는 그런 필기구 취급을 받게 되었다.

그런데, 어떻게 153 볼펜은 한정판 마케팅의 대상이자 최대의 수혜자가 될 수 있었을까?

모나미 153 볼펜은 1963년에 출시되었으니, 2013년은 출시 50주년이 되는 해였다. 이 해를 앞두고 모나미는 그를 기념하기 위한 제품을 출시하기로 했는데, 뜻밖에도 '싸구려 볼펜의 대명사' 격이었던 153 볼펜을 한정판 모델로 재탄생시키고자 했다.

'모나미 153 볼펜 50주년 기념 에디션'으로 이름 붙은 이 모델은 기존의 하얀색이었던 플라스틱 몸체를 황동으로 만들고 니켈 도금을 한 뒤 그

위에 크롬 도금을 덧입혀 제작하였다. 볼펜심 역시 플라스틱 잉크 대롱이 달린 형태가 아닌 일체형 금속 볼펜심으로 바꿨고, 몸체 바깥에는 레이저 각인으로 'monami 153' 로고를 고급스럽게 새겨 넣었다.

모나미가 이와 같은 50주년 기념 모델을 출시한다는 소식이 알려진 그날, 온라인 판매로 올라온 물량 1,000개가 삽시간에 완판되어버렸고, 중고 거래 사이트에는 웃돈을 얹어서라도 구매할 용의가 있다는 이들의 구매 요청이 쇄도했다. 이 성공을 발판 삼아 모나미의 다른 필기구들도 덩달아 인기를 끌게 되면서 2013년도까지 적자를 면치 못했던 모나미의 문구 사업 분야는 2014년 1분기에 극적으로 흑자로 전환되었다.

결국, '모나미 153 볼펜 50주년 기념 에디션'은 국내 문구 제품 사상 최고의 한정판 마케팅 사례로 남게 되었다.

나이키에 안달하라,
그 결실은 달콤할 것이다

다시, 나이키 이야기로 되돌아가자.

그렇다면, 나이키가 한정판 마케팅을 하는 이유는 무엇일까? 그 이야기를 하기 위해서는 기억해야 하는 단어가 하나 있다. 바로 '진입 장벽'이라는 단어다. 경제학, 마케팅 등에서 자주 쓰는 용어인데, 마케팅에서 쓸 때는 경제학에서 쓸 때와는 조금 다른 의미로 활용된다. 어떤 제품이나 서비스를 구매하기 위한 장벽이 높을수록 그 제품이나 서비스를 획득했을 때 그로부터 느끼는 만족도가 높아진다는 것이 마케팅에서의 '진입 장벽' 또는 '진입 장벽 효과'다. 우리가 TV나 인터넷 등에서 본 맛집을 찾아갔을 때 여러 사람들이 줄 서있어서 30분에서 1시간 동안 '그 음식을 먹지 못한 채' 기다려야 할 때, 그리고 그런 기다림 끝에 식당에 들어갔을 때 그 음식이 훨씬 더 맛있다고 느껴진 경험이 있을 것이다. 그게 바로 일종의 진입 장벽을 넘어섰을 때의 만족도인 것이다.

진입 장벽을 높이는 방법은 몇 가지가 있는데, 우선 가격의 장벽을 높여서 극히 소수의 사람들만이 살 수 있도록 만드는 방법이다. 앞서 사례로 들었던 페라리 같은 슈퍼카 제작 업체들이나 유럽의 명품 패션 브랜드들이 주로 선택하는 방법이다.

두 번째 진입 장벽은 특정한 지역에서만 판매를 하는 방법이다. 주로 특정 지역에서만 산출되는 특산품인 경우에 활용하는 방법인데, 예를 들어 특정 지역에서 축제까지 벌이며 판매를 하는 대게나 대하 같은 것들이 대표적이다. 물론, 요즘은 교통의 발달과 유통산업의 성장으로 도시의 대형 마트나 백화점에 가면 어렵지 않게 구할 수 있게 되긴 했지만, 그래도 특정한 지역에 가야만 먹을 수 있는 장벽이 존재하는 제품들이

종종 있다.

세 번째 진입 장벽은 특정한 시간을 정해 판매를 하는 방법이다. 가장 대표적인 사례가 '타임 한정 판매', '골든타임 세일' 등의 이름을 달고 진행되는 TV홈쇼핑의 프로모션 기법인데, 물론 가격을 낮춰주거나 서비스 제품을 끼워주는 이점이 있어서이기도 하지만, '이 시간이 아니면 이 가격에 구입할 수 없다'며 시간을 한정 지을 때 많은 사람들은 그 장벽을 넘어서고 싶게 되고, 그를 넘어섰을 때 이전과 비교할 수 없는 만족감을 느끼게 된다.

마지막 진입 장벽은 한정된 수량만을 판매하는 방법이다. 가장 고전적인 방법이긴 하지만, 가장 확실한 효과를 가져오는 방법이기도 하다. 그 제품이나 서비스를 원하는 사람의 숫자보다 무조건 하나라도 더 적게 공급하는 것이다. 그러면 당연히 장벽이 생겨 제품이나 서비스를 손에 넣은 사람과 그렇지 못한 사람이 생겨날 것이고, 그 사이에서 해당 제품이나 서비스를 손에 넣은 사람은 더 큰 만족감을 느끼게 되고, 넣지 못한 사람은 다음에는 꼭 손에 넣고 싶다는 강한 욕구가 생겨나게 된다.

나이키 역시 고객들에게 그러한 맛을 느끼게 해주고 싶었을 것이다.

그런데, 한 가지 제약이 있다. 나이키가 생산하는 운동화나 스포츠웨어의 특징상 슈퍼카나 유럽 명품처럼 무작정 가격을 높일 수는 없었다. 표준시간대가 다른 전 세계 수천 군데의 매장에서 소비자와 만나야 하기에 시간 한정 판매나 특정 지역에 국한된 판매로 장벽을 높일 수도 없었다. 결국, 그들이 선택할 수 있었던 진입 장벽을 높이는 방법은 기존 제품과 크게 차이가 없는 가격이지만 한정된 수량의 제품을 만들어 시장에 출시하는 방법이었다.

한정판 마케팅의 결실이 달콤하기는 하지만, 그렇다고 해서 정해진 수량보다 적게 만든 뒤 그 제품들에 '한정판'이라는 이름을 붙인다고 누구나 한정판 마케팅에 성공할 수 있는 것은 아니다. 나이키의 사례와 같이 한정판 마케팅이 성공을 하기 위해서는 몇 가지 전제조건이 충족되어야 한다.

첫째, 그 제품이 희소성까지는 아니더라도 충분히 갖고 싶을 만큼 매력적이어야 한다.

한때 소비자 가전의 황제였던 일본의 S사는 2003년 '퀄리아Qualia'라는 이름의 명품 가전 브랜드를 만들고 디지털카메라, TV, 프로젝터, 오디오 시스템 등을 출시했다. 극히 소량만을 생산하여 기존 유사한 제품의 두 배 이상 가격으로 판매하는 전형적인 한정판 마케팅 전략을 펼쳤다. 그러나 출시 직후부터 소비자들에게 엄청난 비난을 받기 시작하더니, 판매량은 바닥으로 곤두박질쳤다. 급증한 재고에 허덕이던 S사는 결국 3년 만인 2006년도에 공식적으로 퀄리아 브랜드를 포기하고 해당 사업을 접게 되었다.

문제는 제품력이었다. 당시 엄청난 성능의 전문가용 카메라 한 대와 맞먹는 가격이었던 퀄리아016 디지털카메라의 화소는 200만 화소에 불과했다. 온갖 잡다한 액세서리와 허세 가득한 케이스 등을 추가로 제공하기는 했지만, 제품 자체가 워낙 매력이 없었기 때문에 한정판 마케팅이 오히려 독이 되었다.

둘째, 그 가치가 현재의 가치보다 오르거나 최소한 떨어지지는 않아야 한다.

한정판 마케팅 제품을 구매하는 이들은 그러한 구매를 통해 다른 일반인들과 차별화된 가치를 얻고 싶다는 욕구가 있는 사람들이다. 따라서 이후에 한정판 마케팅 전략을 포기해버리거나 대량생산으로 흔한 것이 될 가능성이 있는 제품은 한정판 마케팅에 어울리지 않는다.

몇 해 전 품귀 사태를 겪으며 한정판 마케팅의 덕을 톡톡히 보다가 이후 생산 물량 관리에 실패하며 시장에 제품이 과하게 풀리면서 오히려 소비자의 외면을 받게 된 감자칩 제품이 대표적인 사례다.

셋째, 유통망 관리를 통해 한정판의 의미를 깨트리는 누수 현상이 발생하지 않아야 한다.

몇 해 전 폐업한 S모 운동화 브랜드는 수많은 연예인들을 등장시킨 광고와 고가의 가격 정책 등을 구사하며 한때 돌풍을 일으켰다. 하지만 유통망 관리가 제대로 되지 않으면서 같은 제품이 다른 가격으로 떨이시장에 풀려버리고, 같은 지역에서 다른 판매 방식을 취하는 매장이 존재하는 등 온갖 구설수를 만들어내다가 소비자들의 외면을 받아 폐업을 하게 되고 말았다. 한정판 마케팅을 하는 제품은 폐쇄적이면서도 치밀한 유통망 관리가 철칙이다.

마지막으로, 한정판 마케팅의 존재와 그 진입 장벽이 얼마나 높은지를 적극적으로 알려야 한다. 예를 들어 '이 제품이 얼마나 적은 양만을 만드는지', '이 제품이 얼마나 잠시 동안만 판매되는지', '이 제품을 갖기 위해서 기다려온 사람들이 얼마나 많은지' 등의 정보를 최대한 많은 사람들에게 알려, 해당 한정판을 구매한 행위 혹은 결과가 다른 사람들의 부러움을 살 것임을 소비자가 미리 예측 혹은 상상할 수 있도록 만들어줘야 한다.

나이키의 한정판 마케팅이 매번 성공한 이유는 한정판 마케팅으로 출시되는 제품마다 디자인적으로나 기능적인 면에서 탁월한 제품력을 보유하고 있었기 때문이다. 모 자동차회사의 무슨무슨 에디션처럼 자기들도 어디가 얼마나 바뀌었는지 잘 모를 정도로 깨작깨작 바꿔놓고 한정판 모델이라 떠드는 것이 아니라, 한정판 제품마다 뭔가 확실한 디자인의 변화나 기능의 변화를 반영해왔기 때문이다. 또한, 조금 잘 팔리거나 시장의 반응이 좋다고 무작정 더 찍어내지 않고 확실하게 물량을 관리하여 철저하게 재고 수량을 예측해서 계획한 수량 이상으로 제품이 시장에 풀려 한정판 마케팅에 어긋나는 일이 발생하지 않도록 한 것도 중요한 이유 중 하나였다.

나이키는 또 판매망과 유통망을 철저히 관리해서 제품이 부정한 방법으로 유통되지 않도록 하였고, 한정판 마케팅을 실시할 때마다 SNS 등 여러 가지 방법으로 시중에 이야깃거리를 미리 깔아놓아 소비자들의 기대치를 극대화시켜주었다. 이런 것들이 나이키의 한정판 마케팅이 매번 수많은 사람들의 관심을 끌며 대성공할 수 있는 원동력이 되었다.

그저 소비자가 구매하기 어려운 장벽 하나를 만들어 홍보 효과를 얻거나 목돈을 벌려는 꼼수가 아닌, 실제 소비자들의 구매 욕구를 철저하게 분석하고 그에 공감해서 그를 충족시키기 위해 최선을 다한 제품을 만들고 마케팅을 실시해온 나이키.

나이키가 세운 장벽은 넘어서기는 힘겹지만, 그 너머에는 늘 놀랍도록 만족스러운 결과물이 있던, 넘는 맛이 있는 즐겁고 재미있는 장벽이었다.

여덟 번째 강의

나이키의 브랜드 전략

왜 Just Buy It이 아닌
Just Do It을 강조했을까?

기업이 가장 하고 싶은 말,
슬로건

중국 후한 시기, 대학자이자 서예가였던 최원이라는 사람이 있었다. 어린 시절 천애고아가 되어 청소년기를 유랑 생활로 보낸 인물이었는데, 나이를 먹으며 뜻한 바가 생겨 지금으로 치면 장관쯤에 해당하는 높은 벼슬인 시중을 지내고 있던 가규라는 학자에게 찾아가 배움을 청했다. 가규는 이미 그 명성이 나라 전체에 자자했던 대학자이자 고관대작이었음에도 불구하고 무작정 자신에게 쳐들어 온 최원을 제자로 맞아 독하게 가르쳤다. 최원 역시, 늦게 시작한 공부이니만큼 밤잠을 줄여가며 학업에 매진했다.

그러나, 어쩌랴. 평상시 안 하던 공부였던지라 자리에만 앉으면 졸음이 쏟아졌고, 10분만 앉아있어도 온몸에 좀이 쑤셨다. 결국, 그는 특단의 조치를 취하게 되는데…. 학습 자세를 가다듬고, 스스로를 독려하기 위해 자신의 공부하는 자리에서 가장 잘 보이는 오른쪽에 스스로를 다그치고 경계하는 글귀를 새겨두었다. 아마도 비슷한 경험을 했거나, 지금도 본인의 책상과 방 어딘가에 이런저런 구호-'OO야! 잠이 오냐', '네가 잠에 들 때, 경쟁자는 책상에 불을 켠다', '오늘 1시간 더하면, 인생이 바뀐다' 등등의-를 붙여놓은 이들이 있을 텐데, 최원 역시 그랬던 것이다. 당시 자기 자신을 경계하여 허물을 예방하고 스스로의 삶을 반성하는 따끔한 내용의 글귀를 바늘 '침鍼' 자와 비슷한 뜻으로 쓰이던 잠箴이라 불렀고, 늘 자신의 곁에 두는 물건, 예를 들어 장수라면 장검, 선비라면 벼루나 문갑 등에 새겨놓은 글귀를 명銘이라 불렀다. 때문에 최원이 자신의 자리 오른쪽에 새겨놓은 글귀는 자리 좌座에 오른쪽 우右, 그리고 새길 명 자를 써서 '좌우명'이라는 이름이 붙게 되었다.

그렇게 학업에 매진한 최원은 결국 제북군, 지금의 산둥성 일대를 다스리는 재상의 자리에 올라섰고, 그로부터 '좌우명'이라는 단어는 '성공을 위해 잊지 말고 지켜야 할 중요한 사명' 혹은 '올바른 삶을 위해 반드시 준수해야 할 삶의 원칙' 등과 같은 의미로 쓰이게 되었

다. 그런데, 세계 대부분의 기업들 역시 사람으로 치면 일종의 좌우명과
도 같은 자기들만의 슬로건Slogan 또는 모토Motto를 갖고 있다.

회사에 따라서는 단순히 소비자의 눈길을 잡아끄는 화려한 광고문구 정
도로 쓰이는 곳도 있지만, 슬로건과 모토는 대부분의 회사에서 그 회사
의 정체성을 나타내는 문구이자 그 회사에서 근무하고 있는 사람들이 추
구하는 비전을 담은 문구, 자신들이 만들어내는 제품 혹은 제공하는 서
비스의 가치를 가장 간결하면서도 정확하게 제시하는 문구로 정한다.

가장 유명한 기업 슬로건 중 하나는 세계 최고의 자동차 브랜드 중 하나
인 메르세데스벤츠의 슬로건이다. 'Das beste, oder nichts', 영어로 하
면 'The best or nothing', 한글로 번역하자면 '최고가 아니면 아무것
도 아니다' 혹은 '최고가 아니면 만들지 않겠다'라는 뜻이다. 자동차에
담고 있는 기술력은 물론, 인테리어 디자인, 그리고 말로 쉽게 설명하기
힘든 특유의 품격까지, 말 그대로 세계 최고, 최고급의 자동차를 만들어
낸다는, 그리고 앞으로도 그런 자동차를 만들어내겠다는 스스로에 대한
자신감과 고객에 대한 약속이 담긴 멋진 문장으로, 현재까지도 전 세계
자동차 기업의 슬로건 중 가장 유명하고 고객들의 사랑을 받는 슬로건
으로 꼽히고 있다.

그러자, 독일은 물론 전 세계 자동차시장에서 벤츠와 첨예하게 경쟁하
고 있는 BMW가 가만히 있을 리 없었다. 그들은 최고, 최고급, 품격, 우
아함 등을 내포하고 있는 벤츠의 슬로건에 맞서 자신들의 자동차는 좀

여덟 번째 강의 나이키의 브랜드 전략

더 젊은 이미지의, 직접 운전하는 수고로움과 즐거움을 모두 수용할 수 있는, 그런 사람들을 위한 자동차라는 것을 어필하기 위해 슬로건을 만들어 발표하는데, 그 슬로건이 바로 지금은 너무나도 유명해진 'Sheer Driving Pleasure', '진정한 드라이빙의 즐거움'이다.

이처럼, 세계적인 기업들은 자신들이 지향하는 또는 지향해야 하는 가치를 담은 슬로건을 가지고 있고, 그를 소비자들에게 적극적으로 알리고 있다. 그런데, 그런 슬로건을 가장 잘 만들어 제대로 활용하고 있는 기업은 따로 있다.
눈치 채셨나?

'Just Do It.'

'시작합시다'라는 슬로건으로 전 세계인들의 뇌리 속에 깊이 자리 잡은 나이키가 바로 그 주인공이다.
자, 이번 시간에는 'Just Do It'이라는 슬로건이 만들어진 계기와 그 안에 나이키가 담고자 했던 이상과 가치, 그리고 그에 대한 소비자들의 반응 및 파급효과 등을 살펴봄으로써 기업의 슬로건이 소비자들의 니즈와 부합되었을 때 얻을 수 있는 엄청난 결과와 어떻게 하면 우리도 그와 같은 성과를 만들어낼 수 있을지 알아보자.

조금,
아니 많이 특별했던 *사형수*

1976년 7월 19일, 여러 건의 범죄 혐의로 복역하다 가석 방된 개리 길모어라는 사내가 유타주 오렘시의 한 주유소 사무실에 들어갔다. 그리고는 맥스 젠슨이라는 주유소 종업원에게 22구경 권총을 발사했고, 맥스는 그 자리에서 사망했다. 그리고 다음 날에는 오렘에서 조금 떨어진 프로보라는 도시로 가서 모텔 매니저였던 베니 부시넬을 같은 방법으로 살해했다.

두 사람 모두 그와는 전혀 알지 못하는 사이였다. 그날 난생 처음 만난 사람들이었고, 이렇다 할 살해 동기가 있을 리 없었다. 경찰은 조그마한 단서조차 찾지 못했고, 사건은 미궁에 빠져드는 듯 했다.

그러나, 수사가 진행되자 단서들이 하나둘 발견되기 시작했다. 길모어는 살인을 저지를 당시 실수로 자신의 오른손에 총상을 입었는데, 그 상처를 수상하게 여긴 트럭 정비사 마이클 심슨이 경찰에 신고를 했다. 비슷한 시기 길모어로부터 상처 치료제와 진통제를 요구하는 전화를 받은 그의 사촌 브렌다 길모어 역시 경찰에 전화를 걸었다. 결국, 그는 유타 경찰에 체포되었고, 1급 살인범 신분으로 구치소에 수감되었다.

일면식도 없는 사람을, 그것도 두 사람이나 총기로 살해한 길모어의 범죄행위에 분노 여론이 들끓었고, 사람들은 법정 최고형으로 다스리라고 외치기 시작했다. 지금도 미국은 사형 제도를 유지하고 있는 주와 그렇지 않은 주가 있지만, 길모어가 범죄를 저지른 그 시기만 하더라도 대체로 사형 제도를 '국가에 의해 이뤄지는 합법적인 살인행위'로 규정하여 그를 반대하는 분위기가 조금은 우세했다. 때문에, 길모어가 재판을 받기 10년 전부터 미국에서는 단 한 차례의 사형 집행도 이뤄지지 않고 있었다. 따라서 길모어가 아무리 흉포한 범죄를 저질렀다고는 하지만, 항소 몇 번만 하면 그의 죄는 종신형 또는 수십 년의 장기징역형 정도로 정해질 가능성이 충분했다.

그러나, 길모어는 1976년 10월에 시작된 재판에서 형을 감하기 위한 어떠한 노력도 취하지 않았다. 자신에게 유리한 증언을 해줄만한 증인도 부르지 않았으며, 이틀 뒤 배심원들이 만장일치로 그에게 사형 판결을 내려달라 했을 때에도 어떠한 반론도 제기하지 않았다. 그리고는 자신을 구명하기 위해 달려온 사람들에게 오히려,

"이것은 내 인생이고 내 죽음이다!
법원이 허가한 대로 나는 죽고,
나는 그것을 받아들이겠다."

(This is my life and this is my death.

It's been sanctioned by the courts that

I die and I accept that.)

라는 유명한 얘기를 함으로써 일약 뉴스의 중심에 서게 되었다.

그런데 사실, 그가 그런 기이한 결정을 내리게 된 데는 이유가 있었다.

길모어의 조부모는 특정 종교가 지배적이었던 지역으로 이주했고, 그곳에서 태어난 길모어는 그 종교의 집단 거주지에서 자라났다. 특정 종교에 의해 모든 것이 지배되는 획일적, 폐쇄적인 환경에서 자라난 길모어는 이미 자녀가 많았던, 게다가 나이조차 자신보다 두 배나 많았던 남자와 결혼한 어머니 덕분에 태어나면서부터 이미 여러 명의 배다른 형제와 함께 생활해야 했다.

폭력, 사기 등의 전과로 이미 여러 차례 감옥신세를 졌던 아버지는 어린 길모어의 친부가 자기가 아닌 다른 사람일 거라 의심하고는 그와 얼굴이 마주칠 때마다 발길질을 하며 폭력을 행사했다. 그렇게 평생을 폭력에 시달리고 핍박을 받으며 살아왔기에, 그는 자신의 삶을 서둘러 파멸시키고자 했다. 그 방법으로 가족의 괴롭힘과 폭력으로부터 자신을 보호해주지 못했던 법, 더 나아가 국가에 대한 항의의 의미로 그들에게 '불법적인 살인범'인 자신에게 '합법적인 살인'을 하도록 하기 위해 이와 같은 일들을 저질렀다는 것이다.

물론, 용서받지 못할 흉포한 범죄를 저지른 자의 헛된 변명이라고 치부

해버릴 수도 있지만, 미국인들에게는 '범죄자에 대한 편견', '가정폭력의 폐해와 심각성', '사형 제도의 존폐 여부' 등 다양한 사회적 논쟁거리를 제공한 사건이었다.

그런데, 내가 이 사건에 대해 관심을 갖는 이유는 조금은 다른 데 있다. 나이키에 대한 이야기, 더 나아가 나이키의 가장 유명한 슬로건 '저스트 두 잇'에 대한 이야기를 하다 말고 갑작스럽게 미국의 한 살인범 이야기를 꺼낸 이유는, 게리 길모어가 형장의 이슬로 사라지기 전 했다는 마지막 '한마디' 때문이다.

전설적인 슬로건이 탄생하다

광고인 댄 위든Dan Wieden은 지금이야 '광고계의 신', '광고계의 미다스의 손'으로 추앙받고 있지만, 80년대 초반만 하더라도 거의 무명에 가까웠던 신인이었다. 당시만 하더라도(그리고 지금도 여전히), 미국에서 광고의 메카는 뉴욕이었지만, 위든은 뜻밖에도 자신의 사무실을 오리건주, 그렇다, 나이키의 역사가 시작되었고 나이키의 본사가 있는 오리건주의 가장 큰 도시인 포틀랜드에 1982년 문을 열었다.

오리건주는 미국 서북부의 주로 위로는 워싱턴주, 아래로는 캘리포니아와 네바다주 그리고 동쪽으로는 아이다호주에 연하고 있으며 서쪽으로는 태평양과 연해 있다. 25만 5,000제곱킬로미터로 남한의 두 배가 훌쩍 넘는 넓이에 인구는 고작 400만 명 남짓해서 전반적으로 한적하면서도 자연 친화적인 주다. 그래서인지 미국인들은 오리건주를 일컬어 비버Beaver가 살 법한, 혹은 비버 같은 삶을 사는 사람들이 많을 거라는 의미로 '비버의 주'라 부르기도 한다.

오리건주는 전통적으로 백인 인구가 많은 지역이면서도 진보적 성향인 민주당을 지지하고, 과거 히피문화가 대유행하기도 했으며, 각종 정치적 이슈에 대해 개방적인 성향을 지닌 독특한 지역이기도 하다. 이러한 분위기 탓에 별다른 산업적 기반이 없는 다소 한적한 지역임에도 불구하고 의외로 창의성과 자율성이 필요한 몇몇 업종의 대표적인 기업들이 오리건주에 거점을 두고 있으며, 그중 가장 대표적인 기업이 바로 나이키이다. 위든 역시 오리건의 그런 분위기에 매료되어 그곳에 자리를 잡고 광고기획사를 창업한 것이었다.

그런 그에게 1980년대 중반, 나이키 홍보부서에서 연락이 왔다. 새롭게 기획 중인 나이키의 광고 캠페인을 그에게 맡기고 싶다는 것이었다. 사무실로 찾아온 위든을 맞이한 것은 나이키의 창업주이자 대표이사였던 필 나이트였다. 그는 위든에게 단도직입적으로 말했다.

"나는 전통적인 광고를 좋아하지 않습니다.
광고하는 사람들은 매일 변화를 부르짖지만,
그 자체가 진부한 전통처럼 보입니다.
변화라는 단어 자체가 가장 변하지 않는 단어 같네요."

그리고는 나이키가 이전에 추구했던 광고 콘텐츠, 이미지와 전혀 다른 좀 더 새롭고 강렬한 것을 주문했다. 나이트가 이처럼 색다른 변화를 부르짖었던 이유는 당시 리복이 에어로빅화 프리스타일의 엄청난 성공에 힘입어 엄청난 물량의 광고전을 펼쳤기 때문이다.

리복이 내세운 슬로건은 'Reebok Let U.B.U'였다. 포스트모더니즘을 추구한 리복의 광고는 다소 난해하긴 했지만, 시장에서는 슬슬 반응이 올라오고 있었다. 위기의식을 느낀 나이트는 리복을 능가하는, 보다 새롭고 참신한 광고 캠페인의 제작을 지시했지만, 홍보부서에서는 '유진을 벗어나Out of Eugene'라는 키 콘셉트만 만들어냈을 뿐 더 이상의 진척을 보지 못하고 있었다.

나이키가 태어난 유진의 트랙을 벗어나 이제 본격적으로 미국, 전 세계의 스포츠 애호가들과 만나려 한다는 배경 의미는 좋았지만, 무언가 강렬한 임팩트도 없고, '그래서 왜 나이키를 선택해야 하는데?'라는 질문에 대한 답도 되지 못한다는 것이 나이트의 불만이었다.

의뢰를 받은 위든은 자신의 회사인 위든+케네디^{Wieden}의 멤버들과 깊은 고민에 빠져들었다. 바로 그때, 위든의 눈에 들어온 것이 12년 전 오리건주를 발칵 뒤집어놓았던 한 사건에 관한 뉴스였다. 그 뉴스의 주인공은 개리 길모어, 앞서 이야기한 연쇄살인범이자 미국의 사형 제도 부활 여론을 이끌어낸 바로 그 범죄자였다. 유타주의 한 도시에서 벌어진 연쇄살인에 당시 오리건주가 발칵 뒤집혔던 까닭은, 길모어가 12세에 이사 와서 청소년기 대부분을 보내고 처음으로 범죄자의 길로 들어섰던 곳이 바로 오리건주 포틀랜드였기 때문이다.

그리고 뉴스의 마지막 멘트는 길모어가 1977년 1월 17일 사형장에 들어서며 집행관들에게 했다는 마지막 이야기를 다시 한 번 읊어주는 것이었다. 길모어가 마지막으로 남긴 말은 다음과 같았다.

"Let's Do It!"

"해보자!" 삶의 모든 것을 버리고 자포자기한 사람이 생애 마지막 소원이자 가장 큰 목표였던 것을 앞에 두고 태연한 듯, 하지만 비장하게 내뱉은 이 한마디 말에 위든은 완전히 매료되고 말았다. 내부에서 많은 동료나 부하직원들이 우려를 표했지만, 위든은 "해보자"라는 '그 말에 담긴 힘'에 대해 자신감이 있었다.

결국, '그 말'을 모티브로 숱한 아이디어 회의가 진행되었고, 그런 과정을 거쳐 만들어낸 슬로건이자 광고 캠페인의 메인 콘셉트는 'Just Do It', 우리말로 하면 '해버려', '해버리자' 등으로 번역되는 말이었다.

이 말은 미군 특수부대원들이 레인저Ranger 교육을 받을 때, 공수훈련 중 비행기 밖으로 낙하를 하지 못하고 머뭇거리는 훈련병들에게나 회사 같은 곳에서 발표를 해야 하는데 무대 공포증 등으로 등단조차 하지 못하고 있는 팀원들에게 '꾸물거리지 말고 해', '자, 일단 한번 시작해 봐' 등의 뜻으로 주로 쓰이던 말이기도 했다.

그러나, 'Just Do It'을 나이키의 슬로건이자 준비되어있는 여러 광고 영상의 메인 타이틀로 사용했으면 좋겠다는 제안을 받은 나이트는 가만히 회의실 의자를 돌려버렸다. 그리고는 불만 가득 섞인 목소리로,

"누구 이 쓰레기 같은 걸 치워버릴 사람 없나!"

라고 말하며 불만을 터뜨렸다.

그도 그럴 것이, 우리말로 치자면 '나이키. 최고의 위대한 탄생', '영웅과 같은 신화적 존재, 나이키!', '이제 더 이상은 없다, 최초, 최대, 최고! 나이키!' 등 화려한 수식어로 장식된 후보작들을 버리고 '자, 해보자', '마, 해보입시더', '해볼래?'같은 일상 대화 수준의 평범한 문장을 앞으로 오랜 기간 사용할 슬로건, 그리고 수백, 수천만 불을 들여 진행할 광고 캠페인

의 메인 타이틀로 사용하자는 말과 다를 게 없었기 때문이다.

그러나, 위든은 자신이 만든 'Just Do It'이 성공할 거라는 확신이 있었고, 완강하게 거부하는 클라이언트를 설득하기 시작했다. "아무리 그래도, 흉폭한 범죄를 벌인 사형수가 마지막 남긴 말에서 모티브를 따왔다는 게 찜찜하다"는 나이트에게 그는,

"며칠 뒤 론칭하는 우리 나이키의 광고는
수백, 수천 개의 다른 광고더미들을 뚫고 소비자에게 다가가야 한다.
그런 상황에서는 깔끔하게 딱 떨어지는 세련된 문구보다
차라리 '논쟁의 여지가 있는' 문구가
훨씬 더 유용할 수가 있습니다."

라고 말했다.

Controversial. '논쟁의 여지가 있는'이라는 말에 나이트는 크게 공감했다. 안 그래도 그는 늘 '어떻게 하면 소비자의 주목을 모을 수 있을까?'에 대해 고민해왔다. 광고의 홍수 속에서 소비자의 눈길을 끌기 위해서는 적절한 논쟁거리가 필요하다는 생각을 평상시 해왔기에 "논쟁의 여지가 있더라도 'Just Do It'으로 하자"는 위든의 제안에 마음이 흔들리기 시작했다. 결국, 몇 차례의 회의 끝에 나이트의 입에서 'Just Do It'을 Just Do It 해보라는 허락이 떨어졌다.

그렇게 세계에서 가장 유명한 슬로건 'Just Do It'은 세상에 선을 보이

그렇게 세계에서 가장 유명한 슬로건 'Just Do It'은 세상에 선을 보이게 되었다.

나이키는 스포츠가 아니라 인간 그 자체를 연구하는 기업임을 알리다

많은 이들이 기업의 슬로건을 단순히 광고문구 정도로 받아들인다. 그러나, 한 개인의 좌우명이나 가정의 가훈, 학교의 교훈과 마찬가지로 기업에 있어서 슬로건은 그 기업의 정체성을 알려주는 매우 중요한 역할을 한다.

나이키의 슬로건 'Just Do It' 역시 그들 자신이 어떠한 기업이고, 어떠한 가치를 지니고 있으며, 앞으로 어떠한 방향으로 나아가야 하는지를 이야기해주고 있다.

우리가 운동을 하는 이유는 무엇일까? 우리는 어떠한 욕구를 갖고 거금을 들여 운동화와 운동복을 마련하여, 잠자기조차 아까운 금쪽같은 시간을 투자해 운동을 하는 것일까? 건강하게 오래 살아남기 위한 '생리의 욕구'를 충족시키기 위해서일까? 힘을 길러 외부의 위협으로부터 자신을 방어하기 위한 '안전의 욕구'를 충족시키기 위해서일까? 팀에 속해

함께 운동을 하며 어울리고 싶다는 '애정과 소속의 욕구'를 충족시키기 위해서일까? 혹시, 멋진 근육을 기르거나, 더 빨리 달리고, 더 높게 뛰어올라 다른 사람들로부터 존경과 부러움의 눈길을 받고 싶다는 '존경의 욕구'를 충족시키기 위해서는 아닐까?

물론, 다 맞는 말이다.

당장 우리 주위를 살펴보더라도 다른 건 몰라도 '애정과 소속의 욕구'를 충족시키기 위해 사회인 야구 리그 선수로 뛰는 친구도 있고, 주 6일 피트니스센터에 나가 3시간씩 운동을 하는 이유가 오로지 이성들이 우러러보는 몸매를 만들기 위해서, 즉 '존경의 욕구'를 충족시키기 위해서라고 당당하게 말하는 후배도 있으니까.

그러나, 그 모든 것을 아울러서 우리를 공원 안의 삐걱대는 운동기구 앞으로, 강변 조깅 코스로, 허름한 복싱장으로, 나이트클럽과 별반 다르지 않은 화려한 인테리어의 피트니스센터로 내모는 욕구는 쉽사리 충족되지 않고, 충족시키면 충족시킬수록 더 많이 그리고 더 크게 충족시켜달라고 요구할 '자아실현의 욕구'일 것이다.

하지만, 매슬로의 욕구 단계 이론에 의하면, 욕구라는 것은 위계를 갖춰 작용한다. 하위의 욕구가 충족되지 않으면 그 상위의 욕구는 그다지 큰 힘을 발휘하지 못한다. 잠을 충분히 자지 못한 비몽사몽한 상태에서는,

즉 '생리의 욕구'가 충족되지 못한 상태에서는 아무리 친한 친구들이 술을 마시자고 꼬셔도, 즉 '애정과 소속의 욕구'가 작동되도록 유혹하는 연락이 와도 별반 흥미를 느끼지 못하는 경우가 일반적이다. 하물며, '존경의 욕구' 같은 차차상위 욕구는 아예 머릿속에 떠오르지도 않을 것이다.

자신이 꿈꿔오던 삶, 자신이 원하는 육체적 능력을 갖추기 위해 운동을 시작하려면 '자아실현의 욕구'가 발휘되어야 하는데, 그러자면 '존경의 욕구'가 먼저 충족되어야 하고, 그전에 '애정과 소속의 욕구'가 충족되어야 하며, 그러려면 '안전의 욕구'는 이미 기본적으로 충족된 상태여야 하고, '생리의 욕구'는 말할 것도 없이 당연히 충족되어있어야 한다.

하지만, 우리의 삶은 어떤가?

아침에 운동을 한번 시작하려면 가뜩이나 부족한 수면 시간을 단 몇 십 분이라도 줄여야 하고(생리), 위험천만한 어두운 새벽길을 달려야 할지도 모른다(안전). 새벽에 일어나려면 전날 무리를 하면 안 되니 술 한잔 더 하자는 친구들에게 "의리 없다"는 소리를 들으며 일찍 귀가해야 할 수도 있고(애정과 소속), 땀으로 범벅이 된 운동복을 입고 걷다 보면 곁을 지나치는 사람들의 눈총을 받을 수도 있다(존경). 그러한 대부분의 욕구들을 충족시키지 못한 상태에서 '자아실현의 욕구' 충족을 위해 운동을 시작하려면 무언가 자극을 주는 것이 필요하다.

그런 수많은 사람들에게 나이키의 슬로건
'Just Do It!'이
바로 그 자극이 되어주었다.

만일, 나이키가 단순히 물건을 많이 만들어 전 세계적으로 많이 파는 데만 혈안이 된 회사였다면 자신들의 슬로건을 'Just Do It'으로 만들지 않았을 것이다. '언제나 가장 싼 신발'이라거나 '나이키, 지금 신으세요'라거나, '아무도 나이키처럼 신발을 만들 수 없다'라거나, '아마도 세계 최고의 신발일 겁니다' 혹은 '신발이 필요한 곳에'라고 했을지도 모른다. 그러나 나이키는 달랐다.

자신들이 영속하기 위해서는 고객들이 끊임없이 나이키 자신은 물론, 운동이라는 가장 고차원적인 욕구 단계의 영향을 받는 일에 끊임없이 도전하도록 해야 한다는 것을 알았다. 단순히 자신들의 신발을 사라고 하기보다는 고객들이 자신의 보다 나은 삶을 위해 새로운 도전을 함에 있어 머뭇거릴 때 그런 그들을 위해 힘이 되어주는 말 한마디가 더 중요하다는 것을 알았다. 그랬기에, 눈앞의 이익과는 조금은 상관없어 보이는 'Just Do It'이라는 슬로건을 과감하게 선택했고, 수십 년간 지켜온 것이다.

나이키의 광고 모델
전략

왜 누구에게는 사람이 몰려서 난리,
누구에게는 사람이 없어서
난리일까?

"영수야! 밥 먹자!"
- '국민 엄마'의 탄생

1900년대 초반, 당시 동경제국대학교 교수였던 이케다 기쿠네 박사는 다시마 속 모노소듐글루타메이트MonoSodium Glutamate 성분을 활용해 인공적으로 감칠맛을 내는 물질을 합성해냈다. 이후 100여 년간 찬사와 비난을 동시에 받았던 MSG라는 물질이 탄생하는 순간이었다.

이 MSG를 활용해 스즈키 사부로스케라는 사업가가 인공조미료를 만들어냈다. 그는 자신의 제품을 소비자들이 보다 잘 기억할 수 있도록

'맛의 근원', '맛을 내는 기초적인 원소' 등을 뜻하는 의미에서 '맛味. 아지', '~의の. 노', '원소素. 모도'의 글자를 합쳐 '아지노모도'라 이름 붙였다. 세계 최초의 화학조미료이자 일본 역사상 가장 유명한 조미료가 탄생하는 순간이었다.

1950년대 중반, 일본에서 MSG성분의 조미료인 '아지노모도'가 엄청난 성공을 거두자 한국에서도 유사한 제품을 개발하려는 시도가 펼쳐지기 시작했다. 그중 임대홍이라는 사람은 1955년 일본으로 건너가서 이미 아지노모도라고 사명 자체를 바꾼 스즈키제약소를 찾아갔다. 그리고서는 무조건 일만 시켜달라고 회사에 매달려 1년간 일하며 어깨너머로 제조공정을 익혔다.

다시 한국으로 돌아온 그는 부산에 조그마한 조미료 공장을 세웠다. 아지노모도의 방식과 유사하기는 하지만, 독창적인 발효법을 가미해 만든 제품은 전후 척박했던 한국 요리시장에 일대 센세이션을 일으켰고, '맛의 원소'라는 뜻의 아지노모도를 흉내 내 '맛의 근원'이라는 의미로 붙인 '미원'이라는 상품명은 곧 고유명사가 아닌 '조미료'라는 일반명사를 대체하는 단어로 여겨지며 한국시장을 점령해버렸다.

그렇게, 미원이 독보적인 존재감을 과시하며 한국 조미료시장을 말 그대로 '요리'하고 있을 무렵, 제일제당에서도 '미풍'이라는 조미료를 출시했다. 그러나 말 그대로 시원하게 망하고 말았다. 사람들이 눈과 귀 그리고 혀에 익숙한 미원이라는 선발주자first mover를 선택하고, 빠르게 나온 후발주자fast follower 미풍에는 눈길도 주지 않았기 때문이었다.

절치부심하여 다시 새로운 조미료 개발에 나선 제일제당은 1974년 쇠고기, 가다랑어, 양파 등의 천연성분을 주성분으로 한 복합조미료 개발에 성공했다. 원료의 영양분을 파괴시키지 않으면서도 물기가 있는 원료를 보관이 용이한 분말로 만드는 기술을 개발한 제일제당은 그 기술을 활용한 첫 번째 조미료 제품을 1975년 시장에 출시했다. 대한민국 역사상 미원과 더불어 가장 유명한 조미료로 인정받는 '다시다'가 탄생하는 순간이었다.

그러나, 여전히 미원의 아성은 높고 탄탄했다. 사람들이 시장이나 동네 상점에 가서는 습관적으로 "조미료 주세요"가 아닌 "미원 주세요"라 외쳤고, 심지어 진열장에 있는 다시다를 집어 들고서도 "미원 얼마예요?"라고 묻기까지 했다. 이미 '조미료=미원'이라는 고정관념이 팽배했던 상황에서 아무리 획기적인 기술로 만든 제품이라 하더라도 다시다가 고객의 눈길을 잡아끌고 선택을 이끌어낼 방법은 전무해 보였다.

그때 등장한 것이 다시다의 광고였다. 일반적으로 20대의 젊고 늘씬한 여성 모델을 등장시켜 어떻게 하면 제품을 더 세련되고 멋있게 보이도록 할까 만을 고민했던 여타의 광고들과 달리 제일제당은 30대 중반의, 게다가 이제 막 출산을 마치고 TV에 복귀한 엄마 배우를 메인 모델로 쓰겠다는 과감한 선택을 했다. 그리고, 그녀를 등장시켜 수많은 지면, TV 광고들을 만들어내기 시작했다.

어스름하게 어둠이 내려앉고 집집마다 저녁밥 짓느라 분주할 무렵, 소박하지만 정갈한 부엌에서 가족들을 먹일 찌개를 끓이며 맛을 보던 주부가 다시다를 넣어 맛을 낸다. 그리고 다시 맛보며 짓는 만족스러운 웃음. 부엌 밖으로 나가 아이를 부른다.

"영수야! 밥 먹어야지!"

누구나 마음속에 하나씩은 있을 어린 시절의 기억, 그 당시 먹었던 맛있는 집밥, 그리고 그 밥을 정성스레 만들어주셨던 어머니. 그런 기억과 이미지를 완벽하게 살린 다시다의 광고는 사람들 사이에 큰 반향을 일으켰고, 다시다는 수십 년간 미원에 밀려 이루지 못했던 조미료시장 석권이라는 꿈을 이루게 되었다.

1975년 불과 30대의 나이로 첫 CF 모델이 된 뒤 수십 년간 다시다의 모델로 활동하며 다시다가 공장에서 만든 화학조미료가 아닌 엄마의 손맛과 정성이 담긴 '고향의 맛'으로 인식되게 만들었던 그녀는 바로 다 아시다시피 원로배우 김혜자 씨였다.

이후 김혜자 씨는 1980년에 시작된 〈전원일기〉라는 드라마에서 나이든 시어머니와 무뚝뚝하고 근엄한 남편, 세 아들과 며느리, 손주 등으로 구성된 대가족을 건사하며 살아가는 우리 시대의 어머니 역할을 훌륭하게 해내며 '국민 엄마'의 반열에 오르게 되었다. 그에 따라 그런 '국민 엄마'가 광고하는 다시다의 인기 역시 하늘을 찔렀고, 1983년 동서식품의 인스턴트커피 브랜드였던 그래뉼의 모델을 시작으로 맥스웰, 맥심, 프리마 등의 제품 광고 모델을 하며 '단일 기업 최장 기간 광고 모델' 기록을 세운 배우 안성기 씨와 함께 장수 CF 모델로 입지전적인 인물로 자리매김했다.

이처럼, 제품의 광고 모델과 그 제품의 사이에는 떼려야 뗄 수 없는 밀접한 관계가 있다. 그리고 수많은 기업들은 자신들을 대표하는, 그 사람의 얼굴만 쳐다봐도 자신들의 제품과 서비스가 생각나는 모델을 확보하기 위해 많은 노력을 기울이고 있다. 하지만, 그 성공 사례는 그다지 많지 않다. 아니 극히 드물다. 이는 모델의 탓도 있지만, 그러한 모델을 선정하고 이미지를 만들고 지켜나가야 하는 기업의 마인드와 행동 탓도 있다.

자, 그러면 나이키는 어땠을까?

아홉 번째 강의 나이키의 광고 모델 전략

신화가 된 나이키 최초의
광고 모델

영화는 수많은 세상 속 이야기들을 모티브로 만들어진다. 그중에서도 스포츠만큼 영화가 사랑하는 주제가 또 없을 듯하다. 스포츠 경기 자체가 각본 없는 드라마라 불릴 정도로 극적인 감동이 살아 있기에 별다른 각색이 없어도 언제나 관객들에게 큰 감동을 선사하고는 한다. 때문에 불과 100년이 조금 넘는 영화의 역사에도 수많은 스포츠 영화들이 탄생했다.

가장 대표적인 것으로는 프로 복싱의 세계를 다룬 〈록키〉시리즈가 있었고, 야구를 다룬 〈내츄럴〉, 〈꿈의 구장〉 등과 같은 영화도 있었다. 이 외에도 농구와 축구, 미식축구와 럭비 등을 주제로도 수많은 영화들이 탄생했다.

그러한 영화들 중, 빌리 크루덥이 주연을 맡고, 로버트 타운 감독이 메가폰을 잡은 〈위드아웃 리밋〉이라는 영화가 있다. 개봉 후 흥행 성적은 썩 좋지 못했지만 나름 수작이라고 평가를 받은 이 영화가 다루고 있는 스포츠 종목은 육상이다. 그것도 중장거리 종목이다.

빌리 크루덥이 연기한 영화 속 주인공의 이름은 스티브

프리폰테인Steve Prefontaine. 우리에게는 다소 생소한 이름이지만 1960년대에 육상 장거리 분야 7개 종목에서 미국 기록을 단숨에 갈아치우며 혜성같이 등장한 신예였다. 곱상한 외모에 조금 안 어울릴 수도 있는 콧수염을 멋들어지게 기른 채 필드에 등장해서는 쏜살같이 질주해 결승점을 통과한 뒤 마치 록스타처럼 멋지게 인터뷰까지 마치는 그의 당당한 모습에 젊은이들은 열광했다. 실제 록가수의 공연장처럼 그의 애칭인 '프리Pre' 앞에 'Go!'를 적어 넣은 피켓을 든 여성 팬들이 경기장을 가득 매웠다.

그러나, 출중한 실력과 외모 외에 관중들이 그에게 열광하는 이유는 따로 있었다. 냉전시대, 스포츠 경기의 결과가 곧 국력을 상징하는 시대가 되면서 동서 양 진영이 경쟁적으로 성적 경쟁을 펼치게 되었고, 각종 훈련법, 경기 운영법이 새롭게 도입되기 시작했다. 이는 육상 분야에도 마찬가지여서 선수들은 단순히 빨리 달리는 것에 더해 상대를 이기기 위한 경기 운영법을 개발하여 활용하기 시작했다. 중장거리 선수들의 경우 경기 후반까지는 선두가 아닌 그 바로 뒤에서 달리며 바람의 저항을 피하고 다른 선수들이 힘을 소진하기를 기다렸다가 막판 스퍼트를 올리는 경기 운영법이 대세로 받아들여지기 시작했다. 경기는 어느덧 순수한 운동 실력을 겨루는 장에서 초반에는 지루하다가 막판에는 눈치 싸움과 몸싸움이 난무한 막장으로 바뀌어버렸다.

그에 반기를 든 것이 프리폰테인이었다.

그는, 육상은 보다 빨리, 멀리 달리고자 하는 인간의 욕구가 만들어낸 가장 순수하면서도 기본적인 운동이라 생각했다. 때문에, 시작과 동시에 할 수 있는 한 최대한 빨리 달리는 것이 맞다고 믿었다. 지혜로운 경기 운영을 핑계로 이리저리 눈치를 보고 좀 더 유리한 위치에서 달리기 위해 몸싸움만을 거듭하던 선수들 사이에서 있는 힘을 다해 앞으로 질주해 나아가는 프리폰테인에게 관중들은 열광할 수밖에 없었다.

바로 이 선수가 나이키가 최초로 스폰서 한 광고 모델이었다.

마이클 조던의 임팩트가 워낙 강하다 보니 많은 이들이 나이키의 첫 스포츠 스타 모델이 조던인 걸로 착각하는 사람들이 많다. 그러나, 실제로는 프리폰테인이 먼저였다. 그는 아직 나이키가 세계적인 유명세를 얻기 훨씬 전인 1973년도에도 나이키를 신고 달리고 있었다. 물론 그럴 수 있었던 이유로는 프리폰테인이 대학 육상 선수였던 시절, 그를 지도했던 은사가 바로 나이키의 공동창업자였던 빌 보워만이었기 때문이기도 하지만, 이후로는 실제로 프리폰테인이 최고의 육상 선수였기에, 그리고 나이키가 최고의 육상화였기에 프리폰테인은 나이키를 신고 뛰었고, 나이키는 프리폰테인을 후원했다.

1976년 개최될 예정이었던 몬트리올 올림픽을 앞두고 나이키는 프리폰테인의 우승을 염원하며 '프리 몬트리올Pre Montreal'이라는 러닝화까지 출시하였다. 그리고, 실제로 당시의 프리폰테인이라면 우승은 따놓은 당상처럼 여겨졌다.

그러나, 불행하게도 그는 자신을 위해 만들어진 신발을 신고 몬트리올 주경기장 트랙에 서지 못했다. 1975년 5월 자신의 차를 몰고 한 모임에 다녀오다 바위를 들이받는 교통사고를 냈고, 불과 스물네 살의 젊은 나이로 요절을 하고 말았다.

비록 오랜 시간 함께하지도, 모두의 소원이었던 올림픽 금메달을 따지도 못했지만, 프리폰테인은 초창기의 나이키와 함께하며 사람들의 머릿속에 이전과는 무언가 다른 스포츠 브랜드로서의 나이키 이미지를 각인시키는 데 큰 역할을 하였다.

그런 그의 이름은 여전히 나이키에 남아있다. 나이키 본사의 중심부에는 유리 외관의 건물 하나가 있는데, 그 건물의 이름이 바로 스티브 프리폰테인 홀이다.

나이키 제국의 황제는 늘 새롭게 태어난다

나이키는 특히 NBA 스타와 인연이 깊다. 마이클 조던 말고도 말이다.

아홉 번째 강의 나이키의 광고 모델 전략

세계 최고의 농구 리그 NBA에는 해마다 전 세계 수많은 유망주와 이미 타국 리그를 제패한 슈퍼스타들이 도전장을 내밀며 몰려들었다. 그러나, 1980년대 중반에서 90년 후반까지는 조던의 시대였다. 조던을 능가하는 선수는 단언컨대 단 한 명도 없었다. 승부처에서 멋진 활약을 하거나 극적인 골로 경기를 마무리한 선수들은 많았지만, 조던처럼 경기 내내, 아니 시즌 내내 팀과 리그 전체를 지배할 수 있는 선수는 없었다.

이기고 있는 경기에 조던이 등장하면 팬들은 미리 승리의 축포를 터뜨리며 축배를 들었고, 아슬아슬한 경기에 조던이 등장하면 승리를 예감하며 축포를 터뜨렸으며, 지고 있는 경기라도 조던이 등장하면 왠지 모르게 이길 수 있다는 생각에 역전을 위해 응원의 목소리를 높였다. 그는 모든 승부를 완벽하게 지배했던, 말 그대로 '코트의 황제'였다.

그런 조던이 몇 차례의 번복을 거쳐 NBA 무대에서 완전히 은퇴를 해버린 뒤 한동안 '코트의 황제' 자리는 공석인 채로 비워져 있었다. 적어도 '그'의 기량이 만개하기 전까지는….

1984년, 오하이오주의 애크론에서 어린 미혼모의 아들로 태어난 그는 주위의 도움을 받아 고등학교까지는 다닐 수 있었지만, 대학에는 진학할 수 없었다. 가정 형편 탓이기도 했지만, 그보다 이미 그때 그가 보여줄 수 있는 농구 기량이 너무나도 출중했기에 수많은 프로 팀들이 그를 가만히 두고 보지 않았기 때문이다. 키가 작아 어떤 팀에서도 받아주지 않은 절친을 선수로 함께 받아주겠다는 이유만으로, 지역 대회 예선조차 통과해본 적 없는 무명의 학교로 진학했음에도 불구하고 고교 농구 선수로서 받을 수 있는 거의 모든 상을 휩쓸었던 그는 1순위 지명으로 오하이오주의 클리블랜드를 연고지로 하는 농구팀 캐벌리어스에 입단했다.

사실, NBA 동부 컨퍼런스 센트럴 디비전에 속해있는 캐벌리어스는 당시만 하더라도 그다지 강팀이 아니었다. 같은 디비전에는 조던의 시카고 불스라는 전통의 강호가 있었고, 그 외에도 한때 레지 밀러를 앞세워 돌풍을 일으켰던 인디애나 페이서스, 그리고 '배드 보이즈Bad Boys'라는 별칭으로 불리며 코트를 거칠게 장악했던 4인방 선수들을 주축으로 1980년대 말에서 90년대 초반 전성기를 일궜던 디트로이트 피스톤즈 등이 기세를 떨치고 있었다. 캐벌리어스는 그런 기세에 눌려 늘 만년 하위 신세를 벗어나지 못하는 팀이었다.

그랬던 팀을 단숨에 기대가 되는 팀, 우승권에 근접한 팀으로 만들어버린 선수가 있었으니, '킹', '선택받은 자Chosen One' 등의 어마어마한 별명으로 불리는 르브론 제임스가 바로 그 주인공이다.

제임스는 영입되자마자 발군의 기량을 선보이며 매번 무기력한 플레이를 남발했던 팀에 활력을 불어넣었다. 워낙 선수층이 얇아서 단숨에 우승을 하지는 못했지만, 그가 합류한 뒤 팀은 분명히 달라졌다. 데뷔 후 몇 년간은 매번 디비전 결승 같은 중요한 고비에서 번 번이 분루를 삼켜야 했지만, 결국 2015-16 시즌에서 캐벌리어스는 팀 창단 이래 최초의 우승을 거머쥐었다.

우승의 주역이자 가장 각광을 받은 선수는 당연히 '킹' 제임스였다.

그리고 또 다른 주역으로 각광을 받았던 것은, 그와 함께 코트를 누볐던 르브론솔져10였다.

제임스는 조던이 사라진 이후의 NBA에 새로운 황제로 등극했고, 그가 신은 나이키의 농구화 역시 에어조던의 뒤를 잇는 새 로운 신화를 써내려가고 있다. 2015년 말, 미국의 스포츠 전문 매체인 ESPN은 나이키가 르브론 제임스와 평생 후원 계약을 체결했다는 내용 의 보도를 했다. 이미 그는 데뷔하기 직전인 2003년에 7년간 약 9,000 만 달러 규모의 후원 계약을 맺었고, 2010년에는 매년 3,000만 달러 규 모의 재계약을 맺은 바 있다. 그런데, 2015년의 후원 계약이 유독 사람 들의 눈길을 끌었던 것은 그 계약 금액과 기간 때문이었다. 계약 금액은 '역대 최고.' 정확한 금액은 밝힐 수 없지만, 역대 나이키는 물론, 어느 경 쟁사의 후원 계약과도 비교할 수 없는 금액에, 기간은 '종신'이었다.

나이키의 의지는 확고했다. 그들은

"킹 제임스와 나이키는 지난 12년간 진정한 사업의
동반자 관계를 유지해왔으며, 앞으로 그의 선수 생활은 물론
은퇴 이후 전개할 활동까지 염두에 두고
이번 계약을 추진하게 되었다.
정확한 금액은 밝힐 수 없지만, 나이키 44년 사상
최대 액수인 것만큼은 틀림이 없다."

라고 밝혔다. 즉, 제임스를 몇 번 쓰고 버릴 광고 모델이 아닌 진정한 사업의 동반자로 여긴다는 얘기였다. 그에 호응하기라도 하듯 제임스는 오늘도 나이키의 농구화를 신고 코트를 굳건하게 지배하고 있다.

　　프리폰테인과 제임스 외에도 나이키와 함께한 스포츠 스타는 이루 셀 수 없이 많다. 종목별로 대표적인 인물 몇 명만 꼽아 보자면, 먼저 축구만 하더라도 크리스티아누 호날두, 웨인 루니, 즐라탄 이브라히모비치, 곤살로 이과인, 에당 아자르 등 리그, 포지션, 국적과 무관하게 수많은 월드 클래스 축구 선수들이 나이키의 광고 모델이거나 후원 계약을 맺고 경기장을 누비고 있다.
농구의 경우에는 이미 살펴보았던 마이클 조던과 르브론 제임스 외에 LA 레이커스에서 20년 가까이 슈팅 가드로 활약하며 도합 5회의 우승과 수십 차례의 NBA 올스타 선발, 그리고 올림픽에 출전하여 두 개의

금메달을 따 낸 천재 슈터 코비 브라이언트. 데뷔 첫해 신인상 수상을
시작으로 2009-2010년 시즌에는 최연소 득점왕에 올랐고, 2014년에
는 정규시즌 MVP를 차지했으며, 역시 두 개의 올림픽 금메달이 있는
리그 최고의 스몰 포워드 케빈 듀란트를 포함해 수많은 NBA 스타들
이 나이키의 광고 모델이거나 나이키의 농구화를 신고 경기에 나서고
있다.

테니스 종목을 살펴보면 나이키와 관련이 있는 선수를
찾는 것보다 오히려 관련이 없는 선수들을 찾는 것이 더 쉬울 정도다.
세계적인 선수라면 나이키의 광고 모델로 활동을 하거나, 나이키로부터
금전적, 용품 지원 등을 받고 활동했다.
가장 대표적인 선수가 무려 237주간 연속으로 세계 랭킹 1위를 차지한
'코트의 황제' 로저 페더러다. 그는 무려 17개의 그랜드슬램 단식 타이
틀을 획득했고, 전문기자, 평론가, 지도자 등으로 구성된 투표인단으로
부터 '역사상 가장 위대한 테니스 선수'로 선정된 신화적인 존재였다. 경
기에 나서는 그의 발은 언제나 나이키가 감싸고 있었다.
페더러의 독주를 막을 수 있는 거의 유일한 존재로 꼽혔던 '클레이 코트
의 제왕' 라파엘 나달 역시 코트에 나설 때는 니케 여신의 도움을 받았
다. 그들보다 조금 전 세대에 치열한 라이벌 구도를 이뤘던 피터 샘프라
스와 안드레 애거시 역시 플레이 스타일이나 평상시 삶의 방식은 물론,

성격까지 판이하게 달랐지만, 그들이 입은 유니폼과 테니스화에는 언제나 나이키의 로고가 새겨져 있었다.

여자 선수 역시 마찬가지다. 올림픽 금메달을 포함해 네 개의 메이저 대회에서 모두 우승하며 커리어 골든그랜드슬램을 역사상 두 번째로 달성한 선수이자 여자 선수 중 가장 많은 그랜드슬램 타이틀을 보유하고 있는 세레나 윌리암스, 총 다섯 차례의 메이저 대회 우승 경력에 더해 다양한 모델 활동 등을 통해 '세계에서 가장 인기 있는 여성 스포츠인' 리스트에 늘 이름을 올리는 마리아 샤라포바 등이 나이키와 함께 코트를 누빈 스타들이었다.

나이키는 한국의 스포츠 스타와도 관련이 깊다. '두 개의 심장을 가진 사나이'라는 별칭으로 불리며 2002년 월드컵 4강의 주역으로 네덜란드 리그와 잉글랜드 리그에서 맹활약했던 축구 스타 박지성 선수와 후원 계약을 맺고 각종 물품 지원 및 박지성 선수와 관련된 행사를 적극 후원해왔다.

그러면, 왜 이렇게 나이키의 주변에는 그와 함께하고자 한 스포츠 스타들이 많았을까? 왜 위대한 세계적인 선수들이 나이키를 입고 신고 경기에 나섰을까? 왜 늘 나이키의 광고 모델들은 단순한 모델이 아니라 뉴스와 사회적 이슈의 중심으로 센세이셔널을 일으켰던 것일까? 일부 호사가들의 말처럼 단순히 나이키가 유망주들을 사전에 입도선매해서 독점한 결과일까? 아니면 경쟁자들이 따라오지 못할 만큼 거액을 쏟아부어 시장을 혼탁하게 해서라도 원하는 스타를 영입한 결과물일까?

보다 자세히 살펴보면, 그렇지만은 않은 것 같다.

성공한 기업에게는 뮤즈가 필요하다

예술가들에게는 뮤즈^{Muse}라는 것이 있다. 원래 뮤즈는 그리스 신화에 나오는 학예의 여신(이라기보다는 일종의 요정에 더 가깝다는 의견들도 있다)들로 영어로는 뮤스, 그리스어로는 무사라고도 불린다. 이들은 신 중의 신으로 여겨졌던 제우스와 기억을 관장하던 여신 므네모시네^{Mnemosyne} 사이에서 태어난 여신들로, 역사를 관장하는 클레이오, 천문학을 관장하는 우라니아, 비극을 관장하던 멜포메네, 희극을 관장하던 탈리아, 춤을 관장하던 테르프시코레, 서정시를 관장하던 에라토, 음악을 관장하던 에우테르페, 찬가를 관장하던 폴리힘니아, 현악 또는 서사시를 관장하던 칼리오페 등 아홉 명이었다고 전해진다.

그 아홉 명의 뮤즈들을 경배하고, 그들이 관장하는 학예 분야, 즉 역사,

천문학, 희비극, 음악과 춤 등을 배우고 가르치던 공간을 뮤제이온Museion 이라고 불렀는데, 오늘날 미술관 혹은 박물관을 뜻하는 뮤지엄Museum이라는 영어 단어가 그로부터 파생되었다는 것이 정설이다. 때문에, 서구 문명권에서는 서로 각기 언어가 달라도 미술관 또는 박물관을 뜻하는 단어는 신기하게도 거의 대부분 'Mus' 어근을 쓰는 단어다.

그런데, 중세 이전까지만 하더라도 단순히 그리스 로마 신화에 등장하는 학예의 여신으로만 알려졌던 뮤즈가 예술가들에게 영감을 불어 넣어주는 존재로 묘사되기 시작했다. 그 시초는 우리에게는 단테라는 이름으로 더 잘 알려져 있는 이탈리아 시인 두란테 델리 알리기에리와 그의 뮤즈 베아트리체였다.

르네상스의 서막을 연 대작 시집 〈신곡〉으로 역사에 길이 남은 단테는 그의 나이 아홉 살 때, 지역 귀족의 딸인 베아트리체를 보고 첫눈에 반해 그녀를 평생토록 자신의 마음속에 두고 살았다고 한다. 물론, 베아트리체가 현실의 인물이 아니라 단테가 상상으로 만들어낸 가공의 인물이라는 설도 있지만, 아무튼 단테는 평생토록 베아트리체를 떠올리며 자신의 창작열을 불태웠다고.

단테의 베아트리체 못지않게 유명했던 작가와 뮤즈로는 쇼팽과 조르쥬 상드도 있다. 원래 이름은 아망틴 뒤팽이었던 그녀는 귀족의 유복녀로 태어나 할머니 손에 자라다가 뒤드방이라는 지방 귀족과 결혼하여 아이까지 두었지만 이내 별거한 뒤, 1831년 파리로 상경해서 수많은 예술가들과 자유연애와 예술적인 교분을 나누며 탁월한 작품 활동까지 했던 사교계의 여왕이었다. 조르쥬 상드라는 이름은 그녀가 작가로 활동하며 사용했던 필명이다.

비슷한 시기 고향 폴란드를 떠나 파리에 도착한 쇼팽은 1836년 한 귀족부인이 운영하는 살롱에서 자기보다 여섯 살이나 연상인 상드를 만나게 되었고 이후 두 사람은 스페인의 마요르카섬과 프랑스의 항구도시 마르세이유 그리고 중부 프랑스의 노앙을 오가며 9년간 함께 생활하게 되었다.

그 기간 동안 쇼팽은 상드로부터 수많은 영감과 예술적 자극을 받고 작품 활동의 전성기를 맞이하게 되는데, 마요르카섬에 머물던 시기에 완성한 24곡의 전주곡과 노앙에 머물던 시절에 작곡한 '소나타 2번 b플랫단조', '소나타 3번 b단조'는 지금까지도 쇼팽 하면 떠오르는 대표적인 작품이 되었다.

보다 최근을 살펴보자면, 팝아트의 선구자 앤디 워홀과 그의 뮤즈였던 배우 에디 세즈윅을 빼놓을 수가 없다. 그녀의 집안은 법조인과 정치가를 많이 배출한 명문가로 유명했지만, 집안 대대로 정신질환을 앓고 있었다. 때문에 그녀 역시 유복한 가정환경이었음에도 불구하고, 어렸을 때부터 가족으로부터 많은 상처를 받으며 성장할 수밖에 없었다. 그러다 뉴욕의 한 파티장에서 앤디 워홀을 만나면서 그녀의 인생은 일대 전환기를 맞이했다.

아예 집을 나와 앤디 워홀의 작업실이자 파티 공간이었던 스튜디오에서 함께 살며 앤디 워홀과 교분을 나누었고, 그 덕분에 자신의 어둡던 과거에서 조금은 빠져나올 수 있었던 그녀는 촉망받는 배우로 성장했다. 앤디 워홀 역시 묘한 매력의 에디를 뮤즈로 삼고 그녀로부터 영감을 받아 탁월한 예술적 성취를 거둘 수 있었다.

현대의 기업에도 뮤즈들이 있다. 바로 광고 모델들이다. 물론, 상당수의 기업에서 광고 모델은 특정한 시기에 특정한 제품이나 서비스를 들고 나와서 대중들에게 선보이거나 설명해주는 존재 그 이상도 이하도 아닌 경우가 대부분이다. 그러나, 또 다른 많은 기업에서 광고 모델은 제품, 서비스 혹은 그 기업 자체와 동일시되면서 해당 기업을 대표하는 존재로 받아들여지기도 한다. 마치, 아직까지도 배우 김혜자 하면 다시다를, 안성기 하면 프리마를 자연스럽게 떠올리는 것처럼.

현대의 기업들이 뮤즈 역할을 해줄 광고 모델에 집착하는 이유는 우리가 흔히 말하는 기업들이 모두 특별한 경우를 제외하고는 '법인(法人)'이기 때문이다. 즉, 사람과 같은 자연인은 아니지만, 법률에 의해서 자연인과 같은 권리능력을 인정받은 단체 또는 재산이라는 뜻이다. 그러다 보니 그러한 법인에게 간절한 것은 보다 생동감 있게 활동하고, 소비자

아홉 번째 강의 나이키의 광고 모델 전략

들에게 친근하게 다가가 자신들의 제품, 서비스, 법인 자체를 상징할 일종의 마스코트나 아이콘이 필요한데, 그런 역할을 해주는 것이 바로 광고 모델이다. 그렇기에 기업들이 좋은 광고 모델을 선점하기 위해 그토록 애를 쓰는 것이다.

특히, 좋은 광고 모델은 기업에게 '타이업 광고'의 효과를 가져다준다. 우리말로 쉽게 풀어서 설명하자면 '묶음 광고' 또는 조금 고상하게 표현하자면 '연계 광고' 정도로 할 수 있는 광고 기법. 'tie-up'은 '협력' 또는 '제휴'를 뜻한다. 즉, 타이업 광고는 둘 이상 복수의 광고주가 하나의 광고 공간 또는 광고 시간을 공유하여 서로간의 시너지 효과를 노리는 광고 기법이다.

전형적인 타이업 광고의 예로 차후에 개봉할 영화의 한 장면을 활용해 특정 제품을 광고하는 영상들을 들 수 있다. 사람들은 그 광고를 보고 영화 속 장면을 연상하며 그 느낌에 이끌려 해당 제품을 구매할 수도 있고, 혹은 먼저 제품을 구매하다가 문득 그 제품과 연관된 영화의 장면이 생각나서 영화 티켓을 사서 관람할 수도 있는 것이 타이업 광고의 효과다.

예를 들어 컴퓨터 해킹 범죄를 다룬 영화와 인터넷 보안 프로그램 보안 업체가 서로 제휴하여 영화에서는 보안 업체의 프로그램을 노출시키고, 보안 업체는 매체 광고 등을 할 때 영화의 한 장면을 활용해서 광고하는 방식이다. 즉, 영화를 보는 사람들은 은연중에 보안 프로그램을 연상하게 되고, 광고를 보는 사람들은 영화를 연상하게 되는 방식이다.

하지만, 타이업의 효과가 가장 극대화되는 것은 뭐니 뭐니 해도 기업과 그 기업의 광고 모델이다. 우리는 안성기 씨를 보면 은은한 향기의 커피를 떠올리고, 커피를 마실 때면 창가에 기대 지긋한 눈빛으로 바라보는 안성기 씨를 떠올리게 된다. 에어컨의 시원한 바람을 쐬고 있다 보면 '씽씽춤'을 추는 김연아 선수가 떠오르고, 반대로 김연아 선수의 시원스러운 경기 장면을 보고 있자면 에어컨의 시원한 바람이 어디선가 불어오는 듯한 느낌이 들기도 한다. 나이키 에어조던을 보면 코트 위를 훨훨 날아다니는 마이클 조던을 떠올리게 되고, 반대로 경기 중 멋진 활약을 하는 마이클 조던을 보면 자연스럽게 나이키를 연상하게 된다.

그러나, 이토록 중요한 기업과 광고 모델의 관계에도 불구하고 많은 기업들이 광고 모델들과 그다지 행복한 결말을 맺고 있지 못하는 것이 일반적인 것 같다. 거래와 계약 관계로 맺어진 대다수의 인간관계들이 그러하듯 서로의 유불리를 일방적으로 따지다가 어느 순간 틀어지기 시작하면 오히려 모르고 지냈던 사이보다도 못할 정도로 원수가 되기 십상이다.

그런데 그 내용을 들여다보면, 물론 일부 직업정신이 부족하거나 몰지각한 광고 모델들의 탓인 경우도 상당수 있지만, 그보다는 기업들이 한때 자신들의 뮤즈인 것처럼 떠받들고 귀하게 대접하던 모델들을 효용이 떨어졌다는 생각이 들면 안면을 바꿔버린 때문인 경우가 많다. 기업이 모델을 단순히 돈 주고 사용한 물건 또는 서비스 정도로 생각하기에 벌어진 일들이다.

그러나, 나이키는 조금 달랐다.

그 조금의 차이가 그동안 수많은 이들이 나이키와 함께하며 승리해나간 성공방정식이 되었다.

나이키의 중심에는 언제나 사람이 있다

나이키의 역사를 이야기하자면 반드시 등장해야 하는 스포츠 스타의 이름이 둘 있다.

한 명은 당연히 예상하듯 마이클 조던이고, 다른 한 사람 역시 많은 분들이 예상하는 것처럼 '골프 천재를 넘어서 전설이 된 사나이' 타이거 우즈다. 사실, 지금에 와서야 우즈가 없는 나이키 골프, 나이키 골프가 없는 우즈는 상상조차 할 수 없지만, 처음 나이키 골프가 우즈와 다년 계약을 체결했을 당시만 하더라도 나이키의 주식은 5%나 하락했다. 골프 용품 사업에 본격적으로 진출하는 나이키 골프도 못 미더웠고, 데뷔 초반 돌풍을 불러일으키기는 했지만 우즈가 아놀드 파머나 잭 니클라우스 등과 같은 1970~80년대 세계 골프계의 슈퍼스타들과 같은 반열에 오르리란 확신 역시 들지 않았기 때문이었다.

그러나, 1996년 PGA 투어에 참가한 이래 1997년 마스터스 대회 우승을 시작으로 무려 열네 번이나 PGA 메이저 대회 우승을 차지했고, 2000년에는 25세의 나이로 역사상 최연소 커리어 그랜드슬램 기록을 갈아치워 버렸다. 기타 대회에서의 우승 기록은 그 숫자를 세기조차 힘든데, 한창 때의 우즈에게 '시합 출전=우승'이라는 등식이 성립될 정도였다. 실제로 한 골프 칼럼니스트는 '현재의 타이거 우즈에게 최대의 경쟁자는 미래의 타이거 우즈이다'라는 헌사를 바칠 정도였다.

우즈의 승승장구와 함께 신생 나이키 골프 역시 나날이 새로운 역사를 써나가기 시작했다. 그 절정은 2005년 마스터스 경기 최종 라운드 16번 홀에서 펼쳐졌다. 파3 홀 세컨드 샷에서 우즈의 공은 홀컵으로부터 10여 미터 떨어진 러프 경계선에 있었다. 경기를 지켜보던 모든 이들이 '일단 그린 안으로 공을 들여보낸 뒤, 다음 퍼팅에 홀컵을 노리겠구나…'라고 생각하던 그때, 우즈는 과감하게 홀컵에서 상당한 거리 위쪽으로 공을 쳐냈다. 그런데, 공은 약 7미터 정도를 홀컵과 전혀 다른 방향으로 굴러가다가 거의 90도 가깝게 휘면서 홀컵을 향했다. 그리고는 홀컵의 가장 자리에 잠깐 멈춰 섰다가 이내 그 안으로 빨려 들어갔다.

짧은 순간 정적에 휩싸였던 갤러리들은 열광했고, 이 퍼팅은 가장 위대한 퍼팅을 꼽을 때 항상 세 손가락 안에 꼽히는 역사적인 퍼팅이 되었다. 더 극적이었던 것은 홀컵의 가장자리에 잠깐 멈춰 섰던 골프공을 클로즈업해서 비추던 카메라에 잡힌 것은 선명한 나이키의 로고였다.

이날 경기 이후 나이키 골프공은 시장에서 없어서 못 파는 물건이 되었고, 다른 나이키의 골프 용품 역시 엄청난 인기를 끌게 되었다.

그러나, 2008년 무릎 부상을 당한 뒤 우즈는 갑작스럽게 활동 중단을 선언했다. 사람들은 단순히 부상 재활을 위한 휴식으로 생각했지만, 이후 터져 나온 소식은 그게 아니었다. 우즈는 이혼 소송에 휘말렸고, 다른 수많은 여성들로부터 줄줄이 소송을 당했다. 하루가 멀다 하고 TV와 가십성 잡지 등에 새로운 여성이 등장해서 자신과 우즈와의 부적절한 관계를 폭로했다. 그는 하루아침에 문란한 사생활에, 책임감 없는 문제아로 낙인찍히고 말았다. 그전까지는 철저한 자기관리에, 완벽에 가깝게 베일에 싸여있던 사생활로 유명했던 우즈였던지라 사람들의 충격은 더욱 컸다.

많은 사람들이 우즈의 몰락과 나이키와의 결별을 예견했다. 실제로, 우즈는 그 뒤로 오랫동안 어떠한 대회에서도 우승하지 못하고 무관의 평범한 골프 선수에 머물러야 했다. 그러나, 나이키는 우즈와 결별하지 않았다. 대신 인내심을 갖고 그가 다시 복귀하기를 기다려주었다. 브랜드 이미지에 목숨을 거는 일반적인 기업이라면 상상도 하지 못할 일이었지만, 나이키는 우즈가 그 모든 어려움들을 극복하고 다시 황제의 자리로 돌아오기를 기다려주었다. 우즈의 이름을 딴 브랜드 제품도 정상적으로 출시했고, 우즈 브랜드를 가꾸기 위한 노력 역시 그가 최고의 자리에서 군림했을 때와 별다를 바 없이 계속 이어갔다.

결국, 2012년 3월. 타이거 우즈는 무려 30개월 만에 PGA 투어에서 우승하며 재기의 신호탄을 쏘아 올렸다.

　　　　우즈의 사례는 나이키가 자신들의 제품을 도드라져 보이게 하기 위해 광고 모델들을 소비하는 것이 아니라, 자신들의 제품이 얼마나 광고 속의 모델들에게 새로운 가치를 선사할 수 있는지를 어필해왔는지 보여주는 대표적인 사례라고 할 수 있겠다.

나이키는 항상 각 분야 최고의 선수들과 광고 모델 계약이나 후원 계약을 체결한다. 계약을 맺을 때는 늘 커다란 이슈가 될 정도로 파격적인 계약을 추진하고는 한다. 역대 최고, 역대 최장, 역대 최다 등의 수식어는 나이키가 자신들의 제품을 입고 신고 필드와 트랙에 나설 이들과 계약을 할 때마다 너무나 흔하게 등장해 이제는 그다지 특별할 게 아닌 일로 여겨지기도 한다. 때문에 나이키가 일궈낸 마케팅 분야에서의 성공을 폄훼하고자 하는 일부 사람들은 '나이키가 그저 막대한 자금력을 바탕으로 전 세계 스포츠 스타들을 싹쓸이한 것일 뿐'이라며 비난한다. 과연 그럴까?

나이키가 이제까지 함께한 사람들과 거둔 성공이, 단순히 막대한 돈을 쏟아부은 결과뿐인 걸까? 앞서 들었던 사례들을 포함해서 다른 수많은 사례들을 살펴보면 적어도 그렇지만은 않은 것 같다. 물론, 나이키가 광고 모델 계약이나 후원 마케팅에 막대한 금액을 투자하는 것은 사실이지만, 그보다는

사람을 대하는 나이키의 태도

가 본질적인 해답이 될 것 같다.

나이키는 자신들과 후원 계약을 체결한 사람 혹은 팀을 가리켜 '에셋 Asset'이라 부른다고 한다. 시중 은행이나 증권가에 널리 사용되고 있는 ○○에셋, △△에셋 등에서의 그 에셋이다. 에셋은 우리나라 말로 '자산'이란 뜻으로 번역할 수 있는데, '충분하게to sufficiency'라는 의미의 라틴어 'Ad(to) satis(sufficiency)'에서 1530년대에 '만족, 보상'의 뜻인 구식 프랑스어 'asetz'가 파생되었고, 1580년대 무렵부터 '현금' 또는 '현금

화할 수 있는' 이라는 의미의 단어로 유럽 전역에서 사용되었다. 그러던 것이 19세기 무렵부터 현재와 같은 '자산'이라는 의미로 쓰이기 시작한 것이다.

자산이 재산과 가장 다른 특징은, 자산은 곧바로 현금화할 수 없지만 먼 미래에라도 현금화할 수 있는, 혹은 영원히 현금화할 수 없다 하더라도 충분히 보유할만한 가치가 있는 것들까지 포괄하는 개념이라는 것이다. 자신들과 계약한 사람, 선수, 광고 모델들을 활용하거나 소비해야 할 대상이나 바로 현금화할 수 있는 것들이 아닌, 축적하고 성장시켜야 할 자산으로 보는 것. 이것이 나이키가 다른 기업이 자신들의 광고 모델을 대하는 자세와 가장 크게 차이가 나는 점이다. 때문에, 나이키는 자신들의 후원 마케팅 전략에 대해 '광고효과 극대화'가 아니라, '선수들이 최고의 퍼포먼스를 낼 수 있도록 돕는 것'이라고 명시해놓은 것이다.

그리고 실제로 오늘도 그렇게 하고 있다.

르브론 제임스의 농구화로.

크리스티아누 호날두의 축구화로.

살집이 풍만한 여성이 입는 요가복으로.

그리고, 아프리카 어린 아이들의 축구공으로.

열 번째 강의

나이키의 조직 관리

나이키 팀은 왜
특별히 더 강했을까?

MVP인데,
경기를 뛰지 않았다?

2016년 7월 11일 한국 시간 새벽 4시.

프랑스 파리 북쪽 교외 생드니에 위치한 '스타드 드 프랑스Stade de France'
에서 유럽 축구계의 최대 잔치라 불리는 UEFA 유럽 축구 선수권 대회,
유로Euro 2016 결승전이 펼쳐졌다. 결승전의 주인공은 세계 최고의 축구
스타 중 한 명인 크리스티아누 호날두가 이끄는 포르투갈과 유럽 축구
의 새로운 시대를 짊어지고 있는 젊은 신예 앙투안 그리즈만이 이끄는
프랑스였다.

두 팀 모두 유럽의 쟁쟁한 강호들을 물리치고 결승전에 올라온 팀이었기에 우열을 가리기가 쉽지 않았다. 그래도 대체적으로 많은 사람들이 개최국이자 화려한 스타 군단을 앞세워 3회째 우승을 목표로 하고 있는 프랑스의 우승 가능성을 단 한 차례의 우승 경험도 없는 포르투갈보다 높게 점쳤다. 나 역시 그랬다. 몇몇 친구들과의 내기에서 '프랑스의 2대 1 승리', '프랑스 우승, 포르투갈 준우승'에 돈을 걸었다.

경기가 시작되자 예상했던 대로 그리즈만, 올리비에 지루의 투톱 공격진과 폴 포그바, 무사 시소코 등 화려한 미드필더진은 포르투갈 진영을 마구잡이로 휘젓기 시작했다. 그렇게 전반 7분여가 지났을 무렵, 포르투갈의 에이스이자 팀의 거의 모든 것이라고도 할 수 있는 호날두가 왼쪽 무릎을 감싸 쥐고 그라운드에 쓰러졌다. 프랑스의 미드필더였던 플로랑 디미트리 파이예 선수의 깊은 태클에 무릎 안쪽이 꺾여버렸기 때문이었다.

실려나간 그는 필드 밖에서 의료진의 응급처치를 받고 붕대를 감은 채 그라운드에 복귀했다. 그러나 그는 이미 예전의 '그' 호날두가 아니었다. 전력질주를 하지 못했고, 공중볼에도 적극적으로 점프해서 헤딩 경합을 벌이지 못했다. 그의 표정에서는 이미 '심각한 문제가 생겼음'이 읽혀졌다. 전반 25분, 결국 그는 쓰러지듯 그 자리에 드러누워 버렸고, 들것에 실려 운동장을 빠져나갈 수밖에 없었다. 그의 자리는 히카르두 콰레스마가 교체되어 맡게 되었다.

이날, 한국 시간으로 경기가 새벽에 진행되었던 탓에 졸음에 겨워 여기까지밖에 TV 중계를 못 보고 잠자리에 든 사람들이라면 '아! 호날두도 없고, 포르투갈도 이젠 끝이구나!'라고 생각했을 것이 틀림없다. 그러나… 이후 상황은 전혀 뜻밖의 방향으로 흘러가기 시작했다.

크리스티아누 호날두 선수는 축구에 관심 있는 이들이라면 익히 알다시피 광적인 팬만큼이나 극성 안티가 많기로 유명한 선수이다. 집요한 승부욕, 자기 자신에 대한 확신, 골에 대한 욕심 등으로 인해 탁월한 성과, 화려한 업적을 쌓아왔지만, 반면 '동료를 존중하지 않고 오만하다', '팀보다는 자기 자신만을 앞세우는 이기적인 모습을 보인다', '겸손해할 줄 모른다'라는 비판을 받아왔다. 그랬던 호날두가 이전과는 전혀 다른 모습을 보여주기 시작했다. 이전 경기에서는 교체되고 나올 때 상대 수비수를 탓하거나, 심판을 탓하거나, 심지어 응원하는 관중을 탓하기만 했던 그가, 그런 모습은 간데없고 그라운드에 주저앉아 하염없이 눈물을 흘리기 시작했다. 그러더니 자신의 주장 완장을 나니 선수에게 전달하며 무언가 간절히 이야기하는 모습이 화면에 비쳤다. 교체되어 그라운드를 빠져나온 뒤의 모습은 더욱 놀라웠다. 호날두는 잠깐 동안 응급처치를 받고 나서는 라커룸으로 들어가지도, 정밀 검진을 받으러 병원으로 가지도 않았다. 대신 압박 붕대를 칭칭 동여매고는 그라운드의 가장자리, 코치나 선수가 들어갈 수 있는 최대한 가까이까지 들어가 선수들을 독려하기 시작했다.

그 덕분이었을까? 객관적인 전력상 열세라던, 그나마 그 열세를 가까스로 막아냈던 호날두라는 독보적인 존재까지 사라져버린 포르투갈이었음에도 경기는 팽팽하게 진행되었다. 프랑스의 기대주 지루와 그리즈만이 쉴 새 없이 경기장을 누비며 슛을 때려댔지만, 포르투갈의 수비수들은 필사적으로 몸을 던져 그를 막아냈다. 골키퍼 역시 그간 보여주지 않았던 슈퍼 세이브를 몇 개나 연속으로 보여주며 상대의 득점 찬스를 무산시켰다. 후반 종료가 가까운 시간에는 프랑스의 결정적인 슛이 골대에 막히는 등, 운명까지도 포르투갈의 등 뒤에 서있어주는 듯 했다.

그리고,

연장전 후반 4분.

연장 후반에 교체 투입된 포르투갈의 공격수 에데르가 골에어리어 바깥에서 프랑스 수비수와 몸싸움 경합을 벌이다 그대로 중거리 슛을 날렸고, 그 슛은 이날의 결승골이자 에데르와 호날두의 조국 포르투갈에 역사상 첫 메이저 축구 대회 우승을 안겨준 역사적인 골이 되었다.

많은 사람들이 호날두가 부상 교체를 당할 때 포르투갈의 패배를 예상했다. 나 역시 마찬가지였다. 그만큼 이날 경기에서 호날두가 차지하는 중요성은 대단했으니까. 하지만 호날두는 경기장 바깥에서 자신의 중요성을 증명해보임과 동시에 우리에게 중요한 사실 하나를 알려줬다.

어떠한 위대한 영웅도 하나가 된 팀보다 강하지 않다

는 것을 말이다. 호날두의 부재가 포르투갈을 하나의 팀으로 만들어줬고, 하나의 팀이 된 포르투갈은 더 이상 유럽 중상위권의 그저 그런 팀이 아니었다.

나이키 역시 마찬가지다.

흔히들 나이키의 성공을 말할 때 필 나이트와 빌 보워먼이라는 두 명의 탁월한 리더 혹은 마이클 조던이나 크리스티아누 호날두라는 위대한 광고 모델들을 떠올리는 이들이 대부분이다. 하지만, 한 꺼풀만 더 들춰보면, 나이키의 성공에는 나이키가 공유하는 가치에 공감하고 하나가 되었던 '나이키 팀'이 있었다.

이번 시간에는 바로 그 '나이키 팀'에 대해 학습해보자.

우리 기억 속 오래된 단어,
팀

'팀'이라는 단어를 모르는 사람은 아마 없을 것이다. 팀은 러브, 드림, 해피 등과 더불어 아마도 우리 일상생활에서 가장 자주, 빈번하게 사용하는 영어 단어다.

서양문화권에서 동사 또는 명사로 팀이란 단어가 쓰인 지는 꽤 오래전이지만, 본격적으로 문헌에 등장한 시기는 대략 1500년대 초중반부터인 것으로 추정된다. 당시 중세 영어에서 명사로서의 팀은 프로토 게르마닉 단어 타우마즈Tauhmaz로부터 파생된 것으로 보이는데, '후손 또는 후계자', '가족', '같은 인종' 등과 같은 뜻으로 활용되었다고 한다. 동사로서의 팀 역시 비슷한 시기에 등장해 '하나로 묶어주다', '함께하다' 등의 의미로 활용되었다. 이후로도 팀은 '뜻이나 행동을 같이하는 비교적 소규모의 집단'을 의미하는 단어로 수백 년간 쓰여왔다.

이 팀이라는 것이 기업이나 기관 등의 조직 내에 있는 일정 규모의 집단 혹은 그러한 집단을 이루는 행위를 지칭하는 단어로 쓰이게 된 것은 그다지 오래되지 않았다. 현대적 의미의 기업이라는 집단이 우리보다 먼저 생겨난 유럽이나 미국에서도 마찬가지였다. 그전에는 함께 일하는 사람들의 모임을 뜻하는 단어로 '팀'보다는 '작업 그룹^{work} group'이라는 단어를 더 많이 사용했었다. 많은 사람들이 팀과 작업 그룹을 구분하지 못한 채 거의 동일한 의미를 지니고 있는 단어로 인식하고 있는데, 일반적으로 작업 그룹은 팀에 비해 각 구성원 간의 의존도와 상호작용의 수준이 매우 낮은 독립적인 업무를 수행하는 단위를 말한다.

그러다가 1970년대 들어 생산성과 품질 경쟁에서 일본 기업에 뒤지기 시작한 미국 기업이 기존의 테일러 방식의 한계를 벗어나고자 새로운 방식을 찾기 시작했다. 그 결과 과업의 결과물에 대해 공동으로 책임을 지고, 업무를 함에 있어 협력이 활성화된 사람 중심의 조직으로, 같이 하는 진정한 협업을 통해 생산성과 창의성을 극대화하기 위한 방법으로 팀제를 도입했다. 공교롭게도 팀제를 도입한 이후 미국의 생산 경쟁력이 높아지고 산업이 활력을 띠면서 팀제는 조직 운영의 대세로 자리 잡게 되었다.

이제 현대사회의 기업, 조직에서 팀이 없는 기업, 조직을 찾아보기 힘들게 되었다. 실제로 1994년 조사에 의하면 〈포천〉 1,000대 기업 중 91%가 어떤 유형이건 간에 팀제를 도입하고 있는 것으로 알려져 있다.

우리나라의 경우에도 적어도 1980년대 중후반까지만 하더라도 기업, 조직, 집단에 팀이라는 것은 존재하지 않았다. 그저 갓 출범한 프로 야구나 프로 축구에서나 쓰이던 단어였을 뿐이다. 하지만 1985년 S모 물산을 시작으로 한국의 기업들은 100여 년간 유지되어온 부과제를 폐지하고 그 이름도 생소한 '팀제'로 조직을 개편하기 시작했다. 기존 층층시하였던 조직을 주요 업무 혹은 기능별로 만들어진 팀 단위 조직으로 만들었다. 급여 등의 보상과 조직 운용상의 효율성 등을 위해 '부장', '과장' 등의 직책 호칭을 직급 호칭으로 바꿔서 계속 부여하기는 하지만, 일단 모든 직원은 팀장(기존의 부장 또는 임원급이 맡음)과 팀원이라는 심플한 구조로 바뀌게 되었다.

이러한 팀제로의 조직구조 변경은 기존의 조직에 다양한 변화를 가져다주었다. 부, 과 단위로 이뤄지던 활동들은 팀 단위로 이뤄졌고, 직급과 직책이 따로 부여되는 인사 정책이 도입되었다. 즉, 이전에는 부장이라는 '직급'은 당연히 '부의 장'이라는 '직책'까지 수반하는 것이었지만, 팀제에서는 꼭 그런 것은 아니었다. 예를 들어 연차가 쌓이고 때맞춰 진급을 해 부장이라는 직급을 달았다 하더라도 (팀 내에 다른 고참 부장이 팀장을 하고 있는 경우에는) 여전히 팀원으로 머물게 되는 경우가 있었고, 오히려 직급은 차장이지만 팀장을 맡게 되는 경우도 생겼다. 당연히 구성원들도 조직에서의 역할과 부여되는 책임과 권한 등에 있어서 큰 변화를 경험하게 되었다.

팀제로의 변화는 대한민국 사회에 많은 변화를 불러왔다. 하지만 언제나 그렇듯 일부 기업은 성공적으로 팀제를 정착시켰고, 또 다른 다수의 기업은 말만 팀제일 뿐, 과거 부과제와 거의 흡사한 모습을 이어오면서 팀제를 제대로 정착시키지 못했다.

왜 그랬을까?

이유는 간단하다. 팀제를 도입하기는 했지만 제대로 된 가치를 공유하거나 팀이라는 공감대를 형성하기 위한 노력 없이 그저 구성원을 다스리고 감독하는 방법을 부과제에서 팀제로 바꾸기 급급했기 때문이다. 그저 제도가 부과제에서 팀제로 바뀌었을 뿐, 팀이 성공을 하려면 어떻게 해야 하는지에 대한 진지한 고민들이 부족했기 때문에 아직까지도 한국에서는 성공적인 팀제 도입 사례를 찾아보기가 매우 힘들다.

그렇다면, 우리가 살펴보고 있는 나이키는 과연 어떨까?

나이키의 위대한
팀원들

많은 사람들이 나이키의 성공에는 공동창업자 중 한 명이자 불과 얼마 전까지 최고경영자 겸 이사회 의장으로 막강한 영향력을 발휘했던 필 나이트의 활약이 있었다고 생각한다. 맞는 생각이다. 최고의 경영자 중 한 명으로 꼽히며, 유수의 경영대학원이 성공 사례로 꼽아 교과서에까지 실린 나이트가 없었다면 나이키가 과연 지금의 위치를 차지할 수 있었을까? 아마도 아닐 것이다.

필 나이트, 그리고 빌 보워만. 탁월한 두 리더가 공동의 목표를 향해 자신들의 능력을 발휘하고 서로를 위해 헌신한, 역사상 그와 비슷한 사례를 쉽게 찾을 수 없을 정도로 그들은 위대한 동업자들이었다.

두 사람의 놀라운 파트너십 덕분에 나이키가 지금의 모습으로 성장해 온 것만큼은 부정할 수 없는 사실이다. 그러나, 이들 두 사람의 탁월함만으로 설명할 수 없는 나이키의 성공 요인이 있었다.

그것은 바로 가치를 공유하고 탁월한 실력으로 무장한 매우 위대한 팀원들이 있었다는 점이다.

지금부터 우리는 나이키의 성공을 만들어낸 위대한 팀에 대해 이야기를 해보고자 한다.

나이키 팀에서 가장 먼저 이야기할 '위대한 팀원'은 제프 존슨Jeff Johnson 이다. 존슨은 나이키의 전신 블루리본스포츠가 채용한 첫 직원으로, 나이트의 대학원 동기이자 육상 선수였다. 존슨은 블루리본스포츠의 전반적인 관리 업무를 총괄했는데, 특히 홍보 마케팅 업무에 재능을 발휘했다. 신제품이 출시될 때마다 추가할 공간이 없어 출력한 사진의 여백

이곳저곳에 덕지덕지 붙여 만들었던 조잡한 홍보 책자를 깔끔한 디자인으로 편집해 새롭게 발간했고, 중구난방이던 회사의 제품 라인을 고객의 시각에서 이해하기 편하도록 일목요연하게 정리했다. 인터넷쇼핑이나 홈쇼핑 방송이 없던 당시 가장 중요한 원격 판매 수단이었던 우편 주문 서비스를 도입해서 블루리본스포츠를 전국적인 신발 유통 업체로 한 단계 업그레이드시켰다.

하지만, 그가 블루리본스포츠와 나이키에 남긴 가장 뚜렷한 족적은,

'Nike'라는 이름을 만들어낸 장본인이

바로 그였다는 점이다.

일본 운동화를 떼다 파는 도매상에서 벗어나 자신들이 만든 운동화를 파는 기업으로의 본격적인 변신을 앞두고 있던 1971년, 나이키의 창업자 두 사람과 1호 직원 존슨은 골머리를 앓고 있었다. 임팩트 있으면서 좋은 뜻을 담고 있고, 부르기 쉽게 입에 착착 붙는 이름을 찾고 있었지만, 딱히 떠오르지가 않았다.

그러던 어느 날, 존슨이 이상하게 생긴 사진 하나를 들고 사무실로 뛰어 들어 왔다. "이걸로 하자."

그가 내민 사진은 날개가 달린 여신의 조각상을 찍은 것이었다. 나이트가 물었다. "이게 뭔데?"

그러자, 존슨이 의기양양하게 답했다.

> *"니케. 그리스 신화 속 승리의 여신이지.*
> *영어로 읽으면 나이키.*
> *'나이키, 승리의 여신, 우리 나이키를 신으면*
> *승리의 여신이 당신 편이다!', 얼마나 좋냐?"*

그가 내민 사진은 루브르 박물관이 소장하고 있는 한 '석조상'의 사진이었다.

　　　프랑스 파리의 중심가인 리볼리가에 위치한 루브르 박물관. 12세기 후반 필립 2세가 짓기 시작한 루브르 궁전을 개조한 이 박물관에는 5만여 점이 넘는 유물과 미술품들이 전시되어있는데, 그중 대표적인 것이 '세계에서 가장 유명한 미술품'으로 꼽히는 다빈치의 '모나리자' 그리고 '세계에서 가장 유명한 조각상' 중 하나로 꼽히는 밀로의 '비너스' 등이다.

그런데, 두 작품 못지않게 관람객들의 눈길을 사로잡는 전시품이 있다. 그리스 신화 속에 등장하는 한 여신의 모습을 대리석으로 형상화한 이 조각품은 머리도 사라지고 양팔도 잘려나가 마치 폐허처럼 보이는 모습에도 불구하고 조각의 남아있는 부분에서 뿜어내는 표현의 섬세함과 무엇보다도 앞으로 나아가려는 듯한 진취적이고 역동적인 모습이 많은 이들을 사로잡았다. 때문에 수많은 유물과 미술품으로 가득 찬 루브르에서도 가장 인기 있는 전시품 중 하나로 꼽히고 있다. 이 조각의 이름은

'사모트라케의 니케.'

그리스 신화에서 '승리'를 관장하는 여신 '니케(Νίκη 또는 Nike)'를 형상화한 작품으로 그리스의 사모트라케섬에서 발견되어서 '사모트라케의 니케'라는 이름을 얻게 되었다. 기원전 220년에서 190년 사이에 제작되었다고 추정되는 작품이다. 제프 존슨은 바로 그 니케상의 사진을 꺼내 보이며 새로운 브랜드의 이름을 니케, 영어 발음으로 읽어 '나이키'라 하자고 한 것이었다.

나이트와 보워먼은 처음에는 반신반의했지만, 존슨의 열정적인 설득에 어느새 넘어가고 말았다. 결국, 그해 그들은 자신들의 회사와 제품 이름 모두를 나이키로 바꾸고 본격적인 사업에 나섰다. 그렇게 채택된 나이키라는 이름은 코카콜라, 애플 등과 더불어 미국은 물론 세계에서 가장 유명한 이름으로 사람들의 기억에 남게 되었다.

이처럼 현대의 우리에게 주는 무게감과 담고 있는 경제적 가치 등에 비하면 '나이키'라는 이름은 그 탄생 과정이 조금은 아마

추어적이고, 의외의 인물이 한, 다소 즉흥적인 발상으로부터였다는 생각이 들 수도 있을 것 같다. 그런데, 그건 그 이름과 더불어 어쩌면 나이키의 상징이자 나이키 그 자체로도 여겨질 수 있는 공식 로고 '스우시'의 그것에 비하면 오히려 무척이나 심사숙고해서 만들어진 편이다.

두 창업자는 존슨의 제안으로 나이키라는 이름을 지은 뒤 내친 김에 로고도 만들기로 했다. 'NIKE'라는 영문 스펠링만 덜렁 쓰기에는 뭔가 성에 차지 않았기 때문이다.

본격적으로 나이키가 출범하기 전, 회사 이름이 블루리본스포츠였던 60년대 말 무렵만 하더라도 포틀랜드주립대학교에서 회계학 등의 강사를 병행하고 있던 나이트는 자신이 출강하던 대학의 미술대학원 학생이던 캐롤린 데이비슨Carolyn Davidson에게 로고 디자인을 의뢰했다. 나이트가 원한 것은 단순했다.

'단순하고 모나지 않으면서도 무언가 역동적인 느낌.'

의뢰를 받은 데이비슨 역시 크게 고민하지 않고 17시간 반 만에 로고 하나를 뚝딱 만들어 나이트에게 가져왔다. 바로 '스우시'였다. 손바닥 반도 안 되는 크기의 로고 하나를 만드는 데 17시간 반이나 걸렸다면 꽤 심혈을 기울여 만든 거 아니냐는 생각을 할 수도 있지만, 일반적인 기업이 로고 제작을 하는 데 수백만 원에서 수십억 원을 들이며, 제작 기간 역시 아주 짧으면 일주일에서 심한 경우 몇 년이 걸린다는 점을 고려하면, 아무리 초창기 영세한 수준이었다 하더라도 회사의 얼굴이 될 로고를 17시간 반 만에 만들었다는 것은 뭔가 조금은 쉽게 만들었다는 감이 없지 않았다.

처음 시안을 받아 든 나이트의 반응은 역시나 뭔가 미적지근했다.

"I don't love it."

(마음에 들지 않아.)

"… But, I think it will grow on me."

(뭐, 보면 볼수록 좋아질 것 같기는 하네.)

실제로, 나이트의 속마음이 그랬다.

다만, 이미 시장에 새로운 기업명과 로고를 발표하기로 홍보해놓은 날짜가 코앞으로 다가와 있었기에, 나이트는 새로운 이름 '나이키'와 새로운 로고 '스우시'를 그대로 시장에 발표하기로 했다.

그 결과는? 여러분들이 아는 그대로다.

그 순간은 세계에서 가장 유명한 기업 로고가 탄생한 순간이 되었다.

현대에 와서는 세계에서 가장 비싼 로고 중 하나가 된 스우시를 디자인하고서 그녀가 나이키로부터 받은 돈은 불과 35달러가 전부였다고 한다. (물론, 나중에 보너스를 조금 더 받기는 했지만.) 이로써 캐롤린 데이비슨 역시 제프 존슨에 이어 나이키의 위대한 팀원으로 그 이름이 길이 남게 되었다.

마지막으로 살펴볼 나이키의 위대한 팀원은 앞서 이야기한 두 사람과 달리 지금까지도 나이키에 몸담고 있는 현재의 팀원이다. 우리나라에는 많이 알려져 있지 않지만, 나이키에는 여러 개의 별도 라인업 모델들이 있다. 마치 벤츠를 토대로 다양한 튜닝을 거친 AMG 라인과 BMW의 고성능 모델 라인업인 M시리즈 등이 존재하는 것과 같이 나이키에는 HTM이라는 별개의 라인업이 있다.

나이키 HTM은 2002년 처음으로 등장한 이래 약 20여 종의 한정판 디자인을 시장에 선보였다. 그중 몇몇은 '스포츠 브랜드에서 나온 제품치고는 비실용적이다', '지나치게 마니아 위주다', '다소 난해하다'는 평가를 받기도 했지만, 극히 일부의 의견일 뿐, 대부분의 제품들은 출시하기가 무섭게 품절됐고, 일부 제품들은 어마어마한 웃돈이 붙어 거래되기도 했다.

HTM의 H는 스트리트패션의 대부인 히로시 후지와라Hiroshi Fujiwara, T는 에어맥스 시리즈를 탄생시킨 디자이너 팅커 햇필드, 그리고 M은 바로 나이키의 오늘을 만든 디자이너이자 이후 CEO가 될 마크 파커Mark Parker의 이름을 땄다.

나이키의 세 번째 위대한 팀원은 HTM의 M, 바로 마크 파커다. 뉴욕에서 태어나 펜실베이니아주립대학교에서 정치학을 공부하던 파커는 마라톤 마니아였다. 시간이 나면 다른 동기들은 데이트를 하거나 펍에 가서 술을 마시던지 하면서 시간을 보냈지만, 그는 달랐다. 잠시라도 짬이 나면 운동화로 갈아 신고 달리기를 했다. 그랬던 그가 이미 세계적인 스포츠 브랜드로 성장하고 있던 나이키에 입사한 것은 어찌 보면 당연한 일이었다.

다만, 그가 행정, 관리직이 아닌 디자인 부서에 근무하게 된 것은 다소 의외였다. 그 자신의 입으로,

"어린 시절 스케치 몇 번 해본 적밖에 없었다."

라고 할 정도로 디자인 경험이 전무했기 때문이다.

하지만, 나이키에서 디자인은 그림 실력이 좋다고 할 수 있는 것이 아니었다. 오히려 신발의 기획, 생산, 판매, 소비 매커니즘에 대한 학습, 고객의 니즈에 대한 철저하면서도 꼼꼼한 분석, 디자인과 관련된 제 부서 간의 협력과 갈등 체계에 대한 높은 수준의 이해도가 더 중요했다.

그런 부분에 강점을 보유했던 그는 입사 직후부터 놀라운 실력을 발휘하기 시작했다. 페가수스, 에어맥스 등 히트 상품의 디자인 과정을 총괄했던 그는 엔지니어링 및 디자인 총괄, 러닝화 및 특수화 마케팅 총괄,

스페셜 디자인 프로젝트 리더 등을 거쳐 운동화 부문 총괄의 자리까지 오르게 되었다. 결국, 2006년 그는 47세의 나이로 세계 최대 스포츠 브랜드인 나이키의 CEO 자리에 오르게 되었다.

    디자인 총괄 출신의 마크 파커가 CEO가 되자 많은 사람들은 '나이키가 앞으로 디자인적 요소에 보다 더 신경을 쓸 것'이라고 예측했다. 물론 예측의 일부는 맞았다. 그가 CEO에 취임한 뒤 출시된 제품들은 기존의 제품에 비해 획기적인 디자인적 변화가 있었다. 무려 4년이라는 연구 개발 끝에 출시된 신제품은 거미가 하나의 실로 넓은 그물을 짜듯 한 줄의 실로 운동화 하나를 통째로 짜서 만드는 플라이니트Flyknit 공법으로 만들어졌다. 기존에 여러 개의 천 또는 가죽 조각을 꿰매서 만들었던 운동화는 아무리 가볍게 만들어도 200그램 이하의 무게로 만들기가 어려웠다. 그러나, 새로 출시한 제품은 기존의 운동화는 상상도 못 할 무게인 160그램 정도였다. 게다가 보는 방향에 따라 다른 색감을 자랑하는 컬러에, 제조 공정까지 획기적으로 간소화시킬 수 있어서 '혁명적인 신발'이라고 불리며 엄청난 인기를 끌었다.

하지만, 그가 CEO로서 나이키에 본질적인 기여를 하며 '위대한 팀원'이 될 수 있었던 것은 이런 제품의 기능이나 디자인 측면에 대한 기여 때문만이 아니었다. 그는 CEO로 취임하자마자 본사에 '디지털 스포츠 부문'을 만들었다. 디지털이라는 기술 영역과 스포츠 용품이라는 영역을 통합해 새로운 시너지를 만들어내기 위한 신규 조직을 설립한 것은 스포츠 브랜드 중 거의 유일한 시도였다. 이는 나이키가 단순히 운동화나 운동복을 만들어 파는 회사에서 새로운 제품과 서비스를 제공하는 기업으로 한 단계 업그레이드할 수 있는 계기가 되었다. 이후 디지털 스포츠 부문은 기대를 저버리지 않고 '나이키 플러스', '퓨얼밴드^{FuelBand}' 등 새로운 제품을 선보였으며, 이후로도 그러한 노력은 계속되고 있다.

뿐만 아니다. 그는 CEO가 된 이후로도, 자신은 최고경영자이자 최고창의력책임자라고 칭하며 나이키와 나이키에서 일하는 사람들이 언제나 열린 마음과 깨인 생각으로 일할 수 있도록 하는 데 모든 것을 쏟아부었다.

가치가 공유된 팀은 강하다:
유럽 최빈국에서 세상 가장 행복한 나라로

흔히 우리는 조직을 운영하면서나 혹은 그를 잘 관리하기 위해서 여러 가지 시도를 하게 된다. 가장 초보적인 단계가 사람에 의한 관리, 즉 리더 몇몇에 의한 관리다. 리더에게 조직 운영에 대한 전권을 주고, 그의 막강한 리더십에 기대 조직이 잘 굴러가기를 바라는 것이다. 과거의 수직적 조직 구조, 전통적인 부과제에서는 매우 효과적인 방법이었다.

그러나, 현재와 같은 수평적 조직 구조, 현대적 팀제에서는 카리스마 넘치는 몇몇 탁월한 리더의 리더십만으로는 조직이 원하는 성과를 거둘 수 없는 시대가 되었다. 때문에, 많은 기업이나 조직에서는 어떻게 하면 팀이 더 잘 운영될 수 있을까를 고민해왔지만, 그 해답을 찾은 기업은 많지 않았다. 그렇다면 나이키는 어땠을까?

이미 살펴본 바와 같이, 나이키는 창업한 지 수십 년이 흘러 초기에 탁월했던 두 명의 리더, 필 나이트와 빌 보워만이 물러나고 나서도 계속해서 발전을 거듭하고 있고 놀라운 성과를 창출하고 있다. 끊임없이 등장한 탁월한 팀원들은 자신들이 보유한 역량을 발휘해서 어떻게 하면 나이키를 더 발전시킬 수 있을지 항상 고민했고, 그 결과물을 활용해 나이키가 경쟁자들과의 승부에서 언제나 승리할 수 있도록 기여했다. 그럴 수 있었던 것은, 나이키 그리고 나이키의 사람들이 '가치'를 함께 공유한 '팀'이었기 때문이다.

　　지금은 어느 누구에게 물어봐도 덴마크하면 낙농선진국, 복지천국, 대표적인 강소국을 떠올린다. 하지만, 19세기 무렵만 하더라도 덴마크는 '구제불능 국가', '동네북', '유럽의 골칫거리' 등으로 불리던 나라였다. 1848년과 1852년 슐레스비히-홀슈타인주의 독립을 두고 프로이센과 두 차례의 전쟁을 치러 두 번 모두 패배한 덴마크는 유럽 북부 최고의 곡창지대인 슐레스비히-홀슈타인 지역을 고스란히 내주게 된 것은 물론이거니와 막대한 전쟁 배상금까지 물게 될 지경에 처했다.

그런 그들에게 남은 것은 북해와 발트해의 소금기 잔뜩 머금은 바닷바람, 그리고 돌과 모래가 많이 섞여 농사짓기에 적당하지 못한 황무지, 거기에 중앙은행의 파산으로 무너져버린 화폐경제밖에 없었다. 가장 심각한 것은 국민들 사이에 만연한 패배주의와 그로 인한 불안정한 사회 분위기였다.

그때 등장한 사람이 '덴마크 부흥의 아버지'로 불리는 그룬트비히 목사였다. 그는 자존감을 잃은 국왕과 정치 논리에 빠져 정쟁만 일삼던 정치인들을 대신해 사람들에게 희망을 이야기하기 시작했다.

　　　'우리가 프로이센에 패한 것은 힘이 약해서이다. 그렇다. 지금의 우리는 힘이 약하다. 하지만 앞으로는 힘이 아니라 국민성으로 위대한 국가를 건설할 수 있다. 지금 우리는 밖에서 모든 것을 잃었다. 그러나 밖에서 잃은 것을 안에서 다시 찾을 수 있다.'

　　　'우리 위대한 덴마크 국민 스스로에게서 말이다.'

비참한 현실을 인정하되 그에 머물러있지 말고 앞으로 나아가면 새로운 미래가 있을 것이라는 그의 이야기에 사람들은 하나둘씩 관심을 갖기 시작했다. 그룬트비히는 자신의 뜻과 꿈을 좀 더 여러 사람과 공유하고자 '민중고등학교'를 설립해서 소극적인 피해의식에서 벗어나 적극적인 개척정신을 갖도록 가르쳤다.

그러한 민중고등학교를 마치고 나온 졸업생들은 사회에 나와 '하면 된다', '할 수 있다', '한번 해보자'는 분위기를 전파하기 시작했다. 그 영향으로 국민 고등교육 운동이 시작되었고, 농지개척 사업과 조림 운동이 전개되었으며, 협동조합 운동, 모범부락 운동, 스텐베어그의 도서관 운동과 국민체육 운동 등이 시작되었다.

그렇게 300만 명의 덴마크 국민들은 하나가 되어 하나의 목적, 하나의 꿈, '덴마크 부흥'을 위해 한 걸음 한 걸음씩 나아갔다. 결국, 철혈 재상 비스마르크가 이끄는 프로이센군의 군홧발에 짓밟혀 재생이 힘들 정도로 몰락했던 덴마크는 유럽은 물론 전 세계에서도 그 유래를 찾아볼 수 없을 만큼 빠른 시간 내에 세계 최고 선진국의 반열에 올라설 수 있었다.

이처럼 하나의 가치, 하나의 꿈, 하나의 비전, 하나의 목표를 공유했을 때 팀은 놀라운 능력을 발휘한다. 나이키가 강했던 이유 역시 가만히 살펴보면 채용 단계에서부터 나이키 팀을 위해 헌신할 준비가 되어있는 사람들을 선별하여 채용한 데서부터 시작되었다.

구글이나 아마존만큼이나 나이키의 채용 절차 역시 복잡하고 깐깐한 것으로 유명하다. 그들은 그런 단계를 통해 기존의 나이키 팀이 자신의 팀과 함께할만한 사람들을 구해 팀을 구성해나가도록 했다.

그렇게 합류하게 된 사람들은 나이키라는 회사가 제시한 가치와 비전을 충실히 이해하여 자신들이 보유한 능력을 십분 발휘해 서로 돕고 협업해나갔다. 말 그대로 팀제의 장점을 제대로 살렸던 것이 나이키의 가장 큰 성공 비결 중 하나였다.

많이 알려져 있지는 않지만, 나이키에는 '나이키의 11가지 격언'이라는 것이 있다.

1. "It is our nature to innovate." (혁신은 우리의 본성이다.)

2. "Nike is a company." (나이키는 회사다.)

3. "Nike is a brand." (나이키는 브랜드다.)

4. "Simplify and go." (논의는 간단히 하고 결정한 대로 가라.)

5. "The consumer decides." (고객이 결정한다.)

6. "Be a sponge." (스폰지가 되어라정보와 아이디어를 흡수하라.)

7. "Evolve immediately." (즉시 진화개선하라.)

8. "Do the right thing." (옳은 일을 하라.)

9. "Master the fundamentals." (기본을 완벽하게 하라.)

10. "We are on the offense-always." (우리는 늘 공격적진취적이다.)

11. "Remember the Man." (사람을 기억하라.)

나이키의 구성원들은 언제 어느 곳에서 어떤 일을 하던 지 자신의 의사결정과 행동의 기준을 바로 이 11개의 격언에서 찾았다. 그들은 혁신이 자신들의 본성임을 잊지 않았고, 나이키가 하나의 회사 이자 브랜드임을 잊지 않고, 모든 의사결정을 할 때는 그 판단의 기준을 고객의 기준에 따라 하되, 의사결정을 하기 위한 논의는 최대한 간단히 하고, 한 번 결정한 건 두말 하지 않고 실행했다. 다양한 현장에서 정보 와 아이디어를 흡수해서 문제가 되는 부분은 즉시 개선하되, 행하는 방 식이 그릇되지 않도록 경계를 늦추지 않았고, 수많은 개선 활동을 하는 동안 항상 잊지 않았던 것은 자신들의 기본, 근간이 되는 것들이었다. 그리고, 그러한 활동을 함에 있어서 언제나 적극적으로 하되, 그런 가운 데에서도 잊지 않았던 것은 언제나

사람이었다.

이렇게, 가치를 함께 공유한 팀은 놀랍도록 강해진다. 호날두가 부상으 로 빠진 포르투갈이 그랬듯, 전쟁에 참패한 이후 복구에 나선 덴마크가 그랬듯, 그리고 나이키가 언제나 그랬듯.

나이키의 스토리텔링 마케팅

그들은 위기의 순간에 왜
자신들의 이야기를 들려주었나?

축구장,
신화가 펼쳐지는 무대가 되다

런던의 낡고 오래된 지하철 피카딜리 라인을 타고 북부
의 옛 번화가 이즐링턴 지역의 한 역에 내려 몇 분만 걸어가면 우리는
3억 9,000만 파운드짜리 거대한 건축물과 마주하게 된다. 영국은 물론
세계적인 인기를 끌고 있는 축구 리그인 프리미어리그를 대표하는 전
통의 4대 강호, 이른바 'Big4' 중 하나인 아스날의 홈구장 에미레이트
스타디움Emirates Stadium이 바로 그 주인공이다. 지금이야 이미 마음속에서
지운 지 오래되었지만, 한동안 '시즌이 되면' 나의 눈과 귀는 늘 그곳을

향해 있었다.

원래 아스날의 홈구장은 1913년에 지어진 낡고 좁은 아스날 스타디움
이었다. 축구팬들에게는 하이베리 스타디움이라는 별칭으로 더 유명했
던 이 경기장은 아무리 꽉 채워 앉아도 채 3만 8,000명을 수용하지 못하
는 작은 규모와 개보수를 거쳤음에도 수시로 부서지고 고장 나는 낡은
시설물로 인해 아스날 팀에게는 큰 골칫덩어리였다.

결국, 아스날은 기존 아스날 스타디움에서 450여 미터 떨어진 공장 단
지 애슈버튼 그로브에 새로운 경기장을 짓기로 하고 2004년 건설을 시
작해서 2006년 초여름 완공했다. 같은 해 7월 22일, 팀의 레전드이자
프리미어리그 명예의 전당에 오른 네덜란드 출신 공격수 데니스 베르
흐캄프의 은퇴 경기를 치르며 화려하게 개장했다.

착공한 지 얼마 안 됐을 무렵, 재정적인 이유로 두바이의 항공사인 에미
레이트항공으로부터 1억 파운드를 투자받았고, 그에 대한 대가로 2006
년부터 2021년까지 구장은 '에미레이트 스타디움'으로 불리게 되었다.
이 계약은 한 차례 갱신되어, 언론 보도에 따르면 2028년까지 아스날의
홈구장은 계속 에미레이트 스타디움으로 불리게 될 전망이다.

그렇게 어렵사리 개장한 에미레이트 스타디움은 경기가 없더라도 매일
전 세계에서 몰려든 축구팬들로 인산인해를 이루고 있다. 그런데, 사실
그래 봐야 축구 경기장이다. 그런 우여곡절 끝에 개장을 했건 말건 간에
아스날의 팬이 아니라면, 시멘트로 지어진 그저 운동 경기장일 뿐이다.

그럼에도 불구하고 수많은 관광객들이 이곳 경기장에 몰려드는 이유는 무엇일까?

바로 예약을 통해 참가할 수 있는 2시간가량의 투어 프로그램 때문이다.

전 세계 대부분의 유명 축구팀 홈구장과 마찬가지로 에미레이트 스타디움 역시 경기장 투어 프로그램을 운영하고 있는데, 동선이 길지 않으면서도 그 내용이 알차서 많은 축구팬들로부터 가장 가성비가 좋은 투어 프로그램으로 유명하다. 프런트에서 오랫동안 근무했거나 지역 팬클럽 간부를 역임한 백발성성한 공식 가이드가 주로 안내를 맡는데, 안내하는 이의 설명을 따라 경기장 이곳저곳을 둘러보다 보면 어느새 아스날의 팬이 아니더라도 아스날 그리고 에미레이트 스타디움에 푹 빠져들게 된다.

가이드가 지극히 평범한 의자 하나를 가리키며,

"여기가 '아스날의 왕', 앙리 선수가
미국 리그로 이적을 발표할 때 앉았던 의자입니다."

라고 한마디 하면 투어 참가자들은 서로 그 의자에 앉아서 기념사진이라도 한 장 찍으려고 난리를 치게 된다. 그뿐일까. 집 근처 피트니스클럽만 해도 수십 개는 넘게 있을 평범한 라커 하나의 문을 열며,

> *"이 라커는 아프리카 폭격기 아데바요르 선수가
> 이적 후 처음으로 배정받은 라커입니다."*

라고 하면 그 라커 문에 기대 사진을 남기려고 난리 치는 것이 일반적인 투어 참가자들의 모습이다. 심지어, 경기장 안에 몇만 개쯤 있을 빨간색 플라스틱 의자 하나를 가리키며,

> *"몇 년 전, 북런던 더비 때 벵거 감독이
> 퇴장당해 앉았던 관중석 의자입니다."*

라고 하면 투어에 참가한 관광객들은 50유로나 할까 말까 할 싸구려 의자를 무슨 고대 유물이나 중세시대 왕이 앉았던 의자라도 되는 양 애지중지하며 살펴보고 기념사진을 찍어댄다. 나 역시 에미레이트 스타디움의 투어 프로그램에 참여하면서 의자 사진만 100여 장, 라커룸 사진만 또 100여 장은 찍었던 것 같다.

이처럼 에미레이트 스타디움의 투어링 프로그램은 그런 '이야기story거리'를 투어하는 곳곳에 숨겨놓았다. 그러다 보니 투어를 시작한 지 2시간이 지날 무렵 참가자들은 단순히 경기장이 아니라 '아스날의 성지'에 온듯한 느낌과 함께 묘한 정서적 동질감을 느끼게 되는 것이었다. 그리고, 그 이야기가 끝나갈 무렵 투어 참가자들은 아스날의 기념품으로 가

득 찬 기념품 상점에 도착하게 되는데, 이미 에미레이트 스타디움 그리고 아스날의 '이야기'에 푹 빠진 투어 참가자들은 굳이 권하지 않아도 양손 가득 기념품을 사서 집으로 돌아간다.

이처럼 세계 유수의 프로 구단, 기업들은 자기 자신보다도 자신들에 얽힌 스토리를 활용해서 어필하는 데 실로 대단한 능력을 발휘하고 있다. 그런데, 그런 스토리를 활용하는 능력 면에서 둘째가라면 서러워할 이들이 있으니, 우리가 살펴보고 있는 나이키가 바로 그 주인공이다.

그들은 자신들의 브랜드에 얽힌 무수하게 많은 이야기들을 제대로 살려서 그를 통해 소비자들에게 더 가까이 다가가고 어필하는 데 엄청난 능력을 발휘하고 있다. 한 가지 재미있는 사실은, 앞서 이야기한 에미레이트 스타디움에서도 그 이야기의 방점을 찍는 마지막 기념품점의 상품들 대부분이 바로 나이키의 제품이라는 점이다.

그런데, 원숭이도 나무에서 떨어진다고 했던가. 그렇게 능수능란하게 자신들의 이야기를 다룰 줄 알았고, 그를 잘 활용하여 소비자와 함께 새로운 이야기를 만들어나갈 줄 알았던 그들이 바로 그 '이야기', '스토리' 때문에 크게 낭패를 겪었던 일이 있었다. 물론, 늘 그랬듯이 역설적으로 '이야기'를 활용해서 다시금 한 단계 더 도약하기는 했지만.

자, 어떤 일이 있었을까?

잊을 수 없는,
그리고 잊지 말아야 할 1996년도의 재앙

아무리 어려운 환경이 닥쳐도, 아무리 강한 경쟁자가 등
장해도, 이제껏 그래왔던 것처럼 너끈히 어려움을 이겨내고 늘 당당한
강자의 모습을 유지할 것 같았던 나이키. 그런데, 그런 그들에게도 생존
을 걱정해야 할만큼 심각한 위기를 겪어야 했던 때가 있었다.

1996년. 아마도 나이키의 경영진들은 이 해를 절대 잊지
못할 것이다. 아니, 당시 나이키에 몸담았던 이들이라면 누구라도 이 해
를 잊지 못할 것이다. 지금은 폐간되었지만, 한때 세계에서 가장 강력한
비주얼 영향력을 지녔던 잡지가 한 권 있다. 1936년 미국의 잡지왕 헨
리 루스가 발행한 〈라이프〉가 바로 그 주인공이다. 이미 1923년 자신의
예일대학교 동창생인 브리튼 헤이든과 함께 〈타임〉을 발행하여 커다란
성공을 거둔 바 있던 그는 7년 뒤에는 매월 두 권씩 발행하는 종합경제
지 〈포춘〉을 창간하여 명실상부 미국 최고의 잡지왕에 등극했고, 그 여
세를 몰아 보도사진 전문 주간지인 〈라이프〉를 창간한 것이었다.
제2차 세계대전 당시 전장의 참혹한 모습과 그 가운데에서도 여전히
살아남아 있는 숭고한 인간애를 생생하게 사진으로 담아낸 〈라이프〉

에 전 세계 독자들은 열광했고, 발행인 헨리 루스가 직접 작성했다는 발간사의 문장 중 가장 유명한 문구 '위대한 사건의 목격자가 되기 위해To Eyewitness Great Events'처럼 사람들은 〈라이프〉가 사진을 통해 위대한 사건의 목격자가 되어줌에 찬사와 신뢰를 보내주었다.

그런데, 그토록 '대단한' 〈라이프〉 1996년 6월호에 사진 하나가 게재되었다. 그때까지만 하더라도 나이키의 경영진은, 아니 대다수의 사람들은 그 '사진 하나'가 얼마나 대단한 후폭풍을 몰고 올지 짐작조차 못 하고 있었다.

사진은 낡고 남루한 아랍 전통 복장을 하고 있는 작은 체구의 한 소년을 담고 있었다. 깊은 눈망울의 소년은 손에 축구공 하나를 쥐고 있었다. 여기까지만 설명하면, 공놀이를 하는 아랍의 한 어린아이를 담은 사진이라 생각할 수도 있겠지만, 사진이 전해준 '위대한 사건 Great Events'은 그것이 아니었다.

우선, 배경이 활기찬 함성이 퍼지는 운동장이나 드넓은 초원이 아니라 허름하고 좁고 지저분한 창고 같은 곳이었다. 소년의 손은 그 나이 또래에서 보기 힘들 정도로 험하게 메마르고 갈라져 있었다. 무엇보다 사진을 자세히 살펴보면 발견하게 되는 것은 소년이 손에 쥔 공업용 바늘이었다. 한마디로 소년이 공을 품고 있는 이유는 그 공을 갖고 놀기 위함이 아니라 '선진국의 어느 행복한 소년'이 웃으며 갖고 놀 공의 가죽을 꿰매는 작업을 하기 위함이라는 것이 그 사진이 전해준 진실이었다.
그리고, 그 공에는 나이키의 상징과도 같은 로고, 스우시가 선명하게 새겨져 있었다.

　　　　　아직 노동시장에 뛰어들기에는 한참 먼 나이로 보이는 어린 소년이 대기업, 특히 자본주의의 본거지처럼 여겨지던 미국의 대기업을 위해 착취당하고 있다는 뉘앙스의 그 사진은 삽시간에 전 세계로 퍼져나갔다. 그와 함께 나이키는 저개발 국가의 값싼 아동 노동력을 착취하는 악덕 기업으로 낙인찍혀 버렸다. 서구 유럽 선진국에서는 반문명, 반인권적인 나이키의 제품을 구입하지 않겠다는 불매 운동이 시작됐으며, 파키스탄을 포함한 중동, 북아프리카 등 아랍문화권에서는 종교 문제로까지 비화될 조짐을 보였다.

그 타오르는 불길에 제대로 기름을 끼얹은 것은 마이클 무어 감독의 영화 〈빅 원The Big One〉의 개봉이었다. 각종 비리, 음모, 부조리에 관한 고발성 논픽션 영화감독으로 유명했던 마이클 무어는 자신의 영화 속에서 나이키의 창립자인 필 나이트 회장을 아동 노동력 착취를 옹호하는 악덕 사업가로 묘사하며 비난했다.

전 세계에서 일어난 불매 운동의 여파로 나이키의 매출은 급감했고, 실적 부진 우려로 주가 또한 급락했다. 하지만, 그런 모든 것보다도 가장 뼈아팠던 것은 기존에 수십 년간 지켜온 나이키 브랜드의 건강하고 밝은 이미지가 훼손되었다는 점이다.

　　나이키와 비슷한 일로 낭패를 겪은 사람 혹은 회사가 또 있었다. 할리우드와 브로드웨이 그리고 미국의 공중파 TV 등을 무대로 종횡무진 활약했던 배우 겸 방송진행자 캐시 리 기포드Kathie Lee Gifford와 그녀의 회사 '캐시리'다. 그녀는 1970년대 중반 공전의 히트를 기록 중이었던 TV 게임쇼 〈노래의 제목은Name that Tune〉의 전설적인 진행자였던 톰 케네디Tom Kennedy를 도와 게임을 진행하는 역할로 방송에 데뷔했다. 이후 프랑스와 러시아인 조상으로부터 물려받은 이국적인 외모와 밝고 당당한 끼 덕분에 그는 TV 쇼와 드라마, 광고 등 다양한 영역에서 승승 장구하기 시작했다.

그 정점을 찍은 것은 1985년 앤 에버네티Ann Abernathy를 대체해서 TV 모닝 쇼 프로그램의 메인 사회를 맡게 되면서부터였다. 인기 가수이자 배우였던 레지스 필빈Regis Philbin과 함께 공동으로 진행한 TV 쇼는 최초에는 지역 방송으로 시작했지만, 이내 큰 인기를 끌면서 1988년도에는 전국 단위 방송으로 전파를 타게 되었다. 〈Live! With Regis and Kathie Lee〉라는 이름으로 방영된 TV 쇼는 2000년 7월 그녀가 방송에서 하차하기까지 무려 12년간 최고의 인기를 구가했다.

그 사이, 1950~60년대 미식축구계 최고의 스타였던 프랭크 기포드Frank Gifford와 재혼해 1남 1녀의 자녀까지 두면서 그녀는 스타 방송인 이미지에, 성공적으로 가정을 일구고 자녀를 돌보는 친근한 어머니 이미지까지 더해지면서 미국인들이 가장 사랑하는 방송인 중 첫손에 꼽히게 되었다.

그랬던 그녀의 커리어에 심각한 문제가 생기게 된 때는 나이키와 마찬가지로 1996년이었다. 당시, 그녀는 높은 인지도와 인기를 활용해 자신의 이름을 딴 '캐시리'라는 의류 브랜드를 론칭했다. 미국 의류회사였지만, 디자인만 미국에서 하고 남미에서 생산해서 판매를 하는 전형적인 OEM^{Original Equipment Manufacturing}(주문자상표 부착 방식)으로 운영했다. 그런데, 미국의 전국노동위원회^{The National Labor Committee}가 그녀의 회사를 조사하겠다는 통보를 해왔다. 캐시리 브랜드 옷을 생산하는 온두라스 공장이 어린 소년, 소녀들을 고용해 매우 열악한 환경에서 값싼 임금으로 부려먹는다는 제보가 들어왔다는 것이었다.

그 시발점이 된 것은 13세 때부터 지역 의류 공장에서 일해왔다는 웬디 디아즈^{Wendy Diaz}라는 15세 소녀의 편지 한 통이었다. 그녀는 자신과 같은 12세에서 15세가량의 소년, 소녀들이 단 몇 달러의 돈을 벌기 위해 휴일도 없이 매일 아침 8시부터 저녁 9시까지 꼬박 12시간 이상을 먼지와 유해 화공약품으로 가득 찬 공장에서 보내고 있다면서 다음과 같은 말로 편지를 마무리했다.

"저는 캐시 리와 이야기할 수 있었으면 좋겠어요.

좋은 사람이라면, 우리를 도와줄 테니까요."

(I wish I could talk to Kathie Lee.

If she's good, she will help us.)

그 한마디에, '미국의 아침을 책임지는 여자', '가장 미국적으로 성공한
기혼 여성'이라는 찬사를 받던 캐시 리 기포드의 성공 신화는 무너져 내
렸다. 사람들의 손가락질과 비난이 계속되었고, 매출은 급감했다. 도처
에서 불매 운동 및 환불 요청이 이어졌다. 결국, 기포드의 의류 사업은
쇠락하고 말았다.

그러나, 같은 시기 비슷한 어려움을 겪었던 나이키는 아시다시피 지금
까지도 여전히 건재하다. 두 회사 사이에는 어떠한 차이점이 있었을까?
단순히 나이키가 캐시리보다 더 부유하고 브랜드 파워가 강한 기업이
라는 차이였을까?

1996년 사태가 벌어지고 나서 나이키가 움직였던 모습들에서 우리는
그 해답을 찾고자 한다.

나이키의 반격,
가장 솔직한 이야기로부터

〈라이프〉의 최초 보도 이후, 전 세계적으로 불기 시작한 불매 운동 열풍에 나이키는 발 빠르게 대처하기 시작했다. 우선 국제노동기구ILO에서 '아동 노동 근절을 위한 프로그램IPEC'을 책임지고 있던 아만다 터커Amanda Tucker를 수석부장으로 영입했다. 그리고 그녀를 통해 자신들의 이야기를 솔직하게 해나갔다.

'확인 결과, 사진 속에 등장한 어린이는 나이키의 하청 업체 중 한 곳에서 고용한 어린이가 맞다. 나이키가 직접적으로 해당 어린이를 고용한 것은 아니지만, 하청 업체 관리를 제대로 하지 못한 점에 대해서는 머리 숙여 사과한다', '나이키는 절대로 아동 노동력을 착취하지 않았고, 앞으로도 않을 것이며, 일부 국가의 문제가 된 OEM 업체들과는 거래를 중단하겠다'라고 발표했다.

물론, 한 번 불붙은 소비자들의 나이키에 대한 분노는 쉽게 가라앉지 않았다. 세계 여러 곳에서 수많은 사람들이 '나이키'와 '거대 자본', '미국 패권주의', '서구문명의 오만'을 연결지었고, 단순히 '저개발 국가의 아동 노동 착취'를 반대하는 사람들에 '반자유주의', '반미 운동'을 하는 이들까지 더해져 나이키에 대한 비난과 보이콧의 목소리는 더욱더 커져

가기만 했다.

어쩌면 창사 이래 최악일지도 모를 위기에 직면한 나이키는 결국 스토리텔링의 세계적인 권위자로 인정받던 데이비드 보제^{David M. Boje} 박사에게 도움을 청했다.

나이키 본사에서 열린 비상대책회의에 참석한 보제 박사는 문제 해결을 위해 고심하고 있던 고위 임원들에게 마치 강의라도 하듯 자신의 생각을 전했다.

"기업은 여러 이야기가
이리 저리 얽혀있는 서사 조직입니다.
상호대립적이거나 보완적인 이야기 간의
끊임없는 대화의 장이죠."

이전까지 기업 또는 기업 활동을 단순히 '물건을 생산하고 그를 소비자에게 판매'하는 정도의 범위에서 바라보던 관점을 '고객과 함께하는 이야기^{narrative}를 만들어내는' 범위까지 확대해서 해석한 보제 박사의 이 발표를 통해 나이키는 단순히 물건(스포츠 용품)을 잘 만들어내는 회사에서 벗어나 그 물건을 사용하는 소비자와 함께 멋진 스토리를 만들어내는 회사로 변모하게 되었다.

물론, 그전부터 스토리텔링이라는 말이 사용되지 않았던 것은 아니다. 기업이 스토리텔링 마케팅 기법을 활용하지 않았던 것도 아니다. 하지만, 그 의미가 보다 분명해지고 보다 탄탄한 학문적 뒷받침을 구축하며 경영학 전반에 걸쳐 활용되기 시작한 것은 데이비드 보제 박사의 연구로부터 기인한다고 보는 것이 정설이다. 그리고 그러한 스토리텔링을 기업 경영 특히 고객 상대 마케팅, 홍보에 제대로 활용하기 시작한 것은 이때의 나이키로부터라고 보는 것이 일반적이다.

뉴멕시코주립대학교 교수였던 데이비드 보제 박사는 구소련의 세계적인 기호학자였던 미하일 바흐친Mikhail Bakhtin이 주창한 '카니발 이론'과 프랑스의 마르크스주의 이론가였던 기 드보르Guy Debord의 '스펙타클 사회이론' 등을 접목하고, 역시 프랑스의 유명한 서사학자였던 롤랑 바르트로부터 받은 영감을 보태어 '조직 스토리텔링organizational storytelling'이라는 학문 분야를 정립했다.

그의 이론에 따르면, 현대사회는 '호기심을 충족시켜줄 수 있는 구경거리들'이나 '현재의 모습과 반대되는 모습들' 그리고 '지금의 나에게 부족한 부분을 보완해줄 수 있는 것들'에 대한 강렬한 욕망이 사람들의 소비 욕구와 관심을 불러일으키는 사회였다.

소비자들은 그러한 욕망의 결핍을 인식하고, 그를 충족시켜줄 수 있는 것들을 찾고 구해서 욕망이 만족되는 일련의 '서사적인' 과정 전반을 즐기기 위해 재화나 서비스를 구입하려 한다. 때문에, 단순히 최고의 기술적 완성도를 갖췄다거나 최대 혹은 최저가라는 것만으로 소비자의 지속적인 관심을 끌기란 거의 불가능하다는 것이다. 대신 '이 제품을 구매하면 나는 어떠한 만족감을 얻을 거고, 그러한 만족감은 내 인생을 이러저러하게 바꿔줄 거야'라는 하나의 일관된 서사 혹은 스토리, 내러티브를 함께 제공할 수 있어야 소비자들을 사로잡을 수 있다는 것이 그의 주장이었다.

따라서, 기업이 생산하는 제품들은 소비자의 경험과 만나면서 하나의 매력적인 이야기가 완성될 수 있도록 열린 구조여야 하고, 그러기 위해서는 기업 내부 조직이나 구성원들도 마찬가지로 소비자와 적극적으로 소통할 수 있도록 재편해야 한다는 것이었다.

이 시기 이전까지 나이키를 포함한 대부분의 기업들이 간과했던 점이 바로 이것이었다. 그들은 단순하게 생각했다. 최고 수준의 제품에, 유명한 브랜드를 붙여서, 수단과 방법을 가리지 않고, 최저 혹은 최적의 가격으로 공급만 한다면 소비자는 만족할 거라고 믿었다. 하지만, 변화하는 세상에서 소비자들은 제품을 구매하는 것이 아니라 그 제품과 함께 만들어가는 하나의 '이야기'를 구매하고 소비하고 있었다.

소비자들은 나이키 로고가 새겨진 축구공과 그 축구공을 갖고 즐겁게 만들어갈 이야기, 멋지고 폼 나게 만들어갈 이야기를 소비했다고 생각

열한 번째 강의 나이키의 스토리텔링 마케팅

했지만, 실제로는 그 축구공을 만든 파키스탄의 어린이가 말해주는 이야기, '당신이 구매한 나이키 축구공은 멋지기는 하지만, 나이스하진 않은 방법으로 만들어졌다'까지 구매를 해버리고 만 것이었다. 사람들이 특히나 더 분노했던 것은 바로 그 때문이었다.

먼저, 나이키와 보제 박사는 '나이키는 아동 노동력을 착취하는 기업이다'라는 스토리를 대체할 새로운 매력적인 스토리를 만들어내는 작업에 착수했다. 그의 표현대로 기존의 기업에 불리한 서사를 다른 서사로 대체 혹은 밀어내는 작업이었다. 그를 통해 태어난 것이 지금까지 전 세계인의 머릿속에 또렷이 남아있는 나이키와 함께 하는 여러 '스토리들'이다.

이전까지 나이키는 '에어'라고 하는 탁월한 성능의 쿠셔닝 시스템과 '에어조단'으로 대표되는 스타플레이어 광고 모델만을 앞세워서 마케팅을 했었다. 하지만, 이때 이후 나이키는 '상대적으로 운동에 적극적이지 않은 여성을 운동장으로 끌어내기 위한 다양한 이야기들'을 만들어냈다. 그를 통해 시작된 것이 전 세계 도시에서 펼쳐지는 '나이키 우먼 레이스 Nike Woman Race' 대회였다.

또, 나이키를 신은 축구 스타만을 보여주던 광고 방식을 탈피해, 그런 스타플레이어들을 후원해 그들의 이름을 단 축구 교실을 저개발 국가에서 열고 그에 참여한 가난한 아이들의 밝은 표정이 자연스럽게 노출이

되면서 사람들의 입에 오르내려, 그것들이 하나의 스토리를 이뤄가도록
했다.

그런 노력의 결과, 나이키로부터 시작된, 나이키와 연관된 '멋진 스토리'
들이 엄청나게 만들어졌고, 그 스토리들은 보제 교수의 예상처럼 아동
노동력 착취 등과 관련한 나이키의 '나쁜 소식Bad Story'을 사람들의 기억
저만치로 '밀어내고', 그 빈자리를 '대체'하게 되었다.

이야기로 지은 집,
이야기로 만드는 세상

나이키가 대표적인 성공 사례로 만들어낸 스토리텔링
마케팅, 스토리텔링 경영은 이제 여러 곳에서 흔하게 발견할 수 있다.
2008년 베이징 올림픽을 앞두고 전 세계의 호텔 사업가를 비롯해 부동
산, 금융 투자자들은 앞다투어 베이징 시내에 대형 호텔과 레스토랑 사
업을 추진했다. 세계적인 투자은행인 M사 역시 마찬가지여서 베이징
시내 차오양구 한복판에 거대한 부지를 마련하고 그 땅 위에 5성급 호
텔, 오피스타운 및 각종 부대시설로 이루어진 복합 공간을 건축하는 사
업을 진행했다.

그러나, 중간에 여러 가지 우여곡절을 겪으며 사업 진행이 지지부진해졌다. 좌초 위기에 처한 개발 사업권을 M사로부터 사들인 북경반고씨 투자회사는 해당 프로젝트의 이름을 반고플라자盤古大厦 프로젝트로 바꾸고 다시 추진하기로 했다.

반고盤古라는 프로젝트 이름은 우리에게도 잘 알려진 중국 신화의 주인공 이름에서 따왔다. 오나라 서정이라는 사람이 쓴 《삼오력기》라는 책에 처음으로 등장하는 반고는 천지가 아직 나누어지지 않은 혼돈의 상태에 알에서 태어나 1만 8,000년 동안 잠들어있다가 어느 날 갑자기 눈을 떴다. 그날부터 하루에 한 장, 즉 3미터 이상씩 키가 커진 반고는 1만 8,000년 동안 9만 리나 자라났다. 그리고는 하늘을 떠받치기 시작해 딱 붙어있던 하늘과 땅의 간격을 지금과 같은 거리로 벌려놓았다는 상상 속의 인물이다. 마치 그리스 신화에서 하늘을 지고 있는 아틀라스와 유사한 존재였다.

아무튼, 반고플라자는 그 이름값을 해서인지 건물은 어마어마한 규모로 거창하게 완공이 되었지만, 정작 이 건물에 대해 아는 사람은 거의 없었다. 그저 전 세계의 돈이 몰려들던 베이징에 여러 개 등장했었던, 한 달에 몇 개씩 등장했다 분양도 채 마치지 못하고 망해버린 쇼핑몰이나 오피스타운 중 하나 정도로 여겨졌을 뿐이다.

그런데, 엄청난 일이 일어났다.

베이징 올림픽 개막을 열흘 앞둔 어느 날, 한 지방 신문에 눈길을 끌만한 놀라운 뉴스가 실린 것이었다. '세계에서 가장 부자인 빌 게이츠가 베이징 올림픽을 보기 위해 1억 위안을 지불하고 반고플라자의 공중 사합원을 임대했다'는 소식이었다. 당시 최고의 인기를 누리던 미국 수영 영웅 마이클 펠프스의 시합을 보기 위해 게이츠가 올림픽 수영 경기장에서 가장 가까운 호텔이 있는 반고플라자의 가장 위층에 위치한 옛 중국 가옥의 형태를 본뜬 사합원을 무려 200억 원 가까운 돈을 주고 임대했다는 얘기였다.

물론, 현실의 이치에 밝은 사람이라면 당연히 의심할만한 뉴스였다. 우선, 1억 위안이라는 돈은 공중 사합원을 며칠간 빌리는 금액으로는 지나치게 큰돈이었다. 그리고 빌 게이츠는 경호 등의 목적상 단 한 번도 자신의 숙소를 대대적으로 밝히지 않고, 조용하고 소박하게 움직이는 것으로 유명했다. 말 그대로 누군가가 반고플라자가 비싸고, 유명인들이 좋아하는 고급스러운 장소임을 홍보하기 위해 지어낸 이야기임이 분명했다.

누가 그 이야기를 지어냈을까? 다양한 추측이 가능하지만, 아마도 그 이야기들을 통해 가장 이득을 본 사람이 아니었을까? 실제로 뉴스가 보도된 뒤, '세계 최고의 재벌', '중국 전통의 가옥', '1억 달러', '올림픽' 등의 단어들이 결합된 이야기가 퍼져나가면서 반고플라자는 며칠간 바이두를 포함한 중국 포털 사이트의 검색어 순위 상위권을 휩쓸었고, 사무실과 입주 점포 임대는 삽시간에 완료가 되었으며, 호텔 역시 올림픽 기간 동안에는 방을 구하기가 힘들 정도로 예약 손님이 몰려들었다. 완벽한 성공이었다. (나중에 알려진 사실이지만, 역시나 반고플라자의 홍보 담당자가 만들어낸 이야기였다고 한다.)

　　　　　　과거 이러한 스토리를 만들어내고, 활용해서, 경제적인 이득을 영위하는 것은 순수하게 소설가나 시인 등과 같은 '이야기꾼'의 영역이었다. 그들은 광장에 사람들을 불러 모아 흥미를 끌만한 이야기들을 들려주었고, 그 이야기는 한 푼 두 푼의 돈이 되어 그들의 생계를 이어가게 해주었다. 그러나 딱 정확히 그 수준이었다.

물론, 이야기꾼의 이야기가 활자를 만나고 인쇄술을 만나게 되면서 광장에서 이야기꾼의 주위에 몰려 앉아야만 '들을 수' 있었던 이야기를 먼 바다 건너편에서도 '읽을 수' 있게 되었고, '한 푼 두 푼'이던 이야기에 대한 대가도 그 액수가 기하급수적으로 커졌지만, 그래 봐야 스토리, 스토리텔링storytelling이라는 것은 그 자신의 영역에서 단 한 발자국도 벗어나지 못한 채 수백, 수천 년을 지나쳐왔다.

그러나 시대가 변했다. 이제는 이야기가 고객을 부르고, 이야기가 돈을 부르는 시대가 되었다. 앞으로는 더욱더 그러할 것이다. 현대는 웹2.0 시대, 마케팅3.0 시대라고 한다. 즉, 소비자는 과거의 소비자처럼 단순히 생산자가 공급하는 제품을 구입하여 소비하는 데서 머무르지 않고,

눈부시게 발달한 웹 환경을 기반으로 '사용 후기', '구입 리뷰' 등 다양한 방식의 '스토리'라는 무기를 들고 생산자의 영역으로 진입하려 하고 있다. 하지만, 안타깝게도 우리 기업들은 아직 그런 소비자들을 적극적으로 받아들이고 함께 공감할 수 있는 '스토리'를 만들어가는 데 익숙하지 않은 것 같다.

반면에 나이키는 비록 1996년도에 끔찍할 만큼 치명적인 실수와 그로 인한 지독한 생채기를 겪기는 했지만, 그것이 예방 주사가 되어서일까. 이제는 세계 어느 기업보다 훨씬 더 이야기, 스토리를 능수능란하게 다루며, 소비자와 함께 자신들의 이야기를 자기들에게 유리한 방향으로 만들어가고, 소비자가 자발적으로 그 이야기를 다른 이들에게 퍼뜨리도록 하는 데 능력을 발휘하고 있다. 소비자들이 공감할 수 있는 이야기를 함께 만들어내고, 그 이야기들을 함께 공유하면서, 자신들의 성공 스토리를 이 세상에 더욱 더 널리 퍼뜨리고 있다.

그리고 그 이야기에 심취한 이들은 다시금 나이키의 매장을 찾아, 자신도 그 이야기의 한 축이 되거나, 심지어 그 이야기의 주인공이 되려 하고 있다.

나이키의 가치 창출 경영

남들 다 빠진 함정에
어떻게 그들은 빠지지 않았을까?

무너져 내린
낙농 신화

많은 이들이 일본하면 토요타나 닛산 등과 같은 자동차 브랜드나 소니, 파나소닉 등과 같은 전자제품 브랜드를 떠올릴 때, 나는 유키지루시나 메이지 등과 같은 유제품 브랜드가 먼저 떠올랐다. 그럴 만한 이유가 있었다. 과거의 여자친구이자 현재의 아내는 지독하리만큼 입이 짧았다. 채식주의자까지는 아니지만 돼지고기나 소고기 등과 같은 육고기는 거의 입에 대지 못하며, 생선이나 어패류 역시 굽거나 찐 것만을 먹을 뿐 생선회나 초밥은 먹지 못했다. 때문에 일본 여행을 갔다 하면 매일 저녁 호텔에 들어가기 전 편의점에 들러 그녀가 좋아하는 각종 유제품을 사고, 아침에 호텔을 나서 관광지를 향해 가기 전에 먼저 편의점에 들러 하루 식사를 대체할 유제품들을 사는 게 일과였다.

유키지루시는 그때 우리가 주로 구입하던 유제품 브랜드였다. 메이지는 당연하게도 이름을 듣는 순간 '메이지 유신'이 떠올라 거부감이 들었기 때문이다. 눈꽃송이 모양 마크를 단 유키지루시는 1925년 홋카이도산 원유를 판매하는 북해도제락판매라는 조합 형태로 시작해 1950년 생산과 판매시설을 갖춘 주식회사 형태로 재탄생하게 되었다. 이후, 전후 곤궁한 살림 탓에 체격이 왜소해진 어린이, 청소년들에게 우유와 햄, 고기 등을 적극 권장한 일본 정부의 정책과 맞물려 유키지루시는 일본을 대표하는 식품 제조 기업으로 승승장구하며 성장했다.

이러한 유키지루시의 성장에 정점을 찍은 이가 이시가와 타츠로 사장이었다. 1933년 9월 홋카이도에서 태어난 그는 사장 자리에 오르기 전까지는 주로 돈을 다루는 경리부서에서 경력의 대부분을 쌓은 재무통이었다. 사장 자리에 오르고 나서 가장 먼저 손을 댄 분야 역시 재무, 회계 부분이었다. 매출 증대를 위해 영업부서를 독려하고, 비용 절감을 위해 다양한 프로그램을 도입했다.

그간 풍요로운 자연을 자랑하는 홋카이도에서 시작해 가정주부와 아이들의 친근한 벗으로 성장해왔던 유키지루시는 이시가와 사장 취임 이후로는 네슬레나 다농과 같은 세계적인 식품회사들과 어깨를 나란히 하는, 일본을 대표하는 거대 기업으로 변모했다. 그 결과 1999년 유키지루시가 기록한 매출은 무려 1조 2,700억 엔, 경상이익은 218억 엔으로 일본 내 2위 기업이었던 메이지유업의 두 배가 넘는 규모였다.

그렇다면, 유키지루시는 현재 어떻게 되었을까? 오랜 시간이 지났으니, 이제는 일본을 넘어 아시아, 아니 세계 최대의 식품 기업이 되어있지는 않을까?

결과부터 말하자면, 과거의 유키지루시 브랜드는 더 이상 이 세상에 존재하지 않는다. 물론, 메그밀크로 브랜드를 바꾸고 낙농 제품 위주로 몇몇 제품을 생산, 판매하고는 있지만 연 매출 13조 원을 넘나들던 거대 식품 기업 유키지루시의 영광은 과거의 추억 속으로 사라져버렸다.

몰락의 시작은 2000년도 봄으로 거슬러 올라간다.

그해 3월 31일, 유키지루시 오사카 공장에 정전 사고가 일어났다. 약 3시간여의 정전 시간 동안 탱크에 있던 탈지분유는 상온에 그대로 방치됐고, 규정대로라면 전량 파기해야 했다. 그러나 담당자는 문제의 심각성을 제대로 인식하지 못했고, 상급자들은 제품을 전량 폐기할 경우 떠안아야 할 폐기 비용과 손실 금액 등에 부담을 느꼈다. 모르긴 몰라도 이 시가와 사장 취임 이후 지속된 비용 절감, 매출 신장 압박도 큰 영향을 미쳤을 것이다.

3시간 이상 상온에 방치된 탈지분유 원료는 살균장치를 거쳐 정상적인 원료처럼 취급, 보관되었고 저지방유 완제품 생산에 사용되었다. 6월 25일자로 생산된 제품은 간사이 각 지방으로 출고가 되었고, 6월 27일 그 제품을 음용한 첫 식중독 환자가 병원과 보건소에 신고되었다. 그를 시작으로 오사카부, 효고현, 와카야마현 등에서 무려 1만 4,780명의 식중독 환자가 당국에 신고되며 유키지루시는 전후 일본 최대 식중독 사건의 주범이 되고 말았다.

뒤늦게 사태의 심각성을 깨달은 이시가와 사장 이하 전 경영진은 비상 경영 체제를 선포하고 피해자 치료, 보상과 여론 관리, 기업 이미지 제고 등을 위해 동분서주했지만, 한 번 등 돌린 소비자들을 다시 불러들이기 에는 역부족이었다. 결국, 2002년 매출은 과거 절반 수준인 6,860억 엔, 경상손익은 3분기 연속 마이너스를 기록하며 250억 엔 적자를 보고 말았다.

엎친 데 덮친 격으로, 2002년 1월에는 햄과 육류를 제조, 유통하는 계열사 유키지루시식품이 광우병 보조금 수령을 위해 수입산 쇠고기를 일본 국산으로 둔갑시켜 판매한 사건으로 인해 파산하게 되면서 유키지루시는 소비자의 마음에서 완전히 지워져 회생불능의 상태에 빠져들어 버렸다.

물론, 유키지루시 사태의 원인에는 여러 가지 설이 있다. 2위 업체와의 격차가 너무나 크게, 오랜 기간 동안 벌어지면서 조직 내 긴장감이 떨어졌고, 기강이 해이해지면서 발생한 전형적인 내부 문제라는 의견부터,

초기 홋카이도 지역민들 중심의 유업 조합 형태였던 유키지루시가 기업이 되었다가 어느덧 종합 식품 기업으로 성장하면서 발생한 성장통이라는 의견까지. 심지어, 내부 파벌 싸움의 결과라는 얘기까지 들렸다.

모든 이유를 차치하고서라도 그들의 가장 큰 문제는, 첫 번째 사고가 일어난 것도 문제였지만, 첫 번째 사고가 발생한 이후로도 다른 선진 기업처럼 재빠르게 대처하지 못하고 어영부영 엉뚱한 짓만 하다가 대처할 수 있는 최적의 시간을 놓쳐버렸다는 것이다. 그리고 그 문제의 바탕에는 고객이 아니라 자신들 재무제표상의 숫자에만 몰두했던 경영진이 있었다.

유키지루시는 경쟁사인 메이지에 비해 대대로 관리, 재무 계통이 강한 회사였다. 덕분에 태평양전쟁, 오일쇼크 등 숱한 위기 상황에서도 그를 극복하고 업계 1위를 지켜올 수 있었다. 문제는, 그들의 입김이 너무나 강했던 탓에 조직 내에서,

'어떻게 하면 더 좋은 제품을 만들어낼 수 있을까?'
'어떻게 하면 소비자들에게 더 사랑 받는 회사가 될 수 있을까?'

라는 대화는 사라지고 오로지,

'어떻게 하면 더 많은 이익을 낼 수 있을까?'

열두 번째 강의 나이키의 가치 창출 경영

'어떻게 하면 생산량을 높여 제조단가를 낮출 수 있을까?'

에만 몰두하는 분위기였다는 것이다. 그리고 결국, 앞서 말한 것과 같은 비극을 맞게 되었다.

그런데, 과연 이러한 일들이 비단 유키지루시에서만 일어나고 있는 일일까?

그렇진 않은 것 같다. 지금 이 시간에도 수많은 기업 내에서 가격 경쟁력, 재무제표, 비용 효율화 등의 함정에 빠져 그보다 본질적인 가치를 등한시하는 일들이 벌어지고 있다. 그리고 그 폐해는 기업에 치명적인 위기로 되돌아오고 있다.

그렇다면, 어떻게 하면 그러한 함정에 빠지지 않을 수 있을까?

망하려 하면 대박 낼 것이요, 대박을 쫓으면 망할 것이다

과거 이런 우스갯소리가 있었다.

한 식당이 있었는데, 주방장과 사장의 사이가 무척이나 안 좋았다고 한다. 몇 날 며칠을 다투다가, 결국 주방장이 '이놈의 사장 한번 망해봐라!' 라며 음식을 만들기 시작했는데, 얼마 지나지 않아 식당이 망하기는커녕 이전보다 훨씬 더 많은 손님이 몰려 나날이 번창했다.

까닭을 살펴보니, 주방장이 식당 망하라고 주문받은 음식마다 재료를 듬뿍 넣고 양도 많이 냈는데, 이 식당이 양도 많고 재료도 풍성하게 넣어준다는 입소문을 타면서 오히려 손님이 몰리기 시작했다는 것이다.

이와 비슷한 사례로, 내가 아는 한 김밥집이 있다. 모 시중은행 지점의 부지점장을 지낸 지인이 조기 퇴직을 하며 받은 퇴직금과 위로금 등으로 차린 가게였는데, 목도 괜찮고, 인테리어도 괜찮고, 먹어본 이들로부터 음식 맛도 괜찮다는 평가를 받았다. 평생을 은행 직원으로 살았으니 매출, 이익 계산에야 도가 튼 수준이었고, 머릿속 계산으로만 하면 도저히 손해를 보려 해도 볼 수 없는 장사였다.

그런데, 도무지 매상이 오르지가 않았다. 심할 때는 하루 6만 원에서 많이 팔아봐야 10만 원어치 정도가 팔리는데, 그 정도 매상으로는 재료비에 가게 임대료를 내지 못할 수준이었다. 적자는 쌓여가고, 있는 돈만 까먹고 있었다. 그러다 보니 지인은 어떻게든 손해를 적게 보기 위해 종업원 숫자를 줄이고, 기본 찬으로 나가던 김치를 없애고 단무지만 제공하는 등 가게를 찾는 손님들에게 인심을 박하게 할 수밖에 없었고, 재료 역시 아껴 쓰니 손님은 더더욱 줄어드는 악순환이 계속되었다.

그렇게 몇 달이 지나 도저히 이렇게는 가게를 계속할 수 없겠다는 생각이 든 김밥집 사장은 될 대로 되라는 심정에서 가게 냉장고에 들어있는 재료를 몽땅 쓸어 넣어 김밥을 만들었다. 그리고는 그간 가게를 찾아줬던 손님들, 이웃 가게들을 찾아 "한번 드셔나 보시라", "이게 왜 그렇게 안 팔렸는지 모르겠다"라며 화풀이 하소연이라도 하듯 김밥 인심을 쓰고 돌아다녔다고 한다. 그런데, 돌아온 반응이 놀라웠다.

김밥을 맛본 사람들이 "왜 진작에 김밥을 이렇게 만들지 않았냐?"고 타박하는 것이었다. 그러더니, 그 자리에서 곧 있을 아이 소풍, 회사 단체 행사, 친목회 등산 모임용 김밥을 주문까지 했다. 결국, 주인장은 가게 문을 닫으려는 생각을 접고, 냉장고의 재료들을 쓸어 넣어 만들었던 그 김밥을 다시 재연하여 가게의 메인 메뉴로 선보였다. 이름도 거창하게 '황제 김밥'이라는 이름을 달고. 이 김밥은 고객들의 입맛을 사로잡으며 입소문을 타기 시작했고, 가게는 승승장구, 현재는 여러 곳의 분점을 낸 인기 분식 프랜차이즈가 되었다.

물론, 앞서의 사례는 재미있자고 만들어낸 우스갯소리고, 뒤의 사례 역시 조금은 과장이 된 성공담이긴 하다. 하지만, 이 짧은 이야기 안에 오늘 우리가 살펴볼 나이키 성공 스토리의 핵심이 담겨져 있다.

소비는 의사결정의 결과이다. 때문에 우리가 '소비를 한다' 혹은 '구매를 한다'라고 했을 때 그것은 본질적으로 '끊임없는 의사결정의 과정'인 경

우가 일반적이다. 그렇다면 우리들은 어떤 의사결정을 끊임없이 하게
되는 걸까? 두말할 것 없이

'어떻게 하면 더 좋은 물건을 더 싸게 살 것인가?'

이다. 이를 조금 어려운 용어로 '비용 편익 분석'이라고 한다. 비용 편익
분석의 핵심은 의사결정자는 대안들 중 비용이 같다면 편익이 가장 큰
대안을 선택하거나, 반대로 편익이 같다면 비용이 가장 적게 드는 대안
을 선택한다는 것이다.

예를 들어 우리가 점심을 먹으려고 할 때 두 식당이 있는데 둘 다 한 끼
에 5,000원이라고 한다면 의사결정을 하기 위해 둘 중 어느 곳이 좀 더
깨끗하고, 맛있고, 친절한지 끊임없이 고민한다는 것이다. 반대로 유원
지에 놀러 갔는데, 똑같은 기종의 자전거를 대여해주는 대여점이 있다
면 그중에서 시간당 대여 비용이 가장 저렴한 곳이 어딘지 찾기 위해 끊
임없이 고민하게 된다. 때문에 기업들은 그러한 의사결정을 하는 소비
자들을 어떻게든 자신들의 고객으로 만들기 위해 비용 또는 편익 중 한
가지에 집중해서 자신들의 사업 전략을 수립해 실행해왔다.

물론, 비용과 편익 두 마리 토끼를 모두 쫓는 것이 가장 바람직하다. 즉,
경쟁자보다 더 값싸면서도 훨씬 좋은 제품이나 서비스를 제공하는 것
이다. 그러나 이는 이상적인 바람일 뿐 실제 현실에서는 이루기 어려운

목표다. 그렇기 때문에 가격 경쟁력을 갖출지, 차별화되는 제품 경쟁력을 갖출지를 선택해서 그를 위한 전략을 수립하게 된다.

전자제품 업계를 살펴보자. 전자의 대표적인 사례는 적당한 품질에 확연히 저렴한 가격으로 현재 전 세계 모바일, 가전시장을 위협하고 있는 중국의 샤오미나 하이얼 같은 업체들이 해당되고, 후자의 경우에는 탁월한 디자인과 차별화된 기능을 갖춰 다소 높은 가격대에도 불구하고 절찬리에 판매되고 있는 다이슨이나 발뮤다와 같은 기업들이 대표적인 사례가 될 것이다.

문제는, 소비자들이 구매 결정의 순간 맞닥뜨리게 되는 가격 비교의 유혹을 과감하게 떨쳐버리게 할 수 있을만한 차별화된 편익, 즉 높은 수준의 제품력이나 디자인, 서비스 등은 짧은 시간 내에 갖추기란 너무나도 어렵다는 사실이다. 노력을 한다고 쉽게 갖출 수 있는 것도 아니고, 어쩌면 영원히 확보하지 못할 수도 있다. 또한, 그를 위해 투입한 노력이 바로 효과를 볼 수 있는 것도 아니다. 실패할 확률이 매우 높은 전략인 것이다. 더군다나 그를 위해 투입한 노력은 경영 성과에 곧바로 반영되지 않는다. 때문에, 경영자들은 가격 경쟁력과 제품 경쟁력이라는 두 마리 토끼를 모두 쫓는다고 말은 하지만, 보다 빠르고 예상 가능한 승리를 위해 가격 경쟁력을 확보하는 데 더 집중하는 것이 일반적이다.

숫자에 함몰된
기업들

    가격 경쟁력 확보를 위해 경영자들은 기업을 최대한 효율적으로, 일사불란하게 움직이고 싶어 하는데, 그때 가장 효과적인 것이 재무제표를 활용한 경영이다.

재무제표는 알다시피 사업 성과를 파악하고 향후 경영 활동 및 전략 방향 수립을 위해 기업의 재무 상태나 경영 성과 등을 한눈에 살펴볼 수 있게 만든 문서다. 때문에 재무제표만 보면 현재 돈의 흐름은 물론, 미래의 흐름까지도 예측할 수 있고, 경영 활동에 따른 성과가 얼마나 나고 있는지, 즉 얼마나 남는 장사를 하고 있는지, 손해 보는 장사를 하고 있는지를 한눈에 알 수 있다.

그러나, 완벽하고 훌륭한 경영의 툴tool로 보이는 이 재무제표에도 한 가지 약점이 있다. 그것은 바로 어떠한 기업, 그 기업이 만들어내는 제품과 서비스 그리고 그러한 제품과 서비스들이 고객에게 기여하는 '본질적인 가치'에 대해서는 완벽한 설명을 해주지 못한다는 것이다. 물론, 그러한 가치에 대한 반대급부가 매출과 영업이익이고, 매출과 영업이익으로만 설명하지 못하는 기업의 여러 상황을 설명하기 위한 현금흐름표와 주석 등이 포함되어있어 그를 살펴보면 어느 정도 간접적으로나마 자신

열두 번째 강의 나이키의 가치 창출 경영

들이 제대로 된 가치를 제공하고 있는지를 파악할 수 있겠지만, 극히 제한적이다.

한때 미국의 10대 대형 보험사로 꼽히며 승승장구하던 콘세코^{Conseco} 역시 마찬가지였다. 2000년대 초반 그들의 자산 규모는 무려 520억 달러에 이르렀고, 그중에는 인디애나 페이서스의 홈구장으로 쓰이던 거대한 실내 경기장 콘세코 필드하우스도 포함되어있었다. 90년대 말부터 콘세코는 20건 이상의 대형 M&A를 성사시키며 몸집을 불려나갔고, 80년대 말부터 10여 년간 주당 수익률이 연평균 47%에 이르며 콘세코는 AXA, ING, 알리안츠 등과 같은 초대형 보험사를 금세라도 따라잡을 듯 보였다. 적어도 재무제표상으로는 그랬다.

그러나, 여기에는 한 가지 함정이 숨어있었다. 그들은 풍부한 유동자산으로 부동산과 기업들을 사 모으며 덩치를 불렸지만, 정작 그 부동산이나 기업들이 콘세코의 본업인 보험 사업에 기여하는 바가 없었다. 재무제표상으로는 자산이 늘어나고 매출이 증대되는 것처럼 보였지만, 변화하는 보험, 금융시장에 그들은 발 빠르게 대처하지 못했고, 그들의 보험상품은 시장에서 매력을 잃고 있었다. 회사는, 그리고 회사의 본질적인 제품과 서비스는 점점 시장에서 밀려나고 있었지만, 재무제표상으로 콘세코는 매년 성장하고 있었다.

물론, 몇몇 지혜롭고 정직한 중역들이 콘세코의 위기 상황에 대해 경고

하기 시작했지만, 공동창업자를 포함한 최고경영진들과 대주주들은 그들에게 재무제표를 들이밀며 회사는 아무런 문제가 없음을 강조했다. 정직한 이들의 의견은 묵살될 수밖에 없었다. 그러는 와중에 고객들은 콘세코의 보험 상품에 별 관심을 보이지 않게 되었고, 보험업에서 콘세코의 존재감은 점점 더 희미해져갔다. 이후, 과도한 덩치 불리기의 후유증으로 여기저기서 손실이 발생하기 시작했다. 콘세코는 눈덩이처럼 발생하는 손실과 부채를 감당하지 못하고 결국 2002년 말 파산을 선언하고 23년의 역사를 마감하게 되었다.

이처럼 고객에게 제공해야 하는, 혹은 제공할 수 있는 본질적인 가치를 외면하고 눈에 보이는 기업의 외형이나 재무제표상에서만 의미가 있는 숫자에 함몰되어 왜곡된 판단과 무리한 의사결정을 하는 기업이 많다. 그러한 실수는 단기적으로는 잘 보이지 않지만, 장기적으로 보면 기업의 근간을 흔들어놓은 거대한 패착인 경우가 대부분이다. 반면, 오래도록 승승장구하는 기업들은 재무제표로 드러나는 외형적인 모습에도 공을 들이기는 하지만, 그에 못지않게 아니 그 이상으로 고객에게 제공하는 제품과 서비스에 어떠한 가치를 담을 것인지에 대해 진지한 고민을 하고 있다.

나이키는 단 하나,
고객의 가치에 관심을 둔다

2016년 8월 돌연 골프채와 골프공 사업에서 철수를 선언하며 사업 규모가 크게 줄어들었지만, 한때 나이키는 골프 용품 사업을 적극적으로 추진했던 적이 있다. 1984년부터 골프웨어와 골프화를 생산 판매해오던 나이키가 1996년 골프 용품 사업에 본격적으로 진출하겠다고 선언했을 때, 많은 전문가들은 고개를 갸웃거렸다. 그도 그럴 것이 골프라는 스포츠 자체가 오래도록 서구 선진 국가 위주의 고급 스포츠로 여겨져 왔고, 그와 관련된 용품 사업 역시 소수의 업체들이 각자의 마니아들을 거느리고 운영하는 폐쇄적인 시장이라고 인식되어왔기 때문이다. 아무리 천하의 나이키라고 하더라도 성공하지 못할 거라는 견해가 시장에 팽배했다.

게다가, 사업 진출을 선언할 때까지도 나이키는 단 하나의 골프채 시제품도 만들어내지 못하고 있었다. 조선소를 지을 땅의 항공사진과 거북선이 그려진 500원짜리 지폐만을 들고 선주들을 찾아다니며 배를 주문해줄 것을 요청했다는 현대그룹 창업주 고 정주영 회장처럼, 초기에 나이키 골프 사업을 추진하던 이들은 사업의 미래 청사진을 담은 보고서 하나만을 갖고 여기저기 뛰어다녀야 했다.

그랬던 나이키의 골프 사업에 서광이 비추기 시작한 것은 익히 아는 것처럼 타이거 우즈와의 스폰서십 계약을 체결하면서부터였다. 우즈가 전대미문의 엄청난 성적을 거두며 연일 방송 매체에 오르내렸고, 그가 입고 쓰는 나이키 골프웨어와 용품의 인기 역시 하늘 높은 줄 모르고 치솟았다. 그러나, 그러한 성공 스토리에서 간과해서는 안 되는 것이 있다. 그것은 바로 골프 사업 진출 초창기부터 이후 어느 정도 반열에 올라설 때까지 나이키가 일관되게 보여줬던 모습이다.

사실, 나이키가 처음 골프 용품 사업을 추진한다고 했을 때만 하더라도 많은 이들은,

> *"나이키가 높은 브랜드 인지도를 바탕으로*
> *별다른 개발 비용 없이 일부 소재나 디자인 변경*
> *만으로 훨씬 더 고가로 판매할 수 있는*
> *골프웨어 또는 슈즈나 몇 벌 만들어 팔고 말겠지."*

하는 견해가 대부분이었다. 숫자로만 판단한다면, 즉 비용 투자 대비 수익적인 측면으로만 생각한다면 그런 생각이 틀린 것도 아니었다.

그러나 이후 나이키의 행보는 달랐다. 물론 수익적 측면을 생각하지 않은 것은 아니었지만, 나이키가 골프 사업에 뛰어들면서 가장 중요하게 여긴 것은 기존의 다른 골프 브랜드가 고객에게 전해주지 못한 골프의

즐거움과 가치였다. 자신들이 골프 사업을 통해 벌어들일 가치가 아니라, 자신들이 골프를 즐기는 사람들에게 전해줄 수 있는 가치를 먼저 고민하는 것. 나이키가 늘, 가장 잘해왔던 바로 그것이었다.

1998년 나이키는 '나이키 골프'라는 별도의 사업부를 설립하고 북미 마케팅 책임자였던 밥 우드Robert C. Wood를 CEO로 선임했다. 같은 스포츠 용품이긴 하지만, 기존의 나이키 제품과 골프 용품은 제조와 유통 모두에 있어서 그 성격이 다르기 때문에 기존의 나이키 조직과는 완전 별개로 운영해야 한다는 이유에서였다.

뿐만 아니었다. 본사가 있던 오리건주와는 뚝 떨어진 텍사스주 포트워스에 '디 오븐The Oven'이라는 이름의 골프클럽 연구소를 세웠다. 그리고는 골프화, 골프웨어는 물론 골프 용품 개발에 착수했다. 골프공시장은 꽤 오래전부터 타이틀리스트가 전 세계 시장의 50% 이상을 독점하다시피 하고 나머지를 몇몇 회사가 나눠먹는 구조였다. 그런 가운데 신생기업인 나이키 골프가 제작한 공이 끼어들 틈은 없어 보였다. 심지어 나이키 골프의 거의 전부라고 할 수 있는 우즈조차도 2000년 초반까지는 타이틀리스트의 공을 사용하고 있었다.

그러나, 나이키는 절치부심, 연구에 매진하여 투어 애큐러시Tour Accuracy라는 골프공을 개발해냈다. 기존의 골프공은 어떠한 브랜드를 막론하고 공의 중심부인 코어core를 실로 칭칭 감은 뒤 겉을 코팅한 와운드볼Wound core ball 형태가 일반적이었다. 그러나 와운드볼은 여러 번 충격을 가하거나 세월이 지나면 내부의 코어를 감았던 실이 느슨해져서 성능이 저하되는 경우가 빈번했다. 그러나, 누구도 그를 개선할 생각을 하지 않았다. 그를 개선한 것은 역시 나이키였다. 나이키 골프는 단단한 고무 코어를 사용한 솔리드볼Solid rubber core ball인 투어 애큐러시를 출시하며 단숨에 시장의 강자로 자리매김하게 된 것은 물론, 골프공의 역사 자체를 바꿔버렸다.

혁신은 골프공에만 국한되지 않았다. 나이키 골프는 역사상 최고의 골프 선수 겸 클럽 메이커로 꼽히는 벤 호건의 수제자이자 세계적인 클럽 디자이너였던 톰 스타이츠Tom Stites를 영입했다. 스타이츠와 그의 팀은 끊임없는 연구 개발을 통해 골프 역사상 최고의 관성 모멘트Moment of Inertia를 기록한 '스모 스퀘어Nike SQ SUMO²' 드라이버를 선보였다. 관성 모멘트는 물체가 자신의 회전 운동을 유지하려는 정도를 나타내는 물리량으로, 골프클럽의 단위면적당 이것이 크다는 것은 그 클럽을 갖고 스윙을 하면 적은 힘으로도 공을 훨씬 더 멀리 보낼 수 있다는 말이었다. 기존의 둥그스름한 모양과 달리 네모난 모양의 헤드가 달린 스모 스퀘어를 들고 우즈를 비롯한 수많은 프로 골퍼들이 탁월한 성적을 거두었다.

골프클럽에 대한 나이키의 투자는 여기에서 그치지 않았다. 그들은 흔히 LTR팀이라고 불리는 '롱 텀 리서치Long Term Research'팀을 신설해서 단기가 아닌 장기를 내다보고 골프클럽을 개발하도록 했다. 여기서 장기라 함은 최단 3년에서 길게는 10년을 말했다. 즉, 그들은 당장의 매출에는 별다른 기여를 못 하지만, 미래의 골프를 예측하고 그때 필요한 클럽들을 개발하거나, 그에 필요한 기술과 소재 등을 발굴하는 역할을 했다. 그를 위해 그들은 전 세계 수많은 골프장을 방문해서 지형, 잔디, 장애물 등을 분석하고 셀 수 없이 많은 골퍼들을 만나 그들의 스윙 자세, 동작, 습관 등을 인터뷰했다. 즉, 돈을 벌기보다는 쓰는 데 더 열중하는 팀인 셈이었다.

그러한 그들의 활동 덕분에 나이키는 짧은 시간 만에 수많은 혁신적인 새로운 기술을 개발하게 되었으며, 기존의 다른 골프 브랜드들보다 훨씬 더 많은 골프공과 골프클럽 관련 특허를 보유하게 되었다. 이러한 모든 것이 단순히 눈에 보이는 '자신들이 벌어들일 가치'보다는 지금 당장은 숫자로 나타나지는 않지만, 기업의 성장과 영속에 직결되는 '고객에게 자신들이 제공할 수 있는 가치'를 더 열심히 연구한 나이키의 문화가 반영된 결과였다.

그런데, 나이키가 눈에 보이는 숫자보다 고객에게 전해 줄 수 있는 가치에 집중한 사례는 나이키 골프의 사례에 국한되지 않는다. 찾아보면 훨씬 더 많은 사례를 찾아볼 수가 있다.

2016년 중순, 나이키는 자신들이 개발한 오픈 소프트웨어를 깃허브 GitHub에 공개했다. 세계적인 컴퓨터 소프트웨어 개발자 리누스 토르발스는 자신이 창시한 운영체계인 리눅스Linux의 커널 관리를 위해 분산형 버전 관리 프로그램인 깃Git을 개발했는데, 개인들이 그러한 깃을 보관하고 때로는 공유하기 위한 일종의 무료 저장소가 깃허브다. 바로 그 깃허브에 자신들이 개발한 소프트웨어를 공개한 것이다.

컴퓨터를 전공하지 않거나 그 분야에 별로 관심이 없는 이들은 이해하기가 다소 어려울 수도 있는데, 간단하게 말해서 나이키가 자신들이 시간과 돈을 들여서 어렵게 만든 소프트웨어를 '아무나 가져다 쓰라'며 개방된 공간에 오픈해버렸다는 것이다.

이 무렵 나이키가 공개한 소프트웨어는 '엘리베이트Elevate', '윙팁스 Wingtips', '윌로우Willow'라 이름 붙여진 것들로, 나이키의 개발자들은 단순히 소프트웨어만 올려둔 것이 아니라 실제 관심 있는 이들이 잘 활용할 수 있도록 자세한 설치 방법과 활용 예제까지 친절하게 첨부해놓았다.

물론, 구글이나 야후, 마이스페이스나 페이스북과 같은 IT 기업들이 오픈소스 기술을 개발하여 깃허브 등에 공개하는 것은 그렇게 보기 드문 일은 아니다. 그러나 나이키와 같은 제조 업체, 그것도 IT와는 거리가 먼 스포츠 용품과 패션 아이템 등을 제조 판매하는 업체가 이와 같은 활동을 하는 것은 좀처럼 보기 드문 일이었다.

그들이 굳이 자신들의 돈과 인력을 들여 이와 같은 일을 벌인 것 역시 숫자로만 이해하려 해서는 도저히 불가능하다. 대신, 향후 스포츠에 온 갖 수많은 IT 기술을 접목시키려 하는 나이키가 미래의 시장, 미래의 고 객을 위한 가치를 제공하고 더 큰 가치를 만들어가는 과정이라고 생각 하는 편이 훨씬 더 이해가 잘될 것이다.

물론, 나이키 역시 재무제표상으로 보이는 매출과 수익에 관심이 없었 던 것은 아니다. 아니, 오히려 전 세계 어느 기업보다도 숫자에 관심이 많았던 기업이다. 그들은 지금도 단 1센트라도 더 불필요한 경비를 삭 감하고, 보다 저렴하게 생산하기 위해 머리를 싸매고 연구에 연구를 거 듭하고 있다.

그러나, 그 이상으로 그들이 중요시했던 것이 있다.

그것은 바로 '고객의 가치'였다.

나이키가 처음 창업할 때 그들의 앞에는 아디다스라는 거대 스포츠 기 업이 있었다. 그러나, 그들은 아디다스를 두려워하지 않았다. 아니, 오히 려 일부러 깔보고 우습게 알았다. 그러려고 노력했다. 아디다스를 넘어 서기는커녕 그들과 아디다스의 사이에 리복, 푸마, 오니츠카, 미즈노 등 수많은 업체들이 있었지만, 그럼에도 불구하고 그들의 시선은 세계 1위 였던 아디다스 너머에 집중이 되어있었다. 왜냐하면, 그들이 생각하는 경쟁은 단순히 눈에 보이는 기업의 규모나 숫자에 달려있는 것이 아니 라 누가 더 멋지고 가치 있는 것들을 만들어내느냐에 달려있다고 믿었기 때문이다.

일본을 대표하는 인터넷 정보산업 기업 리쿠르트에 근무하며 기업의 성과 개선, 혁신, 조직 개발 등에 대한 컨설팅을 제공하는 다카하시 가츠히로는 그의 책 《솔루션 영업의 기본 전략》에서

"고객에게 새로운 것을 제시하지 못하는 솔루션회사는
결국 가격 경쟁의 나락으로 떨어진다."

라고 주장했다. 그런데, 그러한 사례는 비단 솔루션회사에만 국한되는 것은 아닌 것 같다. 대부분의 기업에 있어서 몰락의 징조는 매출이나 이익 등과 같은 숫자적인 부분에서의 문제에서 시작하지 않는다. 기업이 고객에게 전달해줄 수 있는 본질적인 가치, 그러한 새로운 가치를 제공하지 못하고 가격 경쟁 등과 같은 숫자적인 부분에만 함몰될 때 몰락의 징조는 나타난다. 일본 최고의 유제품을 포함한 식품 전문 기업이었던 유키지루시의 사례처럼 말이다. 반대로, 언제나 늘, 자신들이 보유한 능력으로 고객에게 제공해줄 수 있는 가치가 무언인지 고민하는 기업들은 때로는 숫자상 어려움을 겪거나 위기 상황에 처할 때도 있지만, 어떠한 상황에서라도 돌파구를 찾아내고, 치열한 경쟁 속에서도 해법을 찾아내고는 한다.

우리가 아는 나이키처럼.

나이키의 변화 경영

그들은 왜
현실에서 벗어나려 발버둥을 칠까?

우리 시대 위대한 기업들,
그 위대한 기업들은 다 어디로 갔을까?

스탠퍼드대학교 경영대학원 연구원 및 교수를 역임했고 수많은 대기업의 CEO를 포함한 고위 임원들의 경영 자문으로 각광을 받아온 세계적인 경영 컨설턴트 짐 콜린스는 2001년 자신의 다양한 컨설팅 경험과 지식을 바탕으로 책 한 권을 출간했다. 책의 이름은 《Good to Great》, 우리나라에서는 《좋은 기업을 넘어 위대한 기업으로》라는 제목으로 출간되었다. 책은 출간되자마자 미국은 물론, 우리나라에서도 공전의 히트를 기록하며 경영에 몸담고 있는 사람이라면 반드시 읽어야 할 필독서로 꼽히게 되었다.

세계적인 경제경영 전문지 〈포춘〉은 매년 미국에 적을 둔 기업들을 대상으로 매출액이 큰 순으로 순위를 매겨 500대 기업을 선정한다. 이른 바 '포춘 500'이다. 저자는 1965년에서 1995년 사이에 포춘 500에 등장한 수많은 기업들 중 이른바 '좋은 기업'에서 '위대한 기업'으로 도약한 11개의 기업을 뽑아냈다. '위대한 기업'의 기준은 15년간 시장 평균의 최소 세 배 이상에 달하는 누적 수익률을 보인 회사들이었다. 그리고 그들에 대한 연구를 통해 그냥 '좋은 기업'과 탁월한 업적을 만들어내는 '위대한 기업' 사이에는 어떠한 차이가 있는지를 밝혀 책으로 엮어냈다.

책은 두 부류의 기업 사이에서 발견할 수 있는 본질적인 가치를 '사람', '사고', '행동'의 세 가지 축으로 설명했다. 그렇게 선발이 되어 책에서 입에 침이 마르도록 칭찬을 받은 기업은 애보트Abbott, 서킷시티Circuit City, 파니메Fannie Mae, 질레트, 킴벌리클락Kimberley-Clark, 크로거Kroger, 누코Nucor, 필립모리스, 피트니보우스Pitney Bowes, 월그린Walgreens 그리고 웰스파고Wells Fargo, 이상 11개의 기업이었다.

그러나, 책이 출간된 지 불과 10년도 지나기 전에 11개의 기업들 앞에 붙어있던 '위대한Great'이라는 이름표가 유명무실해지는 일이 벌어졌다. 면도기를 포함한 생활, 위생 용품 분야에서 100년 넘는 전통을 자랑한 '위대했던' 질레트는 성장세 둔화에 시달리다가 2005년 같은 분야의 공룡 프록터앤드갬블에 인수되어버리고 말았다.

거기서 끝이 아니었다. 그보다 더 극적인 운명을 맞이한 위대한 기업이 있었으니, 전자제품 및 컴퓨터 관련 제품을 판매하던 대형 유통 업체 서킷시티는 2008년 전 세계에 불어닥친 금융위기의 여파로 파산보호 신청을 했고, 여러 가지 자구 노력에도 불구하고 2009년 3월, 3만 4,000여 명의 실업자와 567개의 텅 빈 매장, 그리고 수억 달러 이상의 채무만을 남긴 채 완전히 도산해버리고 말았다. 이외에도 기사회생한 몇몇 기업을 제외한 대부분의 위대한 기업들은 비극적인 운명을 맞이하고 말았다.

그렇다면 이들 '위대한 기업'들은 왜 실패를 하고만 것일까? 숱한 경쟁을 이겨내고 위기를 극복하며, 미국은 물론 전 세계적으로도 그 능력을 인정받는 성공적인 기업의 반열에 올라섰음에도 불구하고, 왜 그들은 위대한 기업의 자리에서 맥없이 물러나버리고만 것일까? 그에 대한 해답은 역설적으로 《좋은 기업을 넘어 위대한 기업으로》의 저자였던 짐 콜린스의 차기작에서 발견할 수 있다. 짐 콜린스는 자신의 이름을 널리 알린 책에서 언급된 기업들의 몰락을 바라보며, 그들 중 몰락한 기업들과 몰락하지 않은 기업을 분류하고, 다시 비슷한 시기 몰락하거나 몰락하지 않은 다른 기업들의 사례를 추가적으로 발굴하여 《How the Mighty Fall》, 우리나라에서 출간될 때의 이름으로는 《위대한 기업은 다 어디로 갔을까?》라는 책을 출간했다. 물론, 이 책 역시 짐 콜린스의 이름값 덕분에 베스트셀러 순위에 오르기는 했지만, '장난 하냐?', '역시 컨설팅은 말장난이다'는 혹평을 받으며 이후 경제경영서 및 컨설턴트의 기업 분석서에 대한 독자들의 극심한 불신을 몰고 온 대 표적인 사례가 되고 말았다.

아무튼, 그 책에서 짐 콜린스는 당대에 시장을 선점하고, 선도하고, 지배하던 기업이 맥없이 몰락하는 과정을 5단계로 설명했다. 첫 번째 몰락의 단계는 '성공으로부터 자만심이 생겨나는 단계'다. 즉, 기업의 경영자는 물론이고 내부 구성원들이 자신들이 거둔 성공을 당 연한 것으로 여기고 성공 요인을 객관적으로 분석하여 발전시키지 못 해 몰락이 시작되는 단계다. 이 단계에서 기업 혹은 기업의 경영자는 지 극히 감정적으로 분위기에 도취되어 자기 능력과 장점을 과대평가하게 된다.

두 번째 단계는 '원칙 없이 더 많은 욕심을 부리는 단계'다. 이 단계에서 기업은 자기만의 원칙을 세우지 못하고 아무런 통제나 규율 없이 마구 잡이로 사업을 확장하게 된다. 또 무분별한 변화만을 추구하여 회사가 중심을 잃고 방황하기 시작한다.

세 번째 단계는 '위험과 위기 가능성을 부정하는 단계'다. 이 단계에 들 어선 기업은 자신의 내외부에서 들려오는 부정적인 시그널은 축소하고 긍정적인 데이터는 부풀려서 받아들이게 된다. 그로 인해 사실에 근거한 정직한 소통 창구는 줄어들거나 의도적으로 축소시키는 분위기가 조성되는 것 역시 이 단계에서 벌어지는 현상이다.

네 번째 단계는 '구원을 찾아 헤매는 단계'다. 앞선 세 단계를 거치며 기업의 하락세는 눈에 띄게 드러나는 반면 별다른 뾰족한 해법은 없어서 과거에는 거들떠보지도 않았을 극약 처방에 몰두하는 단계다. 조급해진 최고경영자 또는 이사회는 검증되지 않은 외부 인사 영입, 입증되지 않은 전략의 실행, 제대로 된 평가 없이 과감한 인수 합병 등의 일들이 이 단계에서 주로 일어난다고 한다.

마지막으로 다섯 번째, '유명무실하거나 생명이 끝나는 단계'다. 시장이 해당 기업을 더 이상 신뢰하지 않아 현금 흐름이 나빠지고, 조직이 위축되며, 재무 상태가 통제 불능 상태로 빠지거나, 경영진이 퇴출되는 등 기업 활동이 극도로 위축되며 극단적인 경우 소멸로 이어지는 단계다.

이처럼, 좀처럼 무너지지 않을 것 같았던 위대한 기업들도 위의 다섯 단계의 함정에 빠져들면 몰락의 길로 접어들 수밖에 없었다.

붉은 여왕의
가르침

그런데 기업들의 몰락과 부상은 비단 위대한 기업에 국한된 문제가 아니라 모든 기업들이 흔히 맞닥뜨리게 되는 일상이 되어가고 있다. 몇 해 전, 국내 굴지의 경제연구소에서는 5년 단위로 11개 업종 글로벌 상위 15개 회사의 순위를 비교 분석한 적이 있다. 그 결과 2004년부터 2009년까지 5년 동안에는 약 16%의 기업이 순위가 바뀌었다. 그런데 연이은 5년, 2009년부터 2014년까지는 무려 22%의 기업이 순위가 바뀐 것으로 나왔다. 즉, 시대가 변할수록 기업들이 현재의 위치를 지키는 것조차 힘겨워졌다는 얘기다. 비슷한 연구결과는 또 있다. 미국에는 업종을 대표하는 우량 기업들의 리스트인 S&P 500지수라는 것이 있다. 1950년대 말 리스트가 처음으로 등장했을 때 500개 기업들이 언제부터 500대 기업의 규모였는지를 역으로 추적해보니 평균 55년 전부터였다. 그를 토대로 당시의 사람들은 S&P 500지수에 새롭게 포함된 대부분의 기업들이 1900년대 말에도 계속해서 리스트에 머무를 것으로 전망했다. 그러나 1970년대에 분석한 결과, 그 기간은 30년으로 줄어들었고, 2020년에는 10년으로 짧아질 거라는 예측이 나왔다. 즉, 우리가 우량 기업이라고 인정하는 대부분 기업들의 수명이 고작 10년 미만으로 줄어들 것이라는 예상이었다.

실제로 1983년 미시시피주에서 주내 전용망 제공회사로 설립된 후 1990년대에는 전국 전화망과 국제 통신망을 갖춘 통신회사로 급부상하며 '살아있는 경영 신화 사례'로까지 추앙받았던 월드컴^{Worldcom}은 20년도 못 버티고 2002년 7월 1,070억 달러라는 당시까지 미국 역사상 최대 규모로 파산해버리고 말았다. 월드컴보다 2년 뒤에 창립해 한때 미국 7대 기업의 하나로 꼽혔고, 가장 촉망받는 에너지 기업으로 평가받던 엔론^{Enron} 역시 2001년 12월에 파산보호 신청을 하며 역사 속으로 사라져버리고 말았다. 불과 16년 만이었다.

이처럼 기업들의 몰락이 빨라지는 이유로는 신기술 개발에 따른 새로운 비즈니스 모델의 대두, 중국을 비롯한 신흥국의 급부상으로 인해 촉발된 기업 생태계의 본질적인 변화, 인구구조와 환경, 정치 체계의 급변 등 여러 가지가 있지만, 한마디로 설명하자면 세상이 이전보다 훨씬 더 빠르게 변화함에도 불구하고, 기업들은 힘들 때는 힘들다는 이유로, 잘 나갈 때는 굳이 그런 것까지 고민할 필요가 없다는 이유로 변화에 대해 심각하게 고민을 하지 않는 데 있다.

변화하는 세상 속에서 과거와 같은 방식으로는 더 이상 기업의 영속을 담보할 수 없는 시대가 되었고, 아무리 좋은 물건을 아무리 싼값에 만들어내도 자칫하면 몰락을 피하기 어려운 시대가 도래하였음에도 불구하고 사람들은 변화의 당위만을 이야기할 뿐 '실제로 변화하라'고 하면 그는 '내가 아닌 다른 이의 몫'이라며 외면하는 경우가 대부분이다.

아마도 어린 시절에 《이상한 나라의 엘리스》라는 동화책을 안 읽어본 사람은 거의 없을 것이다. 책으로 읽지 않았다 하더라도 주말 아침이면 TV에서 틀어주던 만화영화를 통해서라도 한 번쯤은 접해보았을 것이다. '루이스 캐럴'이라는 필명으로 더 잘 알려진 영국의 수학자이자 작가였던 찰스 도지슨Charles Lutwidge Dodgson이 지은 이 책은 많은 이들이 어린이를 위한 동화 정도로 알고 있지만, 실제로는 수백 페이지가 넘는 분량에 방대한 내용의 에피소드가 담긴 꽤 어려운 소설책이다.

이 책의 속편 격인 《거울나라의 엘리스》에는 독특한 캐릭터가 하나 등장하는데, '붉은 여왕Red Queen'이 바로 그 주인공이다. 소설 속에서 붉은 여왕은 끊임없이 제자리에서 뛰고 있는데, "왜 항상 달리고 있는지?"를 물어보는 엘리스에게,

"제자리에라도 있고 싶으면 무조건 죽어라 뛰어야 해!"

라고 외친다.

붉은 여왕이 다스리는 나라에서는 무언가가 움직이면 주변의 다른 세상도 그와 같은 방향으로 함께 움직인다. 때문에 가만히 있으면 오히려

뒤로 갈 것이고, 세상과 비슷한 속도로 달리면 제자리에 있을 것이요, 미친 듯이 달려야 그나마 한 걸음이라도 앞으로 나아갈 수 있었다.

이 이야기를 흥미롭게 읽은 시카고대학교의 생물학자 레이 반 발렌^{Leigh} ^{van valen} 교수가 생태계의 팽팽한 평형 관계를 설명하는 공진화^{共進化}의 한 가지 모델을 수립하는데, 그 이름을 붉은 여왕에게서 따와 '붉은 여왕 효과'로 설명하기 시작했으며, 현재까지도 유력한 학설로 받아들여지고 있다.

그런데, 한동안은 생물학 분야에서 주로 언급되던 '붉은 여왕 효과', 레드퀸 이펙트는 이후 군사학, 경제, 경영학 등에서 더 활발하게 사용되기 시작했다.

기업 경영 현장에서 더 자주 발견되는 '붉은 여왕'

한창 전 세계가 군비 경쟁을 벌이던 시기, 무기나 병력에 대한 추가적인 예산 지출을 하지 않고 그냥 현상 유지만 해도 군사력 순위가 몇 단계씩 뚝뚝 떨어지는 일들을 겪은 뒤, 각국의 국방 수뇌부들은 경쟁적으로 방위비에 돈을 퍼부었다. 소련이 수천억 원을 들여 새로운 장거리 미사일을 만들어내면 미국이 다시 조 단위 투자를 해서 대륙간 탄도 미사일을 만들어냈다. 군사적 대치 상태에 있던 파키스탄에서 소규모 핵실험을 하면, 인도는 라자스탄사막에서 그 몇 배가 되는 규모의 핵실험을 했다. 이러한 과정을 통해, 누가 주도한 것도 아닌 전 세계적인 군사력 증강, 군사 기술의 발전이 이뤄졌는데, 이에 대한 설명을 하는 과정에서 사용되었던 개념 역시 레드퀸 이펙트였다.

하지만 공진화 현상, 레드퀸 이펙트가 활발하게 관찰되는 분야는 뭐니 뭐니 해도 기업 경영 분야다. 치열한 경쟁에서 승리하기 위해 기업은 늘 새로운 제품, 새로운 서비스, 새로운 마케팅 전략을 시도하므로 어떠한 기업이 현재의 성과에 만족하고 현상 유지만을 추구하기로 했다면 결국에는 시간이 지날수록 다른 경쟁자에 비해 뒤떨어지게 된다.

따라서, 어떠한 기업이 새로운 시도를 통해 한발 앞서가면, 다른 경쟁자들도 누가 뭐라 말하지 않더라도 자연스럽게 그보다 더 빨리, 더 좋게 변화하려는 시도를 하게 되었다. 그에 따라 업계가 전반적으로 더 나은 모습으로 진화하는 공진화가 일어나는 것이다.

그러한 기업 공진화의 대표적인 사례로 일본 프로 야구 리그를 들 수 있다. 연인, 가족들이 모두 함께 즐기는 스포츠로 인식되는 한국의 프로 야구와 달리 일본 프로 야구는 대대로 중장년의 '아저씨'들이 즐기는 스포츠라는 인식이 팽배했다. 실제로 일본 프로 야구 관람을 가보면 관중석에 우리나라보다 압도적으로 많은 숫자의 남성, 그것도 40대 이상의 아저씨들이 앉아있는 것을 볼 수 있다. 때문에 일본 프로야구 리그인 NPB의 관계자들은 늘 "우리도 한국과 미국의 프로 야구처럼 젊은 여성, 어린아이를 동반한 가족 단위 관람객들로 구장을 채워봤으면 좋겠다"라고 할 정도였다.

그런데, 2013년 작은 사건 하나가 일어났다. 1990년대 중반 이래 일본 프로 야구 만년 하위 팀이자 선수단 평균 연봉이 뒤에서 1, 2위를 다투던 가난한 팀이었던 히로시마 도요 카프가 천신만고 끝에 22년 만에 처음으로 포스트시즌에 진출하며 '가을야구'를 하게 된 것이었다. 히로시마는 시 전체가 들끓었고, 야구장은 연일 관중들로 인산인해를 이뤘다.

그때 마침 히로시마 도요카프의 모기업인 마쓰다Mazda에서는 대표적인 소형차 마쓰다3의 풀체인지 모델을 막 시장에 출시했고, 신형 해치백인 데미오Demio의 출시를 앞두고 있었다. 두 차량 모두 젊은 여성 운전자가 주 타깃이었다. 마쓰다는 그간의 소극적인 구단 지원에서 벗어나 히로시마 도요 카프의 팬, 특히 자신들이 출시할 신차의 주된 고객인 젊은 여성들을 대상으로 한 다양한 마케팅 활동에 지원을 쏟아부었다.

여성들을 위해 핸드백 등을 걸 수 있는 전용 좌석 설치, 여성용 화장실 증설 및 파우더룸 신설 등 시설적인 측면뿐만이 아니라 여성 전용 응원도구 무료 제공, 여성 취향의 구단 캐릭터 굿즈 신규 론칭 등 소프트한 측면에서도 다양한 노력을 아끼지 않았다. 거기에 시즌 종료 후 실시된

신인 드래프트에서는 출중한 외모와 탁월한 실력을 바탕으로 '일본 대학 야구의 보물'이라고 불리던 오세라 다이치를 영입하면서 말 그대로 여성팬들을 쓸어 담았다. 오죽했으면 당시 '히로시마 도요 카프를 응원하는 여자'라는 뜻의 '카-프 조시ヵ—プ女子'라는 신조어가 생겨나 뉴스에 보도까지 될 지경이었다.

2013년 히로시마 도요 카프의 이러한 모습이 일본 프로 야구 구단 전체의 공진화를 불러 일으켰다. 사실, 일본의 젊은 여성들이 한국이나 미국에 비해 특별히 더 야구를 싫어한다거나 다른 취미 또는 여가를 보낼 거리가 많아서 프로 야구에 관심이 없었던 것이 아니었다. 그저 분위기가 조성 안 되고, 야구장에 가봐야 별다른 배려나 대우를 받지 못한다는 느낌에서 가기를 꺼려했던 것뿐이었다.

사실, 야구는 그 어느 프로 스포츠보다도 여성을 팬으로 만들기 좋은 조건을 갖고 있었다. 히로시마 도요 카프가 그 가능성을 보여주기 시작하자, 다른 구단들도 앞다퉈 젊은 여성팬들을 야구장으로 불러들이기 위한 다양한 인프라를 갖추고 이벤트를 개최하기 시작했다. 기껏해야 유니폼 레플리카와 응원도구들로 가득 찼던 기념품숍에는 다양한 캐릭터의 아기자기한 상품들이 넘쳐났고, 늘씬한 여성 치어리더들과 핑크색 옷을 입고 맥주를 배달하던 아가씨들로 가득 찼던 구장에 젊고 패기 있는 응원단장과 예쁘고 귀여운 마스코트들이 활보하기 시작했다. 결국,

불과 3년 만에 일본 프로 야구는 젊은 일본 여성들에게 가장 인기 있는 프로 스포츠 중 하나로 급부상하게 되었다.

이처럼, 바뀌어야 더 나아지는 것이 아니라 바뀌지 않으면 생존할 수 없는 시대가 도래했다. 과거, 세계적 일류 기업의 상징으로 주로 쓰였던 '혁신', 'Innovation'이라는 단어가 이제는 지방 소도시의 작은 중소기업, 읍면 단위 관공서에서도 흔하게 쓰이는 단어가 되었다. 거기에 더해 과거에는 특정한 시기, 특정한 사람에 의해 진행되던 혁신이 이제는 구성원 모두에 의해 항상 이뤄지는 일상적인 활동으로 여겨지고 있다.

나이키,
언제라도 변화할 준비가 되어있는 회사

세상은 눈부시게 변화하고 있다. 제품만 잘 만들면 알아서 팔리던 시대에서, 누가, 어디서, 어떻게 만들어서 파느냐까지도 까다롭게 따지는 고객들을 만족시켜야 하는 시대가 되었다. 자신들의 본사 건물을 오픈하고 어떤 생각으로, 어떤 조직문화에서 만들어내는 물건인지를 밝혀야 겨우 고객을 만족시킬 수 있는 시대가 되었다.

뿐만 아니다. 기존에는 전혀 경쟁자로도 생각하지 않았던 신흥국의 기업들이 엄청난 속도로 발전해서 새롭게 경쟁 속으로 뛰어드는 현상이 수시로 발생하고 있다. 자원과 자본시장의 변화로 인해 어제의 강자가 오늘의 약자로 변하고, 어제의 피해자가 오늘의 가해자로 변하며, 어제 불리했던 이가 오늘은 유리해지는 일들이 비일비재해지고 있다. 이러한 세상의 변화 속에서 이제 변화는 선택이 아니라 필수인 시대가 되었다. 우리 모두가 레드퀸이 되어 끊임없이 진보와 진화를 추구해야 하는 시대인 것이다.

이러한 시대에, 매출 규모 면으로 보나, 영업이익으로 보나, 브랜드 인지도로 보나 수십 년째 스포츠 용품회사 중 부동의 1위를 차지하고 있는 나이키지만, 그들은 이제까지 단 한 번도, 지금 이 순간도, 그리고 그들의 입으로 직접 얘기하지 않아 정확히 알 수는 없지만 이제까지 그들의 행보를 보았을 때 다가오는 미래에도, 절대로 현재에 안주하고 혁신을 등한시하는 모습은 보여주지 않을 것 같다. 그보다는 끊임없이 새로운 영역에서 새로운 방식으로 새로운 가치를 창출하는 일에 더욱 더 매진할 것으로 보인다.

나이키는 창업한 지 50년이 넘은 기업이자, 전 세계 수십 군데의 생산 기지와 판매 법인, 자회사 등을 보유한 세계에서 가장 큰 스포츠 용품 기업이다. 그런데, 세워진 지 반백 년이 넘는 장년 기업, 초거대 기업임에도 불구하고 '세계에서 가장 혁신적인 스포츠 용품 기업은?'이라는 질문을 던지면 사람들은 주저 없이 나이키를 첫손에 꼽는다. 이는 일반적으로 봤을 때 매우 드문 경우다.

실제로 몇 해 전 미국의 유명 경영 월간지 〈패스트컴퍼니〉는 전 세계 기업을 대상으로 혁신성, 개선 의지 등을 조사해 '세계 50대 혁신 기업'을 발표했다. 그 조사에서 나이키는 당당히 1위를 차지했다.

2위부터 10위까지의 기업이 대부분 아마존과 같은 인터넷을 기반으로 한 첨단 기업이었고, 50위권 순위 내의 기업 대부분이 우버Uber, 핀터레스트Pinterest 등과 같이 생긴 지 10년 내외의 젊은 기업들이었다. 많은 이들이 같은 질문을 받았을 때 가장 먼저 머리에 떠올렸을 구글이 11위, 애플이 13위였던 것을 보면, 나이키가 받은 '가장 혁신적인 기업'이라는 평가가 얼마나 의외이면서도 대단한 결과인지를 짐작할 수 있다.

실제로 나이키는 자신들의 브랜드를 단 신발을 미국시장에 출시하여 시장을 석권한 뒤로도 단 한 순간도 멈춤 없이 새로운 디자인, 새로운 소재, 새로운 서비스 방식의 제품들을 시장에 지속적으로 출시하며 변화해왔고, 시장의 변화를 주도해왔다.

그런 노력 덕분이었을까?

보통 5년 또는 10년 주기로 유행이 돌고 돌아, 심지어 요즘은 1년 내에 떴다가 지는 브랜드들이 수십, 수백 개가 넘는 패션, 스포츠 용품시장에서 나이키는 수십 년째 소비자들의 관심을 사로잡으며 왕좌의 자리를 굳건하게 지키고 있다. 그리고 그런 그들의 변화는 시장 전체에 긍정적인 영향을 미쳐 스포츠 용품 업계 전체의 공진화를 불러올 것으로 예상된다.

실제로 여러 분야에서 나이키의 변신은 다른 경쟁사들의 변화를 이끌어냈다. 태광실업, 화승 등 대표적인 국내 신발 제조 기업들은 과거 값싸면서도 숙련된 노동력을 바탕으로 승승장구했던 기업이다. 국내 노동시장의 인건비가 올라가 값싼 숙련 노동자를 구하기 어렵게 되자 그들은 베트남, 인도네시아 등 해외로 눈을 돌려 조금이라도 인건비가 싼 곳에 공장을 짓는 방법으로 위기를 타개하고자 했다. 그러나 IT 기술을 기반으로 첨단기술력을 활용한 나이키의 변신은 국내 업체들에게도 영향을 미쳐 전체적인 공진화를 이뤄냈다.

과거, 신발을 만들 때면 원단 재단, 재봉, 완성품 제조를 각각 다른 공장에서 처리하는 방식이었지만 현재는 첨단기술을 도입하여 자동화된 라인 한 곳에서 처리할 수 있게 되었다. 운동화 전용 3D 캐드CAD를 활용해서 바닥판부터 시작해서 윗 갑피까지 통합해 설계 재단을 하고 패턴의 배열을 알고리즘화하다 보니 원단의 낭비가 거의 사라지게 되었다. 덕분에, 과거 한 달 이상 걸리던 시제품 제작 기간이 하루 이틀이면 가능하게 되었다.

그렇게, 지금 이 순간에도 나이키는 달리고 있다. 고객과 시장 등 외부의 변화, 외부의 자극, 외부의 메시지에 열린 마음으로 반응하고, 그에 적극 대응하여, 변화되는 것이 아니라 변화를 주도하겠다는 방향으로….

나이키의 잠재고객
확보 전략

왜 잘 보이는 고객을 두고,
애써 보이지 않는 고객을
찾아 헤맬까?

당신은 좀
우리 고객이 아니었으면…

지금 30대 후반에서 40대 중반의 사람들 중 조금 유행에 민감했다거나, 이른바 '강남'으로 일컬어지는 동네에서 좀 '놀아본' 이들에게는 신기한 브랜드가 하나 있었다. 분명히, 우리나라에 정식으로 수입된 적이 없고, 백화점이나 번화가에 아직 매장이 출점하지도 않은 것으로 알고 있는데, 길에 나가보면 묘하게 많은 이들이 입고 다녔던 트레이닝복 바지 또는 후드티 브랜드가 있었다.

해외에서 체류한 유학생들이 많이 입는다 하여 '유학생 패션'이라는 수준 낮은 작명으로 지칭되었던 브랜드, 흔히 '아베크롬비'라고 불렸던 애버크롬비앤피치가 바로 그것이다. 나 역시 뉴욕 출장길이나 후쿠오카 여행길에 애버크롬비앤피치 매장을 발견하고는 신이 나서 후드티와 티셔츠를 여러 벌 사서 한국에 갖고 들어와 으쓱대며 입고 다녔던 촌스러운 역사가 있었다.

　　　아무튼, 1892년 미국 뉴욕에서 데이비드 애버크롬비와 에즈라 피치에 의해 탄생한 애버크롬비앤피치는 젊고 감각적인 디자인과 컬러로 '미국의 베네통'으로 불리며 미국에만 300개 이상의 매장을 두고 전 세계에 걸쳐 사업을 전개하고 있는 대형 패션 회사이다.

그러나 정확히 말하자면, 1892년 설립된 애버크롬비앤피치와 지금의 애버크롬비앤피치는 같은 회사가 아니다. 1976년, 회사는 영업 부진 등의 이유로 파산보호Chapter11를 신청했고, 1977년 메디슨에비뉴와 45번가East 45th Street에 있던 본점 격인 매장의 문을 닫음으로써 미국 맨해튼에서 시작된 애버크롬비앤피치의 역사는 끝을 맺었다.

그랬던 애버크롬비앤피치를 부활시킨 것은 LA 출신의 패션 사업가 마이크 제프리스Mike Jeffries였다. 컬럼비아대학교에서 MBA를 마치고 제이씨페니J.C. Penney 등 대형 백화점 체인에서 근무한 뒤 앨콧앤앤드류Alcott&Andrews라는 여성복 브랜드를 창업하기도 했던 그는 파산한 애버크롬비앤피치의 브랜드와 사업권을 사들여 아동복 라인인 애버크롬비와 중저가 라인인 홀리스터^{Hollister}, 이너웨어와 캐쥬얼 의류를 주로 다루는 길리힉스^{Gilly Hicks}, 그리고 가죽제품, 액세서리 등을 판매했던 룰넘버 925^{Ruehl No.925} 등을 론칭하며 미국을 대표하는 의류회사로 키워냈다.

그러나, 그들이 뉴스의 중심에 등장한 것은 그러한 성공 스토리 때문만은 아니었다. 그보다는 애버크롬비앤피치 재탄생의 주인공이자 실질적인 최고경영자였던 마이크 제프리스의 독특한 경영 방침과 언론과의 인터뷰에서 빈번히 발생하는 구설수로 인해 그들은 매번 언론과 대중의 주목을 받아왔다.

제프리스는 수시로,

"애버크롬비앤피치는 젊고 활력 넘치는 백인들을 위한 옷이다."
"못생긴 사람은 입어봐야 안 어울리니,
잘생긴 사람만 애버크롬비앤피치를 입으면 좋겠다."

라는 등의 망발을 일삼았다.

실제로, 매장에 옷을 걸어놓으면 볼품이 없고, 그런 사이즈의 옷을 찾는 고객들이 많아지면 매장의 물이 흐려진다며 XL 등 큰 사이즈의 여성복은 생산하지 않겠다고 선언하기도 했다. 또, 새로운 매장의 오픈식 날에는 상반신을 탈의한 근육질 백인 남성들을 매장 밖에 세워두고 고객들을 맞이하도록 했다.

일반적인 기업들이 하는 것처럼 최대한 많은 소비자들을 끌어 모으기 위해 노력하는 것이 아니라 특정한 기준을 정하고 그 기준에 미치지 못하는 사람들은 가급적 최대한 배제하여 나머지 고객들의 구매 만족도를 높이겠다는 전략은 어찌 보면 한정판 마케팅 전략으로도 비춰질 수 있지만, 그렇지 않다. 그들의 전략은 잘못되어도 한참 잘못되었다.

한정판 마케팅 전략은 매우 효과적인 마케팅 전략 중 하나이긴 하지만 한 가지 조심해야 할 점은 한정판 마케팅 전략의 성공을 위한 구입 장벽은 높게 쌓되 그 장벽으로 인해 소외받거나 상처를 받는 대상이 생겨서는 안 된다는 점이다. 즉, 구매자와 비구매자를 구분하되 그 구분의 기준이 인종, 성별, 연령, 외모 등으로 인한 차별이 되어서는 안 된다. 돈이 부족하거나, 정보에 뒤쳐지거나, 게을러서 그 제품을 못 살수는 있어도, 유색인종이어서, 얼굴이 못생겨서 그 제품을 살 수가 없어서는 안 된다는 것이다. 이는 단순히 마케팅의 성공 실패를 떠나 기업의 존립 자체를 위협하는 도덕적, 윤리적인 문제로 비화가 될 수도 있다.

실제로 애버크롬비앤피치는 탁월한 디자인에 높은 수준의 품질을 갖췄음에도 불구하고 숱한 비난을 받으며 성장세가 정체되어왔다. 그러나, 논란의 중심에 있던, 아니 논란 자체를 자초했던 CEO 제프리스가 퇴임한 뒤 오히려 주가가 급등하고 시장의 평가가 제자리로 돌아오고 있다.

그런데, 나이키 역시 광고에 비춰진 겉모습만 얼핏 보아서는 애버크롬비앤피치와 비슷해 보인다. 자기 일도 똑 부러지게 잘하고 자기 몸 관리도 철저한 늘씬하고 활력 넘치는 슈퍼히어로, 엘리트들만 입고 신어야 할 것처럼 보인다.

과연 그럴까?

글쎄. 나이키의 역사를 살펴보면, 오히려 그들은 운동과 전혀 상관없을 것 같은, 즉 자신들의 전통적인 소비자가 아닌 이들을 끌어들여 자신들의 브랜드를 가꾸고 키워왔다.

아직까지 안 믿긴다면 하나씩 찬찬히 살펴보기로 하자.

한계 없는 나이키의 고객 찾기

올림픽은 그 자체로 지구촌 전 인류가 관심을 갖는 최고의 국제 스포츠 이벤트이자, 특히 세계 유수의 스포츠 브랜드들에게는 마케팅 기회 측면에서 다른 어느 스포츠 이벤트보다도 훨씬 더 강력한 어필의 기회이기에, 가장 심혈을 기울여 준비하는 행사다. 2016년도에 개최된 리우 올림픽 역시 마찬가지였다.

세계의 스포츠 브랜드들은 이 대회를 앞두고 오랜 기간 심혈을 기울여 마련한 광고, 프로모션 이벤트를 진행했고, 늘 그렇듯 사람들은 과연 세계 1위 스포츠 브랜드이자 늘 트렌드를 앞서 이끌어가는 나이키가 과연 어떤 콘셉트과 콘텐츠를 들고 나올지 관심을 집중했다.

나이키가 들고 나온 화두는 '한계는 없다Unlimited'였다. 우리 인간에게 주어진 온갖 종류의 어려움과 장애물들, 그런 것들이 도전하지 않는 상태에서는 결코 넘어서지 못할 '인간의 한계'로 느껴지지만, 과감히 도전했을 때는 더 이상 한계가 아닌, 충분히 넘어설 수 있는 '작은 방해' 혹은 '사소한 어려움' 정도밖에 되지 않는다. 이것이 나이키가 전달하고자 하는 메시지였다.

'Unlimited'

짧은 한 단어이지만, 우리가 스포츠에 기대하는 그리고 스포츠를 통해 경험하고 싶은 욕구를 그대로 담아낸 메시지 선택에 많은 사람들은 '역시 나이키!'라며 고개를 끄덕였다. 그리고, 그러한 메시지를 전달하기 위해 어떤 선수를 메인 광고 모델로 활용할지에 관심이 집중되었다.

'인간계를 넘어선 실력을 갖췄다는 축구 스타 호날두일까?'

'아니면, 신과 함께 농구를 해도 충분히 승산이 있다는

르브론 제임스일까?'

그러나, 많은 이들의 예상과 달리, 2016년 리우 올림픽에 나이키의 메인 광고 모델로 발탁된 이는 크리스 모저^{Chris Mosier}라는 30대 후반의 육상 선수였다.

크리스 모저는 37세의 미국 육상 선수였다. 육상 종목 중에서도 마라톤과 함께 인간의 극한을 넘어서는 종목이라고 여겨지던 철인3종과 철인2종 경기가 그의 주종목이었다.
여기까지만 듣고 많은 이들은 이렇게 생각했을 것이다.

"아! 철인3종 선수니까, 인간의 한계를 넘어선다는
광고 콘셉트에 어울려서 뽑은 거로구나."

뭐, 아주 일리가 없는 이야기는 아니지만, 정답은 아니다. 나이키가 생각한 '한계'라는 것은 단순히 우리가 짐작했던 '체력적 한계'가 아니었다. 정확히 말하자면 '정체성의 한계', '인간 존엄의 한계'였다. 크리스 모저는 현재 미국 철인3종 남자 대표 선수지만 태어날 때 그의 성별은 여성이었다. 여자아이로 태어나 여자 친구들 틈바구니에서 자라나던 크리스는 네 살 무렵, 자신의 생물학적 성별은 여성이지만 나머지 타고난 육체,

삶을 바라보는 모습, 생활 속 취향 등등은 남성에 훨씬 가깝고, 남성으로 사는 것이 더 자연스러우며, 당연히 남성인 것이 훨씬 더 행복하다는 사실을 깨닫게 되었다.

성전환 수술이라는 어려운 결단을 내려 성별을 남성으로 바꾼 모저는 거기서 그치지 않고, 마라톤 풀코스 완주에 도전했다. 그리고 그로부터 몇 년 뒤, 이번에는 마라톤보다도 훨씬 더 많은 체력적 부담이 있는 철 인3종 경기에 도전해서 2009년 첫 완주에 성공했다. 2015년에는 철인 2종 경기에서 1시간 2분 45초라는 기록으로 35세 이상 40세 미만 남자 부문에서 상위권을 기록해 미국 국가대표팀에 합류하게 된 것이다.

그렇다.

크리스 모저는 미국 역사상 최초의 트랜스젠더 국가대표 선수였다. 어찌 보면 사회적으로 가장 큰 편견 속에, 수모와 멸시를 받고, 때로는 유무형적 폭력에 시달리기까지 하는 성소수자를 '한계는 없다'라는 주제의 광고 모델로 세운 나이키의 생각은 무엇이었을까? 어쩌면 자신들이 진정 넘어서고 싶었던 '한계'가 무엇인지를 나이키는 크리스 모저를 통해 말하고 있는 것은 아닐까?

그들이 매번 뛰어넘고 싶었던 한계라는 것이 단순히 이전까지 100미터를 10초에 뛰던 사람에게 주어진 9초대의 기록이거나, 100킬로그램을 들어 올리던 사람에게 주어진 110킬로그램의 무게가 아니라, 자신을 둘러싼 이 세상의 온갖 편견과 시기, 외면 등의 장벽 앞에서 '나는 못해', '나는 할 수 없을 거야', '포기해야겠어'라고 단정 지으며 자기 스스로 만들어온 가장 친근하면서도 강력한 바로 그 '한계'가 아니었을까?

몇몇 사람들이 오해하는 것과 달리 나이키는 늘씬한 근육질의 남녀 스포츠인들에게만 관심이 있지 않았다. 인간의 능력을 벗어난 듯한 육체적 능력을 뽐내는 슈퍼히어로급 사람들에게만 관심이 있지도 않았다. 오히려, 스포츠를 즐기는 일반인들, 때로는 스포츠를 즐기지 않거나 즐기지 못하는 사람들에게 더 많은 관심을 쏟아왔다.

나이키의 관심은 운동을 즐기는 사람들로 가득 찬 필드 내에만 머무는 것이 아니라, 항상 운동장의 밖에서 운동과는 담을 쌓고 있는 이들에게도 향해 있었다. 다른 대부분의 기업들이 어떻게 하면 현재 운동을 하는 사람들이 자신들의 신발을 많이 신고, 옷을 많이 사 입도록 할 것인지를 고민할 때, 나이키는 어떻게 하면 보다 더 많은 사람들이 스포츠의 즐거움을 깨닫게 할 것인지, 어떻게 하면 스포츠와는 담을 쌓고 살아온 이들이 운동장을 향해 어려운 첫걸음을 떼도록 할 것인지를 고민해왔다.

그리고 그러한 그들의 노력은 조금씩 빛을 발해, 이제는 나이키의 성장뿐만이 아니라 스포츠시장 전체의 성장을 이끌어내는 원동력이 되고 있다.

파이는
키워야 제맛

1924년 가을, 오스트레일리아에 문을 연 울워스^{Woolworth}는 처음에는 카탈로그를 통한 통신판매를 주로 하는 회사였다. 이후 슈퍼마켓 체인 사업으로 영역을 확장했고, 현재는 호주에만 900여 곳 이상의 매장을 보유하고 있는 초대형 유통 업체다. 그들이 크리스마스 시즌에 매장에서 틀기 위해 만들었던 곡인 '루돌프 사슴코'가 전 세계에서 가장 인기 있고 유명한 캐롤곡이 되었을 정도로 그들의 영향력과 인기는 막강했다.

그러나 호주에서의 이러한 성공에도 불구하고 미국을 포함한 다른 나라에서 울워스는 영 신통치 못한 성적을 거두고 있었다. 영국에서 역시 마찬가지였다. 개점 초기 여러 가지 홍보 및 판촉 활동 덕분에 반짝 인기를 끈 뒤로는 변변찮은 매출이 지속되었다. 무엇보다도 기존에 이용하던 상점만을 이용하려는 영국 소비자들의 보수적인 성향이 문제였다. 고심하던 울워스는 파격적인 마케팅 전략을 도입했다. 과거 영국의 상점들은 제과점, 사탕가게 등 어린이들이 주 고객인 특정 상점을 제외하고는 암묵적으로 어린이들의 매장 입장을 영 마뜩해하지 않아 했다. 심지어 부모가 동반하지 않으면 입장 자체를 못하게 하는 상점도 있었다.

물건은 사지 않으면서 시끄럽게 떠들고 아무거나 만지고 매장 안을 더럽히거나 어지럽히는 등 다른 고객의 쇼핑을 오히려 방해만 한다는 것이 어린이들에 대한 그들의 생각이었기 때문이다.

그러나, 영국 울워스는 오히려 반대로 나갔다.

울워스 어린이 클럽을 만들어 어린이 회원을 유치하고, 어린이들이 매장에 마음 놓고 들를 수 있도록 했다. 회원이 되면 그럴듯한 멤버스카드와 함께 울워스 로고가 새겨진 문구 세트, 캘린더, 보드게임은 물론, 가슴에 달 수 있는 큼지막한 배지까지 제공했다. 매장에 들른 어린이들이 편하게 쉴 수 있는 공간과 놀거리 등을 배치했고, 그들에게 특화해 울워스에서만 구입할 수 있는 어린이 용품과 장난감 등을 클럽 회원 대상으로 저렴하게 판매했다. 크리스마스가 되면 카드를 발송했고, 4개월마다 회원 전용 카탈로그를 발송했는데, 카탈로그 역시 상품 소개 위주인 어른용 카탈로그와 달리 재미있는 만화와 클럽 멤버인 어린이들 중 수십 명씩을 선발해서 얼굴 사진과 함께 다양한 소개 글을 실어주었다. 이내 울워스에 영국의 어린이들이 몰려들기 시작했다. 물론, 예상한 것처럼 매장은 엄청나게 시끄러워졌지만 그렇게 몰려든 어린이들의 뒤에는 단골 상점을 가지 못하고 어린 자녀들 손에 이끌려 울워스로 오게 된 어른들, 즉 어린이들의 부모들이 있었다. 1987년부터

2년간 45만 명의 영국 어린이들이 울워스 어린이 클럽에 가입을 했고, 울워스 영국의 매출은 다른 경쟁 업체를 능가하며 그들을 업계 최강자로 만들어주었다.

이처럼, 수많은 기업들이 현재는 제품을 사용하지 않는 사람들, 즉 이 제품 정도가 아니라 이 제품을 사용하는 영역 자체에 아예 관심이 없는 사람들을 확보함으로써 시장 자체를 확대 혹은 활성화시키고, 그 가운데에서 자신들의 사업을 성장시키려는 노력을 하고 있다. 이를 두고 우리는 흔히 '파이를 키우려는 노력'이라고 한다.

찾아보면 사례는 많다. 자신들이 만든 냄비와 국자를 광고하기보다는 아예 요리 자체에 관심이 없는 남자들을 요리의 세계로 끌어들이기 위한 방법을 찾아내는 데 더 큰 노력을 기울이는 주방 용품 제조 기업도 있고, 운전을 싫어하거나 두려워하는 여성에게 오너드라이버가 되는 방법을 적극 제안하는 자동차 기업도 있다. 이처럼, 전 세계의 강자들은 혼자만 잘나가기보다는 자신들이 몸담고 있는 산업 전체를 확장하고 발전시키기 위해, 즉 '파이를 키우기' 위해 지금 이 시간에도 불철주야 노력하고 있다.

물론, 기업들은 현재의 수익 극대화를 위해 여러 가지 마케팅 기법을 사용한다. 우리가 흔히 듣는 타깃 마케팅이니 바이럴 마케팅이니 하는 것들이 바로 그것이다. 그러나 그에만 만족한다면 더 큰 발전을 기대하기 어렵다. 더 오랫동안 더 많은 수익을 창출하기 위해서는 아직까지 발견하지 못한 새로운 수익원을 찾아내야 하는데, 그를 잠재고객suspect customer이라고 한다.

　　　　여기까지만 들으면 문제는 간단해 보인다. 숨어있는 잠재고객을 찾아서 그들에게 마케팅 역량을 쏟아부으면 될 것 같다. 그런데, 속사정을 살펴보면 그게 간단한 문제가 아니라는 것을 알 게 된다. 우선 첫째, 잠재고객은 발견하기가 어렵다. 잠재고객은 말 그대로 현재 해당 제품이나 서비스를 사용하고 있지 않고, 향후에라도 그를 구매, 사용할 용의가 있는지 아직 드러나지 않은 고객들을 말한다. 가장 문제는 고객 스스로도 자신이 구매, 사용할 의향이 있는지 없는지를 잘 알지 못한다는 점이다. 따라서, 기업들은 잠재고객의 내면에 숨어있는 니즈를 파악해내기 위해 많은 노력을 기울이고 있지만 성공하는 기업들은 그다지 많지 않은 것이 현실이다.

둘째, 잠재고객이 언제 어느 정도 규모로 가망고객prospective customer으로 전환할지 예측하기 어렵다. 잠재고객이나 가망고객 모두 현재 해당 제품이나 서비스를 구매하거나 사용하지 않는 고객이라는 점은 같지만, 가망고객은 잠재고객과는 달리 환경의 변화, 기업의 노력 등에 따라 구매고객으로 전환될 가능성이 매우 높은 고객이다.

문제는, 잠재고객 중 어느 정도가 가망고객으로 바뀔지를 기업의 입장에서 예측하기가 결코 쉽지 않다는 점이다. 바로 이 문제 때문에 기업들은 잠재고객 발굴이 미래에 사업의 성패를 좌우할 중요한 마케팅 활동임을 알면서도 적극적으로 잠재고객 발굴 활동에 나서지 못하고 있다.

셋째, 한정된 마케팅 재원의 문제가 있다. 기업이 고객에게 투입할 수 있는 마케팅 재원은 한정되어있다. 재원이 무한정이라면 예상되는 모든 잠재고객에게 보유하고 있는 마케팅 역량을 집중시키면 된다. 그러다 보면 그중 가망고객이 될만한 고객들을 발굴할 수 있을 것이고, 그 가망고객 중 또 일부가 실제 고객이 될 수 있을 것이다.

그러나, 모든 잠재고객에게 투자해도 될 만큼 무한정의 마케팅 재원을 보유한 기업은 이 세상에 없다. 또한 미래의 고객인 잠재고객 못지않게 지금 이 순간 기업의 존폐를 좌우할 수 있는 현재의 구매고객에게도 마케팅 재원을 쏟아부어야 한다. 이와 같은 여러 어려움 때문에 전 세계 수많은 기업들이 잠재고객 발굴과 그들에 대한 마케팅의 중요성을 익히 알고 있으면서도 쉽사리 그에 투자하지 못하고 머뭇거리고 있는 것이다.

그런데, 그 어려운 일을 나이키는 해냈다.

그들은 운동과는 거리가 멀어도 한참 멀었던 '잠재고객'들을 대상으로 그들의 역량을 쏟아부었고, 그 '잠재고객'이 이제는 '가망고객'을 넘어 나이키의 'VIP 고객'이 되어가고 있다.

나이키에게 가장 중요한
3명의 VIP 고객들

1997년 개봉해 우리나라에서도 제법 큰 인기를 거뒀던 〈지 아이 제인G. I. Jane〉이라는 영화가 있다. 할리우드 스타인 데미 무어가 지성과 체력을 겸비한 여군 조던 오닐 역을 맡아 열연한 영화로 여주인 공을 내세운 군대 영화로는 이례적으로 흥행에 성공한 작품이다.

영화의 내용은 군의 성차별 폐지 법안을 이용해 재선을 노리는 여성 상원의원 드레이븐이 국방부 장관의 지원을 받아 기존에 여군을 받지 않았던 미합중국 해군 소속의 최정예 특수부대 네이비실 훈련에 최초로 여성 대원을 투입시키기로 하면서 벌어지는 에피소드가 주를 이룬다.

결국, 영화는 최초의 씰 대원이 된 여주인공 조던 오닐의 활약에 감명받은 교관과 동료들이 그녀를 더 이상 '여성'이 아닌 '동료'로 인정하게 된다는 훈훈한 결말로 끝을 맺지만, 아직까지 현실은 그렇지 않은 듯하다. 여전히 군대 내 여성은 소수의 특수한 계층이며 근무, 훈련, 진급 등에서 많은 차별을 받고 있다. 그런데, 과연 군대에서만 그럴까?

스포츠 역시 여성의 참여에 극히 소극적인, 아니 소극적인 것을 넘어 참여 자체를 반기지 않는 영역이었다. 과거, 아직 생활체육이라는 분야가 도입되지 않았던 시기, 일부 엘리트 체육인들에 의해서

만 주도되던 스포츠는 그 자체가 '더 강인함', '보다 빠름'을 강조하다 보니 아무래도 여성보다는 남성들이 더 부각되었다.

이는 여성에게 참가는 물론 관전조차 금지됐던 고대 올림픽으로부터 시작해서 최근까지도 이어져 내려왔다. 국제올림픽위원회의 위원장이 1대인 디미트리오스 비켈라스로부터 시작해서 9대 토마스 바흐까지 100년 이상 단 한 명도 빠짐없이 남성인 것만 보아도 스포츠가 얼마나 남성 중심적인 영역이었는지 잘 알 수 있다. 그렇다 보니, 스포츠 브랜드들도 남성 위주의 제품을 만들고 판매하는 데 더 치중할 수밖에 없었다. 그런 상황에 반기를 든 것이 나이키다.

나이키의 최고경영진은 앞으로 다가올 미래에는 여성이 스포츠 활동의 중심에 설 것이라고 생각했다. 또한 여성들을 스포츠의 영역으로 끌어들이지 못한다면 나이키는 물론이거니와 스포츠 용품 업계 전체의 미래는 더 이상 없을 것이라고도 판단을 했다. 마크 파커는 CEO에 취임하기 이전인 제품 개발 담당자 시절부터 "현재는 주요 고객이 아니지만, 언젠가는 여성들이 스포츠 용품시장의 가장 중요한 고객이 될 것이다!"라고 주장하며 여성 제품 라인 확대, 여성 고객 대상 프로모션 및 마케팅 활동을 적극 추진해왔다.

그 결과 탄생한 것이 전 세계 여성 러너들의 축제인 '나이키 우먼스 레이스', 여성 스포츠 애호가들의 한바탕 축제와도 같은 '나이키 위민 빅토리 투어Nike Women Victory Tour' 등과 같은 이벤트들이었다. 거기서 멈추지 않고 나이키는 2015년 부문별 여성 스포츠 스타 27명을 한데 모아서는 패션쇼를 개최하기도 했다.

뿐만이 아니다.

러닝 등 일부 스포츠 종목에 국한되어있던 여성 제품 라인을 확장해서 요가나 필라테스 등 여성들이 선호하는 다양한 스포츠 활동을 위한 제품들을 엄청난 속도로 신규 출시하기도 했다. 그럼에도 불구하고 여성 제품의 비중은 아직 채 20%에도 못 미치고 있지만, 나이키 최고 경영진은 불과 몇 년 안에 그 비중이 40%를 가볍게 넘어설 것으로 보고 있다.

이 같은 나이키의 행보에 대해 일부 우려의 시각이 있는 것도 사실이다. 잠재고객임은 분명하지만, 스포츠 용품시장의 메인 고객이라고까지는 하기 어려운 여성 고객을 대상으로 나이키가 다소 과한 투자를 하고 있는 건 아닌가 하는 의구심을 갖고 있는 이들도 있다. 그러나, 나이키의 마크 파커 CEO는 기회가 될 때마다 다음과 같이 말하며 그런 의구심을 일축시키고 있다.

> *"나이키는 역대 최고의 기회를 눈앞에 두고 있다.*
> *우리는 여성이 아닌, 미래에 투자하고 있다."*

자, 여성들에 이은 나이키의 두 번째 VIP고객은 누구일까?

몇 해 전, 당시 맨체스터 유나이티드에서 맹활약을 펼치던 박지성 선수

열네 번째 강의 나이키의 잠재고객 확보 전략

를 광고 모델로 잡기 위해 전 세계 메이저 스포츠 브랜드의 한국법인들 간에 총성 없는 전쟁이 펼쳐졌다. 엄청난 액수의 계약금이 언급되었고, 다양한 옵션의 보너스가 제시되었다.

그러나, 결국 최후의 승자는 나이키 코리아였다.

계약 기간은 무려 12년. 그 기간 동안 박지성 선수는 '물품 후원'이라는 이름하에 나이키 스우시 로고가 새겨진 옷을 입고 축구화를 신기로 했다. 당시 박 선수의 나이가 이미 스물여섯을 막 넘어서고 있었기에, 사실상 은퇴할 때까지의 종신 계약이라는 의견들이 많았다.

그렇다면, 박지성 선수는 왜 이렇게 파격적인 계약을 나이키와 하게 된 것일까? 몇몇 이들이 추측한 것처럼 단순히 나이키가 엄청난 액수의 계약금을 제시했기 때문일까? 아니면, 맨체스터 유나이티드의 절친한 동료들 대부분이 나이키의 모델로 활약하고 있었기 때문일까? 아니었다. 대한민국과 아시아를 뛰어넘어 유럽 축구계에서도 인정받는 스타플레이어로 떠오른 박지성 선수의 마음을 사로잡은 것은 은퇴 이후에도 '박지성 축구 교실'의 운영에 나이키가 적극적으로 지원하겠다는 약속 때문이었다.

실제로, 그 계약 이후 나이키는 어린이, 청소년들이 축구를 보다 가깝게 여기고 그를 배우고 즐기도록 하는 박지성 선수의 활동을 적극 지원했다. 박 선수가 대한민국을 비롯한 아시아 각지를 돌며 유소년 축구 교실을 운영하고 자선 축구 대회를 개최하는 데 물심양면으로 지원했다. 단순한 물품 지원을 넘어선 메인 스폰서로서 대회 개최를 도왔으며, 자신들의 광고 홍보 네트워크를 활용하여 행사 소식이 전 세계로 알려지도록 하는 데 크게 기여했다.

나이키가 생각하는 또 하나의 잠재고객은 어린이다.

물론, 어린이가 스포츠시장의 주요 고객이 된 지는 한참이 지났고, 나이키 역시 어린이를 위한 다양한 제품군을 개발하여 큰 성과를 거두고 있다. 그러나, 나이키는 아직 그 잠재력의 100분의 1도 제대로 펼쳐지지 않았다고 보는 것 같다. 파커 CEO 역시 모 TV 프로그램과의 인터뷰에서 "요즘 미국의 청소년들은 역사상 가장 몸을 적게 움직이는 세대"라며 "그들이 보다 더 적극적으로 스포츠 활동에 동참해서 그를 통해 삶을 풍요롭게 만들 수 있는지"의 여부가 향후 미국의 미래를 좌우할 커다란 이슈가 될 것이라고 예측했다.

그를 위해 나이키는 앞서 박지성 선수의 사례처럼, 유명 스포츠 스타들과 함께 해당 종목에 대해 아동, 청소년들의 관심을 제고하고 실질적인 도움을 제공할 수 있는 다양한 스포츠 교실 운영에 앞장서고 있다. 크리스티아누 호날두, 웨인 루니, 박지성 선수 등을 후원해 개최하는 유소년 축구 교실이나, 나이키 유소년 풋살 리그, 나이키 3on3 길거리 농구 대회 등이 대표적이다. 뿐만 아니라, 몇 해 전부터 나이키는 5,000만 달러 이상의 돈을 기부하여 청소년 건강을 위한 스포츠 활동 증진 프로그램인 '렛츠 무브 스쿨Let's Move School'을 운영하고 있기도 하다.

나이키가 관심을 갖고 있는 마지막 잠재고객은 제3세계의 저소득층이다.

아직까지 경제적, 정치적 여건이 성숙되지 못한 제3세계 국가 또는 해당 국가의 국민들에게 스포츠는 자신들의 현실과는 전혀 상관없는 꿈만 같은 이야기라고 여겨지기 십상이다. 때문에, 직접 체험하고 즐기기보다는 그저 TV 등을 통해 다른 나라에서 펼쳐지고 있는 스포츠 경기를 시청하며 간접적으로 체험하는 것이 일상에서 누릴 수 있는 거의 유일한 스포츠인 것이 보통이다.

그럼에도 불구하고, 나이키는 제3세계 국가들이나 저소득 계층을 고객으로 끌어들이기 위한 다양한 활동들을 전개하고 있다. 통상적으로 국민소득이 1만 불을 넘어서면 사람들이 테니스를 치기 시작하고, 2만 불이 넘어서면 골프를, 3만 불이 넘어서면 승마를 즐기다가, 4만 불이 넘어서면 요트를 타기 시작한다는 이야기가 있다. 물론, 구체적인 통계자료나 분석 데이터가 없는 일종의 속설에 가까운 이야기이지만, 실제로 많은 국가에서 비슷한 양상을 발견할 수 있다.

실제로 미국 역시 1960년대 중반 무렵까지만 하더라도 스포츠는 특정한 엘리트 체육인들의 전유물로 여기는 분위기가 대세였지만, 국민소득 1만 불이 넘어선 1970년대 중후반 이래 전 국민의 스포츠 활동 참여가

폭발적으로 늘어난 경험이 있다.

　　2016년 4월에 국제통화기금 IMF가 발표한 전 세계 1인 당 명목 GDP 평균은 1만 23달러다. 그러나, 아직까지도 국민소득 1만 불이 되지 않는 국가가 120개국 이상이나 되며, 그중에는 세계적인 인구 대국인 브라질, 베트남, 인도네시아는 물론 성장 잠재력이 무궁무진한 아프리카와 중남미 국가들 대부분이 포함되어있다. 때문에, 나이키는 자신들의 제품을 홍보하는 것 그 이상의 노력으로 그들이 스포츠 자체에 관심을 갖고 그를 즐기는 기쁨을 경험하도록 하는 데 많은 노력을 기울이고 있다.

그 대표적인 프로그램이 'Lace Up Save Lives' 프로그램이다.

2010년, 나이키는 1달러짜리 빨간 축구화 끈을 판매했다. 사람들이 그 끈을 구매하면 수익금은 전액 아프리카에서 에이즈 퇴치 활동의 일환으로 운영되고 있던 축구 교실에 전달이 되었다. 에이즈 환자를 부모로 둔 어린이들, 자기 자신이 에이즈 보균자인 어린이들로 구성된 축구 교실이 운영에 필요한 장비나 비품 등을 구입할 수 있도록 한 프로그램이었다. 당시 아프리카는 물론, 전 세계 최고의 축구 스타였던 디디에 드록바가 메인 광고 모델로 흔쾌히 나서주면서 전 세계인의 큰 관심을 끌어 모았다.

베트남, 페루, 케냐 등 상대적으로 스포츠 문화가 발달하지 못한 나라들을 대상으로는 스포츠 저변 인구의 확대를 지원하는 다양한 체험 프로그램을 제공하기도 했고, 수익금의 50% 이상을 저소득층에 기부하는 '나이키 휴먼 레이스Nike Human Race' 등과 같은 행사를 개최하며, 시기와 상황에 맞춰 연탄이나 단열 창호 제공, 입원 치료비 지원 등을 하기도 하지만, 기부의 상당 부분은 저소득 계층이 보다 활발한 스포츠 활동을 할 수 있도록 하드웨어적, 소프트웨어적인 지원에 집중해왔다.

보이지 않는 고객들에 대한 나이키의 관심.

그 관심을 바탕으로 그들은 끊임없이 잠재고객을 발굴하기 위해 오늘도 세상 곳곳을 누비고 있다.

나이키의 공간을
활용한 경영 전략

그 넓은 땅에 왜 사옥 대신
대학을 지었을까?

야구장,
놀이공원과 승부에 나선 상점들

2015년 가을. 백화점, 대형 할인마트를 운영 중인 신세계 그룹의 정용진 부회장은 자신이 경영하는 그룹의 직원들을 대상으로 한 강연에서 다음과 같이 말했다.

"우리의 경쟁자는 야구장과 놀이공원입니다."

온라인과 오프라인으로 그 강연을 듣던 수천 명의 직원들은 그룹 수장이 언급한 최대 경쟁자가 이제까지 늘 경쟁자라 생각하고 치열하게 경쟁해왔던 국내 유통 업계의 공룡 기업인 롯데쇼핑이나 글로벌 1위의 대형 할인 마트인 월마트 같은 전통적 유통 업체가 아니라 다른 곳이라는 말에 어리둥절할 수밖에 없었다. 설혹 그렇다 하더라도 최소한 신흥강자로 떠오른 중국계 유통 업체나 아마존, 알리바바 등과 같은 온라인 유통 업체를 언급할 줄 알았는데, '야구장'과 '놀이공원'은 너무나도 뜻밖이었다.

그런데 실제로, 그 같은 발언이 있은 지 불과 1년도 채 지나기 전에 신세계는 경기도 하남시에 '스타필드'라는 쇼핑 테마파크를 개장했다. 총 1조 원을 투자해 11만 8,000제곱미터의 엄청난 넓이의 땅에 지하 4층, 지상 4층으로 지어진 스타필드는 아쿠아 필드, 스포츠 몬스터, 영화관 등으로 구성된 엔터테인먼트 공간과 고메 스트리트, 잇토피아 등의 식음 공간 그리고 신세계백화점과 이마트 트레이더스 등이 들어선 쇼핑 공간 등 말 그대로 쇼핑, 여가, 레저를 한군데서 즐길 수 있는 신개념 테마파크였다.

그렇다면 정 부회장은, 그리고 신세계는 왜 이런 선택을 했던 것일까? 왜 자신들의 경쟁 상대가 일반적인 유통 업체가 아닌 야구장과 놀이공원 같은 곳이라고 했을까?

과거 소비자들이 유통 업체에 가는 이유는 명확했다.

'물건을 사기 위해서.'

물건을 사는 기준 역시 분명했다.

'더 좋은 물건을 싸게.'

그 이외에는 없었다. 더 좋은 물건을 싸게 사는 방법 역시 단순했다. 그 물건을 많이 취급하고, 그 물건을 사기 위한 사람이 많이 몰리는 곳에 가면 그만이었다.

그런데 세상이 변했다.

과거 생존을 위해, 즉 먹고살기 위해 물건을 사던 사람들이 물건을 사는 소비 행위를 유희로 여기기 시작한 것이다. 내가 열심히 모은 재화를 활용해서 내게 필요한 물건이나 서비스를 구매하는 쾌감에 눈을 뜨기 시작한 것이다. 소득 수준이 높아지면서 생필품 위주로 꼭 필요한 것만 최소량으로 구매하며, 최대한 수중에 있는 돈을 아끼는 '검약'을 미덕으로 여겼던 시대가 필요하다면 밥을 굶고서라도 손에 쥐는 것을 너그럽게 허용하는 문화가 정착이 된 시대로 바뀌었다. 사람들은 물건을 사는 활동을 기왕이면 더 재미있게 하고 싶어 했다.

물건을 사는 방식 역시 변했다. 유통 채널이 다변화되고 온라인 쇼핑 등 새로운 구매 방식이 등장을 하면서 더 좋은 물건을 싸게 사기 위해 굳이 기존의 유통 업체를 가지 않아도 충분했다. 내 방 안에서 컴퓨터 모니터로 확인하고 마우스 클릭 몇 번이면 더 좋은 물건을 훨씬 싸고 편하게 사들일 수 있는 시대가 된 것이다.

실제로, 전 세계에서 리바이스 청바지가 가장 많이 팔리는 매장은 어디일까? 샌프란시스코 유니온스퀘어 인근에 있는 본점 매장일까? 아니면, 거주 인구 1,784만 명에 유동인구는 3,500만 명이 넘는다는 중국 상하이 중심가 화이하이루에 있는 매장일까? 아니다. 현재 리바이스 청바지가 가장 많이 팔리는 매장은 인터넷에 있다. 페이스북과 마이스페이스 등에 연동되어있는 리바이스 온라인 매장에서 전 세계에서 가장 많은 리바이스 청바지가 팔리고 있다.

사람들은 더 이상 '꼭 필요한 물건을', '더 싸게 사기 위해' 굳이 기존의 신세계 매장과 같은 전통적인 유통 업체를 방문할 필요성을 느끼지 못하고 있다. 때문에, 신세계는 자신들의 매장을 '필요한 물건도 있지만, 그다지 필요는 없어 보이지만 신기한 물건이 있는', '지금 당장 사야 하는 물건도 있지만, 나중에 여유가 되면 한 번쯤은 구매해보고 싶은 물건도 있는', '구매해서 유용한 물건도 있지만, 구경하는 것만으로도 즐겁고 재미있는 물건이 있는' 공간으로 변화시키고자 했다. 그를 통해, 다른 '새로운' 경쟁자들에게 뺏겼던 고객들을 다시 찾아오고자 한 것이다.

그렇다면, 사무 공간은 어떨까? 이전까지 사무 공간은 최대한 심플한 구조로 이뤄져 작업을 하기에 효율적인 공간이 최선이라고 여겨져 왔다. 최대한 좁은 공간에 최대한 많은 사람들을 집어넣고, 최소한의 휴식 공간만을 부여했다. 일을 하는 데 불필요한 공간이나 시설물은 어떠한 것도 설치할 수 없었다. 회사라는 곳은 '일하는 곳' 그 이상도 이하도 아니었다.

그러나, 시대가 바뀌었다.

기업의 사무 공간은 경영 활동의 모든 요소가 펼쳐지는 공간임과 동시에 그 기업의 철학이 담겨있는 공간이자 그를 외부에 적극적으로 알릴 수 있는 하나의 쇼룸으로 인식되기 시작했다.

공간을 바꾸다, 업의 성격을 바꾸다

스페인 카탈루냐 지방을 대표하는 도시인 바르셀로나의 서쪽 편에는 유럽에서 가장 크고 유명한 경기장이 있다. 스페인 프로 축구 리그이자 잉글랜드의 프리미어리그, 이탈리아의 세리에A와 더불어 세계 3대 프로 축구 리그 중 하나로 꼽히는 프리메라리가 소속 축구

팀, 그것도 그냥 보통 팀이 아니라, 20회가 넘는 프리메라리가 우승, 여러 번의 챔피언스리그와 클럽 월드컵 우승에 빛나는 세계에서 가장 유명하고 가장 인기 있는 팀 중 하나인, FC바르셀로나의 홈 경기장 캄노우Camp Nou가 바로 그 주인공이다.

영어식 발음인 '캄프 누'로 더 잘 알려져 있는 캄노우는 수용인원이 9만 8,000명이 넘는 어마어마한 규모의 경기장이다. 2016년 초 기준 유럽에서 가장 큰 경기장이면서 세계에서 11번째로 거대한 경기장으로 알려져 있다.

그런데, 사실 캄노우는 그냥 경기장 하나라기보다는 다양한 종목의 경기를 치를 수 있는 여러 경기장과 다양한 시설들로 이뤄진 일종의 복합건물군complex이라고 보는 것이 맞을 것 같다.

우리가 캄노우로 알고 있는 축구 경기장을 중심으로 정규 경기를 치를 수 있는 여러 개의 보조 축구장들이 있고, 농구 경기장인 팔라우블라우그라나Palau Blaugrana, 아이스링크인 피스타데이에로Pista de Hierro Camp Nou 등이 있다. 이외에도 캄노우 경기장과 연결된 건물에는 FC바르셀로나의 모든 자료를 소장하고 있는 박물관과 수많은 기념품들을 판매하고 있는 쇼핑센터가 위치하고 있다.

그렇게 구성된 캄노우는 각 경기장을 쓰는 스포츠 팀의 경기가 있는 날뿐만이 아니라, 경기가 없는 날에도 사람들로 붐빈다. 그 이유는, 수많은 사람들이 투어 프로그램을 통해 경기장 곳곳과 박물관 등을 둘러보기를 원하기 때문이다. 투어 프로그램은 가이드의 안내에 따라 시간대별로 일정한 동선을 이동해가며 경기장을 관람하게 되어있는데, 관중석과 그라운드는 물론, 선수들의 숨결이 스며들어있는 라커룸, 의무실, 자쿠지가 설치된 회복실 등은 물론, 최고의 슈퍼스타들이 쓰라린 패배의 아픔을 달래기 위해 들렸을지도 모르는 선수 전용 성당, 기자회견을 하는 프레스룸까지 모두 들어가볼 수 있는 알찬 프로그램이다.

박물관 역시 마찬가지다. 선수 유니폼 몇 벌 걸려있는 허접한 전시 공간이 아니라 각종 멀티미디어와 첨단 전시 장비를 동원해 어떤 곳은 한 편의 영화를 보는 것 같은 느낌이 들기도 하고, 또 다른 어떤 곳은 환상적인 우주 공간에 들어선 느낌이 들도록 꾸며져 있다. 때문에 투어 프로그램에 참여하거나 박물관 관람을 한 이들은 본래 FC바르셀로나의 팬이 아니더라도 저도 모르게 팬이 되어버리는 경우가 허다하다.

이러한 모습은 우리나라에서도 찾아볼 수가 있다.

부산광역시 영도구에 자리 잡은 삼진어묵은 60여 년의 전통을 보유한 대표적인 어묵 생산 업체였다. 그러나, 어묵이라는 단일 품목만을 생산하는 소규모 업체이다 보니 업계를 대표하는 기업 중 한 곳이라고는 하나 수십 년째 영세한 규모와 열악한 생산 환경을 벗어나지 못하는 그냥 '오뎅 공장'이었다.

그러나, 2대 사장이 지병으로 쓰러지고 미국에서 유학 중이던 3세 박용

열다섯 번째 강의 나이키의 공간을 활용한 경영 전략

준 대표가 귀국해서 사업을 맡게 되었는데, 그는 기존과 같은 방식으로는 더 이상 사업을 영위하기 힘들다고 봤다. 기존에 보유하고 있던 기술력과 전통의 두께가 쌓인 브랜드는 그대로 유지하되 나머지는 전혀 다른 방향으로 바꾸었다. 먼저, 공장을 거의 신축 수준으로 리모델링했다. 기름때와 어묵 재료 찌꺼기가 굴러다니던 공장을 첨단 반도체나 의약품을 생산하는 공장처럼 깨끗하고 위생적으로 바꿨다.

거기다가 제품 역시 전면적으로 개선했다. 주로 밑반찬 재료로 쓰이거나 음식의 부재료로 쓰이던 어묵 제품을 그 자체가 하나의 요리처럼, 음식처럼, 간식처럼 받아들여질 수 있도록 고구마 어묵, 단호박 어묵, 어묵 고로케, 치즈말이 어묵 등으로 다채롭게 바꾸었다. 제품의 구성이 바뀌었으므로, 제품을 판매하는 방식 역시 변경되었다. 대부분의 제품을 중간 유통 업체에 납품하던 방식을 바꿔, 고객들이 직접 매장에 방문해 즉석에서 구입해서 먹을 수 있도록 했다. 공장에서 먼 지역에는 전문 판매점을 오픈했다. 특히, 부산 지역의 기차역 등지에 매장을 개설해서 부산을 찾은 외지인들이 기념품으로 사갈 수 있도록 한 것도 주효했다.

화룡점정은 체험관의 개설이었다. 공장의 한쪽 구역을 체험관으로 꾸며 고객들이 어묵의 역사, 만들어지는 과정 등을 지켜보고, 간단한 어묵은 직접 만들어볼 수 있도록 꾸민 것이다.

이러한 사업적 변화는 주효했고, 사람들은 더 이상 삼진어묵을 '오뎅을 만들어 납품하는 공장'이라고 생각하지 않게 되었다. 그보다는 '어묵을

식재료에서 음식의 수준으로 높인 기업', '어묵 베이커리 등을 운영하는 식음료 업체', '부산을 대표하는 관광명소'로 인식하고 있다. 덕분에 3대가 가업을 물려받은 지 불과 4년 만에 삼진어묵의 매출은 10배 이상 늘어났고, 현재까지도 승승장구 중이다. 이들 외에도 구글, 페이스북 등 수많은 기업들이 자신들의 일터, 생산 현장을 멋지게 꾸며놓고 고객들에게 적극적으로 오픈하고 있다.

그렇다면, 이들은 왜 이렇게 자신들의 일터를 적극적으로 외부에 노출해 관광객들을 들이고 있을까? 과거에는 과정이 어찌되었건, 누가 만들건 최종 단계의 제품과 서비스만 괜찮으면 사람들은 별로 신경을 쓰지 않았다. 그러나 비슷비슷한 수준의 제품과 서비스들이 시장에 쏟아지면서 경쟁은 더욱 치열해졌고, 소비자들은 과거에 비해 훨씬 더 똑똑해지고 많은 정보를 갖게 되었다. 이러한 상황 속에서, 소비자들은 자신이 구입하고자 하는 것이 어떤 제품, 어떠한 서비스냐에 더해 어떤 사람들이, 어디서, 어떻게, 만드는지를 제품이나 서비스 선택의 주요한 요소로 여기게 된 것이다.

그러한 상황의 변화에 가장 발 빠르게 대처하고 있는 경영자 중 하나인 현대카드의 최고 경영자는,

"기업의 근원적 경쟁력은 기술뿐만이 아니라
특유의 기업문화를 빼놓을 수 없다."

"그 기업문화를 가장 잘 드러내고 있는 것은

바로 본사 사옥 그 자체다."

라고 했다. 기업의 본사가 경쟁력의 핵심이 되고, 그러한 본사를 가꾸는 것이 혁신의 주요한 포인트가 되며, 그렇게 혁신한 본사를 외부에 선보이는 것이 가장 효과적인 마케팅 활동 중 하나라는 것이 현재의 대세인 듯하다.

그런데, 자신들의 일터를 단순한 일터가 아닌 최고의 쇼룸으로 꾸며놓고, 그를 방문하는 고객들을 매혹시키는 데는 나이키만한 기업이 또 없다.

본사가 아니다, 대학이다

어떠한 회사의 본사, 본부 등을 일컫는 이름은 대동소이하다. 나라에 따라서, 속한 산업의 특성에 따라서, 혹은 회사에 따라서 '캐피탈'이나 '센터'라는 단어를 쓰기도 하지만, '헤드쿼터'라고 하는 경우가 가장 흔하다.

헤드쿼터가 언제부터 '기업의 본사'를 뜻하는 단어로 쓰이게 되었는지에 대해서는 여러 가지 설이 있는데, 그중 가장 정설로 통하는 것이 군대에서 '사령부'를 뜻하던 단어에서 파생되었다는 설이다. 군대에서는 개별 전투원, 병사들을 일컬어 쿼터quarter라고 하는데, 그러한 병사들이 모인 집단quarters의 우두머리head를 뜻하는 단어인 헤드쿼터가 회사의 본부를 뜻하는 단어로 쓰이게 되었다는 것이다. 따라서 헤드쿼터는 발음은 헤드쿼터로 읽더라도 영어 스펠링은 항상 복수형으로 써야 된다고 한다.

그런데, 거대한 기업의 본사, 본부임에도 불구하고 헤드쿼터라는 이름표를 달지 않는 곳이 있다. 우리가 학습하고 있는 나이키가 바로 그 주인공이다. 나이키는 자신들의 본사 사옥을 '캠퍼스'라고 부른다.

오리건주 포틀랜드 시내에서 차를 타고 30분 정도 달리면 나오는 비버톤이라는 동네는 이름에 들어간 비버라는 귀여운 설치류 동물의 이름이 풍기는 이미지처럼 녹음이 우거진, 풍요로운 자연환경을 자랑하는 조용한 시골 마을이다. 그런데, 그곳에 놀랍게도 세계 최고, 최대의 스포츠 브랜드인 나이키의 본사 '나이키 월드캠퍼스Nike World Campus'가 자리 잡고 있다.

1990년 6월 완공한 나이키 월드캠퍼스는 9만 평의 대지에 야트막한 7동의 건물로 이뤄진 말 그대로 작은 대학 캠퍼스와 같은 모습이었다. 그랬던 것이 2001년도에 6동의 건물이 추가로 지어지며 11년 전에 비해 정확히 두 배 규모인 20만 평으로 확장되었다. 이후에도 크고 작은 부지 확장과 건물 신증축을 거쳐 현재와 같은 모습으로 완성되었다.

방문객들이 나이키 월드캠퍼스에 도착하면 공동창립자 빌 보워만의 이름을 딴 '원 보워만 드라이브'라는 출입구와 메인 도로를 지나게 된다. 그 도로는 캠퍼스 한가운데를 차지하고 있는 4,000제곱미터가 넘는 넓은 호수의 주변을 빙 둘러 뻗어있는데, 호수와 도로 주변에는 17개의 건물들이 세워져 있다. 각 건물들의 이름은 나이키의 탄생과 성장에 큰 역할을 하였거나 나이키의 광고 모델로 활약한 스포츠 스타들의 이름을 따서 붙였다.

대표적인 건물들을 꼽아보자면, 얼마 전까지 수십 년간 깨지지 않던 최다 득점 기록을 세운 여자 축구계의 전설 머라이얼 햄, 일명 미아 햄의 이름을 딴 미아 햄 빌딩이 있다. 백색 외벽에 유리로 된 이 건물은 무려 4만 2,000제곱미터의 넓이를 자랑하는 어마어마한 규모의 건물로 나이키의 연구 개발 인력들이 주로 사용하고 있다.

나이키 월드캠퍼스에는 미아 햄 빌딩보다 규모는 작지만 방문객들에게는 훨씬 더 인기 있는 건물들이 훨씬 더 많이 있다. 나이키 최초의 광고 모델이었던 스티브 프리폰테인의 이름을 딴 스티브 프리폰테인 홀은 공동창업자였던 보워만과 그의 제자였던 프리폰테인에 관한 여러 가지 자료들을 전시하고 있어 나이키의 역사에 관심이 있거나, 트랙 육상 경기에 애정이 있는 이들에게는 성지와도 같이 여겨지는 곳이다.

야구 선수일 때는 메이저리그를 대표하는 외야수로 활약하며 올스타에 뽑혔고, 이후 미식축구로 전향해서 NFL 올스타 게임인 프로볼의 멤버로 꼽혔던 '만능 운동 천재' 빈센트 에드워드 '보' 잭슨의 이름을 딴 보 잭슨 피트니스센터 역시 나이키의 직원들은 물론, 관광객들이 즐겨 찾는 건물이다. 이외에도 미 여자 농구의 전설이자, 여자 대표팀을 이끌고 2004 아테네 올림픽 여자 농구 금메달을 획득했던 비비안 스트링거 감독의 이름을 딴 비비안 스트링거 아동발달센터 등이 있다.

　　　나이키가 이와 같은 공간을 조성하고, 그 이름을 '본사'가 아닌 '대학'이라는 의미의 '캠퍼스'라고 정한 이유는 정확히 알려져 있지 않다. 단순히 두 창업자가 대학에서 만난 사이라는 것을 강조하기 위해서 캠퍼스라는 이름을 붙였다는 설도 있고, 지성의 전당인 대학처럼 안에서 일하는 직원들이 저마다 자유로운 분위기 속에서 새로운 기술과 디자인을 연구하라는 의도로 캠퍼스라고 부르기 시작했다는 설도 있다. 심지어, 그냥 단순히 뭔가 있어 보이기 위해, 멋있어 보이라고 캠퍼스라고 부르게 되었다는 설도 있는 등 사람마다 설명이 제각각이다.

그러나 한 가지 분명한 것은, 나이키의 본사는 핵심적인 부서가 몰려있는 글로벌 기업의 본사답지 않게 미리 신청한 사람이라면 누구라도 자유롭게 방문해서 나이키의 역사와 현재 그리고 미래를 살펴볼 수 있고, 그 안에서 근무하는 직원들 역시 대학의 연구원처럼 자유로운 분위기

속에서 그러나 때로는 밤잠을 잊을 만큼이나 치열하고 독하게 업무에 매진하고 있다는 점이다. 그리고, 그를 통해 나이키는 자신들이 얼마나 대단한 기업이고, 얼마나 썩 괜찮게 물건을 만들어내는 기업인지를 만천하에 알리고 있다는 점이다.

이탈리아 베네치아에 있는 페기 구겐하임 미술관에는 유명한 작품 하나가 있다. 이탈리아 현대 미술가인 마우리치오 나누치 Maurizio Nannucci의 작품인데, 적갈색의 벽면에 네온사인으로 만든 글자가 붙어있는 설치미술 작품이다. 그런데, 사실 이 작품이 전 세계적 인기를 끌게 된 것은 그 작품성보다는 작품에 담긴 문장 내용 때문이었다.

'Changing Place, Changing Time, Changing Thoughts,
Changing Future.'

'공간이 바뀌면, 시간이 바뀌고, 생각이 바뀌고, 미래가 바뀐다.' 즉, 사는 공간이 바뀌면 그곳에서 살아가는 삶의 시간들이 바뀌게 되고, 시간들이 바뀌게 되면 그 시간 동안 하게 되는 생각이 바뀌게 되며, 생각의 바뀜은 곧 미래에 살게 될 삶의 내용이 바뀌게 한다는 뜻이다. 많은 이들이 이 작품을 이루는 문장의 내용에 공감했고, 수많은 이들의 SNS를 통해 퍼져 나가 언론에 알려지고 온갖 아류작들이 만들어지기도 했다.

나누치의 작품이 말해주듯, 우리 삶에 있어서나 기업 경영에 있어서 '환경', '공간'이 주는 영향은 점점 커지고 있다. 그리고 많은 성공한 이들이 그에 착안해 자신들의 공간을 바꾸기 위해 노력하고 있다.

열여섯 번째 강의

나이키의 디지털 활용
전략

왜 애써 쌓은 담장을
무너뜨렸을까?

영화 속에서나 만날 것 같은
신발을 만드는 사람들

할리우드의 대표적인 인물 스티븐 스필버그가 제작하고 SF, 액션 영화계의 인기 감독인 로버트 저메키스가 감독한 영화 〈백 투 더 퓨처〉는 1985년도에 개봉한 1편의 성공에 힘입어 89년도와 90년도에 각각 2편과 3편이 제작된 대표적인 SF 시리즈 영화다.

힐밸리에 사는 평범한, 아니 조금은 부족하고 어리숙한 청소년 마티 맥플라이가 평소 친하게 지내던 괴짜 발명가 에미트 브라운 박사가 개발한 드로리안DeLorean이라는 타임머신을 타고 과거 혹은 미래로 여행을 떠나 그곳에서 벌이는 모험과 에피소드들로 구성된 이 영화는 '스티븐 스 필버그'라는 브랜드 파워와 주인공 맥플라이 역할을 맡은 당대 최고 청 춘스타 마이클 제이 폭스의 인기, 그리고 시간 여행이라는 조금 진부하 기는 하지만 나왔다 하면 늘 관심과 인기를 끄는 소재의 3박자가 맞아 떨어지면서, 세 편 모두 제작비의 몇 배를 수익으로 거두는 큰 인기를 거둘 수 있었다.

그 시리즈 중 두 번째 작품인 〈백 투 더 퓨처2〉는 '속편은 성공하기 힘들 다'는 속설을 비웃기라도 하듯, 1989년 11월 22일 개봉한 이래 미국은 물론 전 세계적인 흥행 돌풍을 일으켜 3억 3,100만 불이라는 흥행 기록 을 수립했다. 이는 1989년도 전 세계에서 개봉한 영화 중 3위에 해당하 는 기록이었다.

영화 〈백 투 더 퓨처2〉는 다양한 특수효과와 미래의 모습에 대한 스필 버그 감독의 기발한 상상력으로 큰 화제가 되었는데, 그중에서도 가장 많은 관객들의 눈길을 사로잡았던 것이 바로 공중에 떠서 움직이는 호 버보드hover board, 그리고 나이키 운동화였다.

물론, 영화에서 미래로 묘사한 '2015년 10월 21일'에 등장한 나이키 운 동화는 지금 우리가 신는 그런 평범한 보통 운동화가 아니었다. 영화 속 주인공 마티 맥플라이가 신자 헐렁했던 신발이 갑자기 그의 발 크기를 감지하더니 저절로 줄을 죄고, 앞코를 줄여 발에 딱 맞는 크기로 바뀐 그런 운동화였다. '자신의 발에 맞춰 신발을 구입하는 것이 아니라, 신발이 저절로 발의 크기에 감응하여 변화한다.' 사람들은 그 콘셉트에 열광했고 신기해하기는 했지만, 현재의 기술로는 얼토당토 안 한 꿈같은 신발이라고 생각했다.

그런데, 그를 '꿈'이 아닌 가까운 미래에 만들어내야 할 '목표'라고 생각했던 사람들이 있었다. 당연히 '나이키의 사람들'이 그 주인공이다. 그들은 그 무렵부터 발 크기에 자동으로 맞춰지는 신발의 개발에 착수했다. '나이키 이노베이션 팀'이라 이름 붙여진 신기술 개발부서에서 우리 모두가 꿈이라 생각한 것들을 현실로 만들어내기 위한 작업을 했다. 결국, 영화에서 예견한 시간 2015년보다 4년이나 앞선 2011년에 나이키는 맥MAG이라는 이름의 신발을 출시하게 되었다.

물론, 나이키 맥은 일반인들을 대상으로 발매한 신발이 아니었다. 한정 수량으로 출시되어 경매를 통해 매우 고가에 판매한 뒤, 그 수익금을 '영화 속에서나마' 최초로 그 신발을 신었던 마이클 제이 폭스가 설립한 파킨슨병 연구재단에 기부하는 방식으로 진행된 일종의 이벤트성 행사에 쓰인 제품이었다. 하지만, 실제로 그러한 기술이 발명된 것은 사실이었고, 나이키는 관련된 특허를 출원하며 정식 제품의 출시가 곧 임박했음을 알렸다.

그리고 결국, 2016년 3월 뉴욕에서 개최된 미디어데이를 통해 정식 발매용, 즉 대량생산용 시제품을 선보이며 조만간 자동으로 운동화 끈이

조여지는 그 미래의 신발이 정식 출시될 것임을 공식 발표했다. 나이키 하이퍼어댑트1.0^{HyperAdapt1.0}로 이름 붙여진 이 신발은 신발 옆에 달린 단추 두 개를 누르는 방식으로 끈을 조절해 뛸 때 신발이 벗겨지거나 너무 조여서 발이 압박받는 상황을 예방하도록 했다. 필요한 순간 개개인에게 맞춤형처럼 들어맞는 운동화로 개발돼 손을 대지 않아도 자동으로 사용자의 필요를 감지해 끈을 조이고 푸는 기능까지 장착하고 있었다.

프로젝트의 기술 책임자였던 티파니 비어스^{Tiffany Beers}는 설명회에서 "신발과 착용자의 발이 상호 교감하는 시대가 도래"했음을 선포하며, 앞으로 "축구화 밑바닥의 진흙이 달라붙는 것도 예방하는 신발을 개발하겠다"는 계획을 밝혔다.

이처럼, 나이키는 우리가 까마득한 미래의 일이라고 생각했던 것들을 지금 현재의 일로 만들기 위해 오랫동안 노력해왔다. 그리고 그 성과물들을 하나씩 우리 앞에 내놓으며, 나이키가 지금 이 순간만의 세계 최강자가 아닌 미래에도 지속적으로 세계 최강자가 될 것임을 차분하게 입증해오고 있다.

나이키의 미래 준비, 그로부터 우리가 배워야 할 교훈은 무엇일까? 이번 시간에는 디지털 기술과의 접목을 통해 미래를 준비하고 있는 나이키의 전략과 그들이 그리는 미래상에 대해 학습해보자.

나이키 매장은
길 건너편에 있습니다

2006년 늦은 여름으로 기억한다. 오사카 시내 한복판을 걸어가다 오사카는 물론 간사이 지방에서 가장 큰 규모로 알려진 애플 신사이바시 스토어 앞에 발이 멈췄다. 일본에 온 김에 러닝을 할 때나 피트니스센터를 다닐 때 갖고 다니던 구형 아이팟 터치를 대체할 새 아이팟을 하나 구입할 생각이었다. 평상시 눈여겨봐둔 제품이 있었기에 고를 필요도 없이 제품이 포장되는 것을 지켜보며 계산을 막 마칠 무렵이었다. 구매를 돕던 점원이 스토어의 문을 열고 나서려는 나에게 마지막으로 한마디를 더하는 것이었다.

"나이키 스토아와 미치노 오 와타루가와 니 아리마스."

'나이키 스토어는 길 건너편에 있습니다'라니….
너무나 뜬금없는 이야기였다. 애플의 전자 기기 제품을 사러 온 사람에게 갑자기 '건너편에 스포츠 용품 매장이 있다'라니.
그러나, 점원이 실없는 사람이어서 그냥 해본 말도, 외국인인 내게 농담 삼아 그런 이야기를 한 것도 아니었다. 매장 밖으로 나가보니, 애플의 기기를 구입한 상당수의 사람들이 바로 길 건너편에 있는 오사카 최대 규모의 나이키 매장에 가기 위해 길을 건너가는 것이었다. 그 반대도 있었다. 검은색 바탕에 하얀 스우시가 새겨진 나이키 쇼핑백을 든 사람들이 길을 건너와서는 방금 내가 나온 애플 스토어로 들어가기도 했다.

이게 어찌된 영문이었을까?

알고 보니, 이날이 일본 최초로 나이키 플러스 관련 제품이 나이키와 애플 매장에서 판매되기 시작한 날이었기 때문이다. 오사카와 근교에 거주하는 수많은 애플과 나이키의 팬들이 시판일에 맞춰 서로 마주보고 있는 애플 신사이바시 지점과 나이키 신사이바시 지점을 방문한 것이다. 오사카 최고의 중심가인 미도스지오마치 사거리에 위치한 두 지점은 애플과 나이키가 간사이 지역에 세운 대표적인 플래그십 스토어였다. 애플 매장의 직원은 나 역시 이날을 손꼽아 기다려온 애플과 나이키의 수많은 팬들 중 하나라고 생각해서 그랬는지도 모르겠다.

그렇다면, 도대체 이날 출시된 나이키 플러스라는 것이 무엇이기에 오사카의 애플과 나이키 팬들, 아니 일본 내 두 브랜드의 팬들, 아니 전 세계 팬들이 매장으로 몰려들었던 걸까? 그저 단순히 새로운 홈페이지, 새로운 앱, 혹은 그와 연동시킬 수 있는 기기나 운동화 하나에 사람들이 그토록 관심을 갖고 열광했던 걸까?

나는 그날의 현장을 직접 목격한 이후, 바로 이 나이키 플러스에 어쩌면 향후 미래를 준비하는 나이키의 전략이 숨겨져 있을지도 모른다고 생각했다.

2006년 5월 23일, 나이키의 CEO 마크 파커와 애플의 CEO 스티브 잡스가 뉴욕의 한 행사장에 동시에 등장했다. 그들의 옆에는 지금은 약물 복용 등의 혐의로 오명을 쓴 채 은퇴했지만, 당시만 하더라도 고환암을 극복하고 사이클 선수가 평생 단 한 번도 우승하기 어렵다고 알려진 투르 드 프랑스 대회에서 무려 7년 연속 우승의 위업을 세운 '사이클의 황제' 랜스 암스트롱이 서있었다. 그리고 그 곁엔 영국 출신의 여성 육상 선수로 마라톤 세계기록 보유자였던 폴라 래드클리프가 함께하고 있었다.

그 자리에서 나이키의 파커는,

"나이키 플러스 아이팟은
디자인과 혁신 모두의 측면에서 소비자에게 의미 있는 경험을
선사하기 위한 열정이 있는 두 글로벌 브랜드 간의
파트너십입니다!"

라고 주장했다. 애플의 잡스 역시,

*"우리는 새로운 차원의 음악과 스포츠를 선사하기 위해
함께 노력하고 있습니다!"*

라며, "나이키 플러스 아이팟은 당신의 모든 운동 단계마다 당신에게 동기부여를 해줄 코치 또는 트레이너를 선사할 것이다"라고까지 했다. 파커 역시 "이것은 단지 첫 결과물일 뿐이며, 앞으로 나이키 플러스 아이팟은 사람들이 달리는 방식을 바꿀 것이고, 더 나은 경험을 제공할 것이며, 미래에 더 많은 혁신이 나이키 플러스로부터 시작될 것임을 믿는다"라며 자신만만해했다.

그렇게 세상에 등장한 나이키 플러스 아이팟Nike+iPod은 기대와 실망 두 개의 극명하게 다른 비평가들의 목소리를 들어야 했다. 기대감에 들뜬 이들로부터는 '나이키가 드디어 스포츠의 영역을 벗어나 더 큰 세상을 꿈꾸게 되었다', '애플이 아이튠즈로 영상과 음악 콘텐츠 생태계를 만들어냈다면, 이번 나이키와의 작업을 통해 스포츠의 영역에서도 새로운 생태계를 만들어낼 것이다'라는 찬사를 들었다. 반면, 실망한 이들로부터는 '아무리 잘 포장해서 광고해봐야 '압전센서piezoelectric sensor'를 이용한 단순한 기기 간의 결합 그 이상도 이하도 아니다'라는 혹평을 들어야 했다.

시장의 반응 역시 양분되었다. 미국, 일본 등지에서는 마치 내가 오사카

에서 마주했던 장면처럼, 서로 조금이라도 먼저 나이키와 애플이 만들어낸 새로운 문물을 접하기 위해 고객들이 매장으로 몰려들어 일부 제품들은 출시와 동시에 품절되다시피 했다. 반면, 유럽이나 일본을 제외한 한국, 홍콩 등의 아시아 국가에서는 별다른 반응이 없었고, 관련된 제품들의 판매량 역시 미미하기 이를 데가 없었다.

그러나, 이날 나이키와 애플이 시작한 행보는 단순히 제품의 판매량이나 매출 금액으로만 판단할 수 없는 보다 중요한 의미가 있다. 그동안 나이키가 만든 제품에는 중요한 한계가 있었다. 옷이나 신발 그리고 가방 모두 우리 신체와 밀착하여 사용하는 물건임에도 불구하고 신고, 입고, 들고 사용할 때 그뿐, 나머지 시간에는 우리의 삶에서 조금은 멀리 떨어져 있을 뿐만 아니라 도구 사용의 연속성 또한 떨어지는 제품들이었다.

이는 매우 중요한 의미를 지닌다.

잠깐 다른 이야기를 해보자. 한때, 일본과 우리나라를 비롯해 전 세계적인 인기를 끌었던 다마고치라는 게임기가 있다. 일본의 유명 완구사인 반다이에서 만든 장난감으로, 기계 안에서 가상의 애완동물을 키우는 육성 시뮬레이션 게임이었다. 1997년 우리나라에서도 출시가 되었는데, 이 게임을 하기 위해 학교를 빼먹거나, 기르던 다마고치가 죽었다고 방에 틀어박힌 채 밖으로 나오려 하지 않은 아이들이 생기면서 사회문제화되기까지 했던 초히트 상품이었다.

그런데, 이 다마고치라는 게임을 해본 사람들은 알겠지만, 게임에 쓰인 그래픽이 대단하다거나 게임 방식이 다채로운 게임기가 아니었다. 아니 어쩌면, 그 이전에 나온 다른 어떤 휴대용 게임기보다도 간단한 기술에 조잡한 화면으로 구성된 게임기였다. 그럼에도 불구하고 전대미문의 성공을 거둔 까닭은 날마다 접촉해서contact 게임 속 캐릭터가 성장하는 시간을 함께한다together는 점이었다. 즉, 그냥 그대로의 다마고치는 조잡한 싸구려 게임기에 지나지 않았지만, 그걸 소비자가 매만지며 함께 시간을 보내 그 시간과 경험이 쌓이면 그 게임기는 더 이상 그냥 게임기가 아닌 소비자 자신의 분신과도 같은 존재가 되기에 다마고치는 그처럼 엄청난 인기를 끌 수 있었다.

나이키 플러스 역시 마찬가지였다. 그간 나이키의 제품은 제품 자체의 가치는 매우 탁월했지만, 그를 입고, 신으며 함께한 경험을 다른 형태로 재생산하거나 공유할 방법이 없었다. 나이키 플러스는 그걸 가능하게 하겠다는 시도였다. 즉, 나이키 제품에 애플을 비롯한 다른 제품을 더해 소비자의 시간과 경험을 극대화하겠다는 생각. 그것이 바로 나이키가 나이키 플러스를 통해 이야기하고 싶었던 본심이었다. 즉, 나이키 플러스는 단순히 제품에 제품을 더한 것이 아니라, 나이키의 디지털 기술을 기반으로 소비자가 나이키의 제품과 함께한 시간과 경험을 극대화해서 새로운 가치로 만들어내겠다는 그들의 미래 계획이 담겨있는 야심작이었다. 나이키는 어느 IT 기업보다도 먼저 디지털 기술이 우리 삶에 미치는 파급효과를 직시하고 그를 자신들의 제품과 접목시키는 활동에 탁월했던 이들이었다.

스포츠, 새로운 미래와 만나다: 스포츠와 디지털이 하나 된 세상

나이키를 필두로 이제 스포츠는 새로운 기술을 앞서 접목시키며 기업 경영, 조직 운영 등에서 진보와 변화를 이끌어내는 역할을 톡톡히 하고 있다. 그중에서도 VR[Virtual Reality, 가상현실] 기술 접목이 가장 대표적이다.

VR은 '실제와 유사하지만, 실제는 아닌 인공적인 환경'이라는 뜻의 단어로 과거에는 단순히 눈앞에 화면 등으로 가상의 공간을 구현하는 것에 국한되어 쓰이던 단어였다. 그러나, 최근 들어서는 사용자의 오감 모두에 직접적으로 작용해서 현실에 근접하거나 거의 동일한 시간적, 공간적 경험을 제공하는 기술을 뜻하는 단어로 폭넓게 사용되고 있다.

초기의 VR은 일부 영화관이나 테마파크의 게임장 등에서나 접할 수 있었던 기술이었다. 하지만, 현대에 와서는 스포츠와 접목이 되면서 스포츠 중계 현장에서 더 각광을 받는 기술이 되었다. 수많은 이들이 스포츠 중계를 보지만, 우리가 보는 화면은 중계 카메라가 잡은 수많은 화면 중 스포츠 중계 PD가 가장 좋다고 생각해 편집한 2차원적인 장면일 뿐이다. 실제 스포츠 현장에서 경험하거나 볼 수 있는 장면들, 예를 들어 바로 옆에 앉은 관중들이 열광적으로 응원하는 모습, 하늘에 떠있는 중계 헬기의 웅장한 엔진음, 경기장 밖에 머물며 몸을 풀고 있는 유망주들의 모습은 전혀 볼 수가 없는, 한마디로 생기가 없는 경험이다. 그러나, VR이 스포츠 생중계에 접목이 된다면, 이제까지 경험해온 스포츠 중계와는 차원이 다른 새로운 경험을 하게 될 것임이 틀림없다.

　　일반적으로 하늘을 나는 무인기를 지칭하는 드론Drone 역시 스포츠와 접목이 되면서 일대 파란을 일으키고 있다. 과거 스포츠 중계를 할 때나 단체 경기 훈련 중 팀의 전반적인 움직임을 살펴봐야 할 때, 또는 장거리 코스를 달리거나 주행하는 종목의 시합이나 훈련을 지원할 때, 큰 경기라면 헬기를 띄우겠지만, 일반적인 경우 그런 방법은 꿈도 못 꿨었다. 그러나 이제는 드론이 그 역할을 훌륭하게 해내고 있다. 실제로, 경기장을 넓게 쓰며 전술을 어떻게 구사하는지가 승패의 핵심이고, 공을 갖고 있는 선수들은 물론, 그렇지 않은 선수들의 전반적인 움직임까지 분석해가며 경기를 보는 것이 가장 큰 묘미이기도 한 미식축구의 경우, NFL팀들은 훈련 또는 시합 때 촬영 장비가 달린 여러 대의 드론을 띄워 자신들의 전술을 가다듬고 전략을 수립하는 데 활용하고 있고, 방송국 역시 드론으로부터 전해오는 화상을 활용해 방송 중계를 하고 있다.

마지막으로, 스포츠에 접목된 디지털 기술을 말하자면 SNS를 빼놓을 수 없다. 트위터, 페이스북, 블로그 등으로 대표되는 SNS는 이제 스포츠계에서 떼려야 뗄 수 없는 기술로 자리 잡은 지 오래다. 사람들은 저만의 운동 방법, 운동 경험 등을 자신의 SNS에 올리며 주위와 소통을 시도하고 그와 같은 활동을 통해 운동에 대한 정보를 제공하거나 제공받고 있다. 또한 운동을 위한 동기부여를 타인에게 해주거나 타인으로부터 받고 있다. 프로 스포츠 선수들은 자신의 플레이 장면이나, 훈련 모습, 심지어 연봉 협상 과정 등을 자기 계정의 SNS에 올려 팬들과 소통하고 홍보하며 그를 통해 자신의 몸값을 높이는 데 활용하고 있기도 하다.

이처럼, 디지털 기술은 이제 스포츠와 떼려야 뗄 수 없는 관계가 되어 나날이 진화하고 있다.

나이키 역시, 이제까지 단순히 스포츠 용품을 만들어 판매하던 회사에서 탈피하여 디지털 기술과 결합한 새로운 차원의 제품과 서비스를 통해 고객의 삶을 공유하고, 그 삶 속에서의 느낌에 공감하며, 더 나은 삶을 살아갈 수 있도록 도와주기 위해 많은 노력을 하고 있다. 그 첫 단추가 어찌 보면 너무나 단순하고 보잘 것 없을 수도 있지만, 고객이 착용한 신발과 아이팟이라는 전자 기기를 서로 연결시키는 형태의 나이키 플러스 아이팟이었다.

비록 나이키 플러스 아이팟은 두 회사의 인기나 실력에 비해 사업적인 성공은 크게 거두지 못했지만, 나이키는 오히려 더욱 더 공격적으로 디지털 기술과의 접목을 시도했다. 그를 통해 탄생한 것이 전 세계 수많은 사람들을 사로잡은 나이키와 관련된 다양한 어플리케이션들이었다. 연한 녹색 바탕에 좌우가 터진 도넛 모양의 검은 도형 안에 나이키 스우시가 새겨져 있는 디자인의 '나이키 풋볼' 앱은 축구를 좋아하는 이들을 위한 나이키의 어플리케이션이다. 소비자들은 이 어플리케이션을 통해 나이키의 스폰서를 받는 세계적인 축구 선수들로부터 축구 실력 향상과 게임에서의 승리에 유용한 여러 가지 기술적 팁을 구할 수 있다. 또, 다양한 가상 게임을 즐기며 축구에 대한 전술 이해와 승리를 위한 멘탈 훈련을 할 수도 있다. 주변에 축구를 좋아하는 사람들과 함께 만나 실제 경기를 즐길 수도 있으며, 무엇보다 나이키에서 출시한 최신 축구화 제품과 관련한 소식을 접할 수 있다.

검은색 바탕에 형광색 글씨가 새겨진 '나이키 플러스 런클럽' 앱은 말 그대로 러닝을 즐기는 사람들을 위한 앱이다. 나이키 플러스 기기와 연동시켜 자신이 달린 거리, 속도 등 러닝과 관련한 대부분의 정보를 기록하여 저장할 수 있으며, 그를 다른 동료들과 공유할 수도 있다. 본인에게 최적화된 맞춤형 러닝 훈련 프로그램을 코칭받을 수도 있으며, 다른 러너들과의 경쟁 모드를 선택하여 훈련 성과 향상을 위해 필요한 동기를 부여받을 수도 있다.

반대로 형광색 바탕에 검은색 글씨가 새겨진 '나이키 플러스 트레이닝 클럽' 앱은 좀 더 탄력 있고 강한 몸을 갖고 싶은 이들을 위한 트레이닝용 앱이다. 런클럽과 마찬가지로 자신이 한 모든 운동의 결과를 기록하여 저장하고 주위 사람들과 공유하거나 경쟁할 수 있으며, 글로만 이해하기에는 복잡한 운동 동작들을 모두 동영상으로 제작해놓아 앱을 실행시켜놓고 영상의 속도에 맞춰 마치 개인 트레이너와 함께 운동하는 기분으로 운동할 수 있게 도와주는 앱이다.

물론, 대대적으로 출시했다가 2014년도에 사업을 접은 손목에 차는 웨어러블wearable 기기 퓨얼밴드와 같은 제품들도 있다. 그러나, 이는 실패라기보다는 다양한 시도의 하나로 보는 것이 옳다. 나이키는 퓨얼밴드의 실패를 거울삼아 소프트웨어 쪽에 보다 집중하면서 하드웨어 부분은 애플 등과 같은 우수한 파트너들과 함께하는 방향으로 전략만 변경했을 뿐, 오히려 이전보다 훨씬 더 적극적으로 새로운 디지털 기술과의 접목에 나서고 있다.

나이키를 사랑하는 소비자들을 만족시키기 위해서라면 IT 기기와 운동화를 접목시켜 운동 경험을 기록하고, 축적해서, 타인과 공유하는 새로운 경험으로 확장시켜줄 수 있다는 열린 생각.

스포츠 용품회사이지만, 게임회사와 연계해 게임의 캐릭터를 만들어낼 수도 있다는 깨인 생각.

운동화를 신고, 실제 땀 흘려 뛰지 않고 온라인 세상에서 가상의 스포츠를 즐기는 사람들이라도 나이키가 도와주겠다는 새로운 생각.

경계 없는 창의적인 생각과 태도들이 지금의 나이키를 만들었고, 미래의 나이키를 만들어갈 것이라 생각했기에, '나이키 원'에 나이키의 미래가 있다고 그들은 밝혔을 것이다. 그렇게 현재에 안주하지 않고 우리의 미래future와 연결되어connected 있는 생각을 늘 해온 나이키이기에 지금까지 성공해왔고, 또 앞으로도 계속 성공해나갈 것이다.

나이키의 미래 준비 전략 Ⅰ

그들은 왜
경쟁의 판을 뒤집었을까?

손해 보며 비행기를 띄우는
책 장사

2016년 12월 14일, 인터넷 상거래 기업 아마존의 CEO 제프 베조스는 자신의 트위터를 통해 '아마존 프라임 에어Amazon Prime Air' 프로젝트가 성공했다고 발표했다. 발표 내용에 따르면, 일주일 전인 12월 7일 영국 케임브리지셔에 거주하는 리처드 B로 알려진 중년의 사내가 자신의 패드를 활용해서 아마존 파이어 TV와 팝콘 봉지를 주문했는데, 인근에 위치한 배송센터에서 주문한 물품을 확인한 뒤 포장을 해서 대기 중이던 드론에 실었고, 해당 물품을 실은 드론은 곧바로 이륙해서 주문한 리처드의 집 앞마당까지 배달을 하고 돌아왔으며, 주문부터 배송까지 걸린 시간은 단 13분이었다는 것이었다.

물론, 이날의 실험은 드론에 의한 물품 배송 서비스인 아마존 프라임 에어가 가능함을 알리는 상징적인 행사였다. 때문에, 배송센터 근처에 거주하는 인물을 미리 선정하여 진행했기에 빠른 시간 만에 안정적인 배송이 가능했다. 하지만 아직까지 아마존 프라임 에어는 밝은 낮 시간대, 바람이 많이 불지 않는, 맑은 날씨에만 가능하다는 제약 조건이 있다. 또, 안전사고 우려나 영공 방위 등의 이유로 드론의 비행과 운송에 대해 까다로운 정책을 고수하는 나라들이 상당수 있어서 과연 드론을 통한 배송시장이 얼마나 성장할 것인지는 아직까지 미지수이기도 하다.

그러나, 드론이 개발되고 상용화 논의가 시작되던 때를 생각해보면 아마존의 배송 실험 성공 소식은 가히 상전벽해라 해도 과하지 않을 것 같다.

사실, 처음 무인 비행기가 등장했을 때 그 용도는 군에서 포격 훈련이나 미사일 요격 훈련을 할 때 사용하는 비행 표적이었다. 어차피 포탄에 맞아 박살 날 테니 기능이고 디자인이고 고민할 필요가 없었다. 최대한 값싸게 많이 만들어내면 되는 물건이었다. 그러다가 무인기를 활용해 할 수 있는 것들이 하나둘씩 발견되면서 사람들은 무인기의 엄청난 가능성에 눈을 뜨기 시작했다. 이후 이런저런 용도로 활용되기 시작한 무인기는 폭발적인 기술적 발전을 이뤘다.

드론 역시 마찬가지였다.

우리나라의 경우 드론을 무인기와 혼동해서 쓰기도 하는데, 실제 드론은 로터rotor가 2개인 헬리콥터와 달리 로터가 3개 이상인 멀티콥터multi-copter 중 사람이 탑승하지 않는 것들만을 일컫는 단어였다. 초기에는 방송국 촬영 등 극히 제한적인 용도로만 사용했던 드론이 일대 전환기를 맞은 것은 베조스가 드론을 활용한 택배 배송 서비스를 개발하겠다는 발표를 하면서부터였다. 이제까지 어린아이들의 놀이용 또는 방송 제작자들의 공중 촬영용 기구로만 인식되던 드론이 본격적으로 사회의 생산성에 기여할 수 있는 도구로 재인식되는 순간이었다.

사실 베조스는 이런 일에 익숙한 사람이었다. 그는 이미 키바KIVA라고 하는 인공지능 로봇과 로보-스토Robo-Staw라고 불리는 기중기 로봇 등을 활용해 시애틀에 위치한 축구장 14개 크기의 물류창고를 완전 무인, 자동 관리할 수 있도록 한 바 있다. 그를 통해 기존에 사람이 하면 1시간이 넘게 걸리던 물품 분류 및 배송 준비 업무를 단 몇 분 이내로 줄어들게 만들었다. 덕분에 로봇에 대한 사람들의 인식이 획기적으로 변했고, 산업용 특히 물류용 로봇에 대한 새로운 열풍이 불기 시작했다. 베조스는 그 바람을 드론의 세계에 불어넣기 시작했다. 〈비즈니스인사이더〉에 따르면 2015년 약 8조 원 규모이던 전 세계 드론시장은 향후 10년 이내에 50% 이상 급성장을 할 것이고, 전체 시장의 10% 미만인 민간시장은 무려 4배 가까이 증가할 것이라고 한다.

그런데, 사실 드론 배송은 엄청난 자금만 잡아먹을 뿐 현재까지는 단돈 1달러의 수익도 아마존과 베조스에게 가져다주지 못하고 있다. 언젠가는 대세가 될 거라는 예측이 있긴 하지만, 앞으로 몇 년간은 계속해서 비용만 잡아먹는 골칫덩어리가 될 가능성이 높아 보인다. 또, 굳이 아마존이 먼저 나서서 총대를 멜 필요도 없었다. 각국의 정부가 드론산업 발전을 위해 목을 매고 있었고, 드론 업체들 역시 자신들의 효용을 더 널리 알리기 위해 안달이 나있었다. 그럼에도 불구하고 아마존은 먼저 나서서 드론 배송 시스템 개발에 돈을 쏟아붓고 있고, 그곳에 자신들의 미래가 있다고 주장하고 있는 것이다.

그런데, 잘 찾아보면 베조스 같은 사람은 훨씬 더 많이 있다. 현재 자신의 사업과 별 상관이 없을 것 같은 일에 몰두하고, 그 일에 엄청난 투자를 하고, 그렇게 얻은 수확을 시장에 내놓고, 심지어 경쟁자와도 공유를 하는 어찌 보면 조금은 엉뚱하고 조금은 이상한 일을 하는 사람들이 있다. 우리가 살펴보고 있는 나이키 역시 마찬가지다.

그런데, 그런 이들을 다시 한 번 자세히 살펴보면 한 가지 공통점이 있다. 그들의 시선은 늘 현재가 아닌 미래를 향해 있고, 그들의 관심은 겉으로 드러난 이득이 아니라 속에 감춰진 본질적인 가치를 향해 있다는 점이다. 나이키를 포함한 그런 '그들'에 대해 같이 한번 살펴보자.

열린 자들이
닫힌 자들을 이기는 세상이 된다

2014년 6월 중순, 테슬라의 창업자이자 최고경영자였던 일론 머스크는 공식 블로그를 통해 자신들이 보유하고 있는 200여 건에 달하는 특허를 모두 무료로 공개한다고 선언했다. 시장의 반응은 그야말로 난리가 났다. 여러 사람들이 테슬라와 머스크의 속셈이 뭔지를 알아내기 위해 분주하게 움직이기 시작했다. 많은 이들은 머스크가 이미 많이 알려진 기술이나 중요하지 않은 기술을 공개해 이목을 집중시키고 브랜드 인지도를 높인 뒤 정작 중요한 기술들은 뒤로 빼돌린 뒤 생색을 내려고 하는 것은 아닌지 강한 의구심을 품었다.

그러나, 그런 그들의 의심은 모두 빗나갔다.

그가 공개하기로 한 200여 건의 특허기술에는 전기차의 핵심이라고 할 수 있는 전기 모터와 관련된 기술은 물론, 개발하는 데 엄청난 비용과 시간이 들어가는 고속 충전과 관련된 기술이 모두 들어있었다.

가장 압권은 테슬라가 다른 전기차 개발회사에 비해 확실히 차별화된 기술력을 보유하고 있다고 평가받고 있던 전원을 관리하기 위한 소프트웨어 기술까지도 공개한 특허 기술 목록에 포함되어있었다는 것이다. 심지어 그들은 자신들의 파트너사였던 파나소닉과 함께 연구해서 취득한 기술 특허까지도 '파나소닉의 양해를 구해만 오면' 모두 오픈하겠다고 발표했다.

지난 수년간 삼성과 애플 간에 벌어졌던 치열한 특허 관련 분쟁을 기억하는 사람들은 이미 느끼고 있었겠지만, 기업 간의 특허 분쟁은 이제 단순한 다툼을 넘어서 기업의 존립을 걸고 벌어지는 숙명의 전쟁 수준으로 격화되고 있는 추세다. 기업들은 특허 출원과 줄소송을 통해 자신들이 보유한 기술과 디자인을 보호하는 데 혈안이 되어있고, '특허 괴물'로 불리는 특허 관리 전문 기업들까지 나서면서 전 세계는 가히 특허 대전을 치르고 있다.

그런 가운데 테슬라와 머스크는 자신들의 기술과 그와 관련한 특허를 시장에 공개한 것이다. 심지어 경쟁자들에게까지. 익히 알려져 있다시피 머스크는 30대에 이미 억만장자의 반열에 올라선 뼛속까지 사업가인 사람이다. 그가 아무런 생각이나 계산도 하지 않고 그러한 결정을 내렸을 거라 생각한 사람은 아무도 없었다.

실제로 그가 그런 결정을 내린 데는 몇 가지 이유가 있었다. 첫째, 그는 테슬라를 현실에 안주하는 기업이 아닌 가장 혁신적이며 창의적인 기업으로 이끌어가고자 했다. 테슬라와 같은 기업에게 안정적인 정체는 역동적인 퇴보만 못 한 재앙임을 그는 잘 알고 있었다. 때문에,

특허를 공개하겠다고 발표한 이후 자신이 그런 결정을 내리게 된 이유에 대해 다음과 같은 이야기를 하기도 했다.

> "기업이 특허에만 의존한다는 것은,
> 그 기업이 혁신하지 않고 있다는 뜻과 같다."

즉, 그와 테슬라는 특허권이라는 굳건한 장벽의 뒤에 숨어서 안주하기보다는 모든 벽을 허물고 광야에서 경쟁자들과 치열하게 승부를 겨루겠다는 생각이었다.

둘째, 그런 발표를 통해 소비자들에게 테슬라가 전기차 분야에서 가장 앞서나가는 기업임을 각인시키는 효과를 얻고자 했다. 실제로 모든 특허를 개방하겠다는 그의 발표는 IT전문지는 물론 주요 언론 매체에 대서특필되었고, 전 세계 수많은 사람들에게,

> '역시, 전기차는 테슬라야.'
> '저렇게 자신만만한 것을 보니 테슬라의 기술력이 월등한가보군.'

이라는 생각을 심어주었다. 소식을 접한 수많은 사람들이 찬사를 보냈고, 이는 곧바로 주가에도 반영되어 테슬라의 주가는 발표 전에 비해 가파른 상승세를 이어갔다.

그러나 셋째 이유이자 가장 중요한 이유는 바로 전기차산업의 '판을 키우기 위해서'였다. 미래에는 전기차가 대세가 될 거라고는 하지만, 2016년에 발표된 자료를 기준으로 전 세계 자동차시장에서 전기차가 차지하는 비중은 0.9%로 채 1%를 넘지 못하고 있다. 테슬라 역시 전 세계 전기차 업계의 최강자라고는 하지만, 전체 자동차시장에서의 점유율은 0.1%에도 미치지 못하는 것이 현실이다. 이러한 상황에서 남보다 많은 특허를 활용해서 업계 1위가 된다고 해봐야 연간 1억 대가 넘게 출시되는 일반 내연기관 자동차와의 승부는 도저히 불가능할 것이었다. 머스크는 경쟁자보다 한발 앞서나가 테슬라의 매출을 조금 더 올리는 길을 선택하기보다는 전기차산업 전반의 성장을 택했던 것이다.

향후 전기차산업의 성패는 자동차 자체도 중요하지만, 그보다 더 중요한 것은 전기차 충전 인프라 구축에 달려있다. 아무리 멀리, 빨리 갈 수 있는 멋진 전기차를 개발했다 하더라도 충전할 수 있는 곳이 몇 군데 없다면 전기차는 무용지물이 될 것이기 때문이다. 현재까지 테슬라는 '슈퍼차저supercharger'라고 불리는 급속충전장치를 자체적으로 또는 일부 주정부와 협조하여 건설하고 있었다. 만일, 테슬라의 충전 관련 특허가 다른 기업에서도 사용되어 테슬라의 충전 기술이 세계적인 표준이 된다면 테슬라뿐만 아니라 다른 경쟁 기업들이나 다른 나라 정부도 슈퍼차저와 같은 방식의 충전 설비를 건설할 것이고, 이는 또 다른 측면에서 전기차산업의 엄청난 발전을 불러올 것이기 때문에 머스크와 테슬라는 자신들의 특허를 기꺼이 공개했다는 것이 가장 유력한 이유였다.

현재까지 그의 실험은 성공적인 것 같다.

물론, 남보다 먼저, 남과 다른 기술을 개발한 뒤 그를 특허라는 장벽 뒤에 꽁꽁 감추고 공격해오는 경쟁자에게는 소송으로 대응하며 최대한 기술과 디자인을 독점하면 성공할 수 있었던 시대가 있었다. 그러나, 머스크와 테슬라처럼 새로운 방식으로 시장에 접근하는 이들이 등장하기 시작했고, 그들의 선택이 옳았음을 입증하는 사례 역시 많아지기 시작했다.

판 안에서 강자로 군림하기보다 판 자체를 뒤흔들거나 아예 판을 새롭게 만들어 다른 이들을 경쟁에 불러들이는 새로운 형태의 승부사들이 미래를 향해 질주하고 있다. 이처럼 기회는 늘 문을 걸어 잠근 이보다는 문을 열어 시장을 맞이한 이에게 있었다.

나이키 역시 마찬가지다.

현재, 스포츠 용품시장의 압도적인 1위인 나이키는 현재의 경쟁 구도를 그대로 유지만 하더라도 절대 손해 볼 것이 없는 장사다. 선두주자인 나이키가 독주를 하는 가운데, 2위에서 5위 사이의 기업들이 서로 물고 물리는 치열한 경쟁을 하며 누구 하나 치고 나가지는 못하는 상태, 1위 기업으로서는 가장 원하는 경쟁 구도다. 그러한 경쟁 구도에서 1위 기업은 무리하지 않고 현상 유지 전략만 추구해도 별 문제가 없다.

그러나, 나이키는 그러지 않았다.

과거 그리고 현재의 나이키의 모습을 보면 마치 1위 자리에 목마른 2위나 3위 기업 혹은 이제 막 창업한 신생 기업처럼 늘 새로운 시도와 도전으로 더 많은, 더 다양한 고객과 시장을 발굴하기 위해 애를 쓰고 있는 모습이다. 그들은 현재의 시장을 주도하는 강자가 되기보다는 현재의 시장을 더욱더 확장하는 데 선도적인 역할을 하는 리더가 되려는 것 같다.

흔히들 리더와 권력자의 차이에 대해 이런 말들을 한다. '리더는 더 나은 새로운 판을 짜주는 사람이고, 권력자는 짜놓은 판에서 더 나은 것을 독차지하려는 사람이다'라고…. 그런 점에서 보면 나이키는 확실히 강한 선두주자이긴 하지만 스포츠 용품시장의 권력자이기보다는 리더임에 틀림이 없다. 현재의 판에 안주하지 않고 더 큰, 더 나은 판을 벌이기 위해 오늘도 끊임없이 새로운 시도를 하고 있기 때문이다.

스포츠의 본질을 잊지 않고, 선수들을 포함한 우리 인간들이 보다 높이, 보다 멀리, 보다 빠르고, 보다 강하게 플레이할 수 있도록, 그 가운데에서 무엇보다 중요한 '스포츠의 즐거움'을 만끽할 수 있도록 하기 위해, 기꺼이 그들은 더 큰 판을 벌이는 데 모든 노력을 아끼지 않고 있다.

운동화가 사라진!
운동화 이벤트

2011년 여름, 싱가포르를 방문했을 때의 일이다. 싱가포르의 명동이라고 할 수 있는 오차드로드를 지날 때였다. 나이키에서 런던 올림픽 시즌을 앞두고 이벤트를 펼치고 있었다. 싱가포르를 대표하는 아이온오차드 쇼핑센터 앞에 런던 스타디움에 설치된 트랙을 재현한 임시 트랙을 설치해놓고 일반인들을 대상으로 러닝을 하도록 해 그 기록을 측정하고 상품으로 암밴드 등을 제공하고 있었다.

그런데 인상적이었던 것은, 다른 스포츠 용품 업체의 이벤트 등과 달리, 나이키의 이벤트는 어떠한 브랜드라도 상관없이 구두나 슬리퍼가 아닌 운동화만 신었으면 누구라도 도전할 수 있었다는 점이다. 당연히 나이키 운동화를 신고 있던 나와 딸아이는 물론 다른 브랜드의 단화를 신고 있던 아내까지 자유롭게 해당 이벤트에 참여해 즐기고 선물까지 받을 수 있었다.

얼핏 생각하면 조금은 이상하다고 생각할 수도 있을 것 같다. 마케팅 이벤트라는 것이 제품을 널리 알리거나 실제 판매로 이어지도록 하는 것이라고 하면, 나이키에서 주관한 로드 마케팅은 당연히 나이키의 제품을 알리고 판매로 이어지도록 해야 할 것이다. 그러자면 철저하게 나이키의 제품 위주로, 나이키 제품을 착용한 사람들 위주로 행사를 진행해야 할 텐데, 나이키는 왜 이렇게 너그러웠던 것일까? 바로 이러한 나이키의 자세에서 그들이 승승장구할 수 있는 이유, 그리고 그들의 밝은 미래에 대한 청사진을 만나볼 수 있다.

여전히 많은 사람들이 '나이키'라고 하면 스포츠 용품 브랜드라고 생각한다. 따라서 그들의 경쟁자는 리복, 아디다스, 언더아머라고 말하곤 한다. 하지만, 과연 그럴까? 그렇지 않다. 그들은

즐거움을 줄 수 있는 모든 대상이 자신들의 경쟁자

라고 생각하고 있다.

나이키 키즈 라인의 경쟁자는 다른 아동용 스포츠 용품 기업이 아니라 어린이들이 밖에서 뛰어놀지 않게 만드는 가정용 게임기 회사라고 생각하고 있는지 모른다. 성인시장의 경쟁자 역시 성인용 스포츠 용품 업체가 아니라 지나치게 발달한 교통수단, 전동 바이크 등과 같은 1인용 운송 장비 제작 업체라고 생각하고 있는지 모른다. 여성용 스포츠 용품 시장의 경쟁자는 여성용 다이어트 식품 업체라고 생각하고 있을 수도 있다.

때문에, 그들은 나이키의 제품과 서비스에 IT를 접목시키고, 나이키의

로고를 단 운송 수단 디자인을 선보이고 있으며, 어린이와 여성들이 보다 더 적극적으로 즐겁게 운동에 참여할 수 있도록 다양한 이벤트를 진행하고 있는 것이다.

올림픽이나 월드컵처럼 전 세계인이 즐기는 초대형 스포츠 행사는 모든 스포츠 브랜드에게 절대 놓칠 수 없는 절호의 광고 기회다. 모든 기업들은 그 시기에 자신들을 어필하고 자신들의 신제품을 어떻게든 부각시키기 위해 갖은 애를 쓰고 있다. 최고의 톱스타들을 동원해 자사 제품을 입고 신게 하고, 인쇄, 영상 매체를 가리지 않고 한 번이라도 더 자신들의 제품이 노출되도록 하기 위해 온갖 노력을 기울이고 있다.

그런데, 나이키는 조금 달랐다.

2006년 독일 월드컵. 2002년 월드컵에서 4강 진출이라는 어마어마한 쾌거를 이룩하며 온 국민들의 기대를 한 몸에 받고 있던 한국의 월드컵 대표팀은 히딩크 감독과 같은 네덜란드 출신의 딕 아드보카트를 대표팀 감독으로 선임하고 2002년의 영광을 재현하고자 했다. 당시 대표팀의 용품 스폰서는 나이키였다. 일반적인 경우라면 자신들의 축구화와 축구 용품들을 대회 기간 동안 어떻게든 조금이라도 더 노출시키고자 할 텐데, 나이키가 들고 나온 것은 엉뚱하게도 '투혼'이었다. 나이키 브랜드는 뒤로 쏙 들어가고 대한민국 국가대표 축구팀 선수들의 투지와 열정을 부각시키고, 그와 동시에 월드컵이라는 축제와 축구라는 스포츠를 즐기는 분위기를 고취시켰다.

2008년에는 세계적인 피겨 스케이팅 선수인 김연아 선수와 캠페인을 진행하기도 했다. 사실, 피겨 스케이팅은 나이키와 크게 연관이 없는 종목이다. 피겨 스케이팅 용품 중 나이키와 관련이 있는 것은 겉에 덧입는 파카나 잠시 걸치는 트레이닝복 정도다. 그럼에도 불구하고 나이키는 김연아 선수를 영입해서 스포츠 활동을 통해 느낄 수 있는 즐거움, 스포츠에서 경험할 수 있는 감동을 사람들에게 전달하고자 했다.

나이키는 해당 캠페인에서 사람이 스포츠에 집중했을 때 느끼는 고조된 감정을 'Love moment'라 칭한 뒤, 매장에 설치된 대형 화면에 고객들이 손을 갖다 대면 운동을 하고 있던 김연아 선수가 등장해 자신이 생각하는 스포츠에 대해 얘기하고, 그와 얽힌 사랑과 열정을 들려주는 형태의 이벤트를 진행했다. 서울의 명동거리, 신촌거리, 코엑스몰 등의 나이키 매장에서 진행된 'This is LOVE' 캠페인은 매장당 하루 평균 3,000명 이상이 참여했고, 관련된 내용이 다양한 매체를 통해 사람들에게 알려지는 등 큰 인기를 끌었다.

이 외에도 나이키는 매년 새로운 콘셉트의 길거리 농구 대회를 개최하고 있는데, 대회의 주된 참가자들은 중고등학생들이다. 자칫 학업에 지쳐 스포츠 활동을 등한시하기 쉬운 이들이 스포츠의 가치를 잊지 않고 즐길 수 있도록 하는 데 크게 기여하고 있다. 또한, 맨체스터 유나이티드 등 세계적인 축구팀과 함께 유소년 월드컵 등을 개최해 어린이들이 축구를 즐기고 자신도 세계적인 축구 스타가 될 수 있다는 꿈을 갖도록 돕고 있다.

그에 더해 매년 새로운 이벤트를 도입해 큰 호응을 얻고 있는데, 나이키가 진행하는 이벤트의 특징은 철저하게 일반 고객들이 몸소 체험하는 방식으로 진행된다는 점이다. 그를 통해 잊고 있던 스포츠의 즐거움을 깨닫고, 다시금 필드로, 트랙으로, 코트로 나설 수 있도록 자극하고 있다.

　　　스포츠를 즐기는 사람이 더 많아질수록, 자신들에게도 더 많은 기회가 올 것이라는 믿음. 판을 더 크게 벌릴수록 그 판 안에 들어와 즐기는 사람이 늘어날 것이고, 그런 사람들이 자신들의 더 밝은 미래를 보장해줄 것이라는 믿음. 그런 믿음으로 나이키는 스포츠 용품이 아니라 스포츠 그 자체를 더욱더 가치 있는 것으로 만드는 데 많은 기여를 하고 있다.

그리고, 그러한 활동을 통해 사람들은 '나이키' 하면 곧 스포츠 그 자체로 인정하고 있다.

나이키의 미래 준비
전략 II

왜 굳이 4차 산업혁명,
그 맨 앞에 섰을까?

보이지 않는 굴뚝이
유럽으로 돌아왔다!

2016년 9월. 독일 바이에른주 뉘른베르크 남서쪽의 작은 도시 안스바흐에 두 무리의 사람들이 몰려들었다. 한 무리의 사람들은 하나같이 노트북이 든 것으로 보이는 가방을 둘러매고 커다란 렌즈가 달린 DSLR 카메라를 한두 개씩 들거나 목에 건 차림이었다. 모르는 사람이 봐도 단박에 '기자'임을 알아챌 수 있는 모습이었다.

반면, 다른 무리의 사람들은 좀처럼 그 정체를 파악하기가 힘들었다. 이제 갓 스무 살을 넘겼음직한 앳된 청년에서부터 시작해서 50대 중반의 여성, 심지어 70대가 훌쩍 넘어 보이는 노신사까지 각양각색이었다.
두 무리의 사람들이 걸어가는 방향은 동일했다. 겉모습만 봐서는 무엇을 만드는 곳인지 짐작조차 하기 어려운 한 공장의 정문 앞이었다. 공장을 소개받기 위해 건물 안으로 들어서는 '기자로 추정되는 무리'들의 뒤편으로 나머지 한 무리는 비닐 가방과 종이 쇼핑백에 넣어온 피켓을 꺼내들고 외치기 시작했다.

"Willkommen! Adidas! Willkommen! Neue Fabrik!"
(환영합니다! 아디다스! 환영합니다! 새 공장!)

이들이 도열해 감격에 찬 구호를 외친 곳은 이날 처음 시험가동에 들어간 아디다스 스피드 팩토리였다.
글로벌 스포츠 용품 기업들 대부분이 그러하지만, '독일 스포츠 브랜드'를 표방하는 아디다스 역시 자신들의 로고가 찍힌 운동화를 실제로 독일에서 생산한 것은 1993년도가 마지막이었다. 그 뒤로는 인건비가 저렴한 중국과 베트남 등에 생산 공장을 두고 대부분의 제품들을 만들어왔다. 그랬던 아디다스가 20여 년 만에 다시 본사 근처인 이곳에 공장을 세우고 '진짜 독일제' 운동화를 생산하기 시작한 것이었다. 당연히 독일 전역에서 몰려든 기자들의 취재 열기는 뜨거웠고, 다시금 활력을 찾게 된 마을 사람들은 기대감에 부풀었다. 이날 두 부류의 무리들은 바로 이들 기자들과 마을의 환영 인파였다.

독일은 유럽에서도 인건비가 높은 국가로 유명하다. 2016년 기준 숙련 노동자의 시간당 임금은 약 32.8달러로 우리나라 취업자의 시간당 임금의 두 배를 가뿐히 넘는다. 반면, 노동시간은 세계에서 가장 짧아서 연평균 약 1,371시간에 불과하다. (한국의 경우 2,113시간으로 세계 2위) 때문에, 옷이나 신발, 조립식 가구 등과 같은 노동집약형 저부가가치 상품의 경우 디자인은 본사가 위치한 선진국에서, 생산은 인건비가 싼 제3세계에서 하는 것이 일종의 정설과도 같았다. 아디다스 역시 그 정설에 따라 인건비가 제품의 마진을 도저히 감당하기 어려운 지경에 다다른 1990년대 초반 이후 생산기지를 모두 해외로 옮긴 것이었다.

그랬던 아디다스가 다시금 독일 내에 공장을 세울 수 있게 된 것은 로봇 기술의 발전 덕분이었다. 안스바흐 공장에는 6대의 로봇이 2개의 생산라인에 흩어져 있다. 이들은 입력한 프로그램에 따라 신발의 바닥과 윗부분을 동시에 짜맞추는데, 한 켤레를 만드는 데 걸리는 시간은 불과 5시간에 불과하다. 베트남 호치민시 외곽의 신발 공장에서 일하는 근로자의 손으로라면 며칠이 걸렸어야 할 일이었다.

이날, 몇 시간의 공장 시운전이 끝난 뒤, 독일의 한 유력 일간지에는 다음과 같은 제목의 기사가 실렸다.

'보이지 않는 굴뚝이 유럽으로 돌아왔다!'

그런데, 이러한 아디다스의 모습이 더 이상 진귀한 구경거리는 아니다. 변화는 이미 아디다스 이전에 전 세계적으로 진행되어왔고, 이제는 하나의 트렌드나 대세를 넘어 일반화된 현상이기 때문이다. 우리가 '제조혁신', '인더스트리4.0', '스마트 팩토리' 또는 보다 큰 개념으로 '제4차 산업혁명'이라 일컫는 변화의 물결은 어느덧 우리를 휩쓸고 지나가 이미 거대한 바다가 되어 우리를 이리저리 싣고 다니고 있다.

새로운 혁명을 위해 달려가는 나라들

우리가 사는 이 시대는 '4차 산업혁명'의 시대다.

그런데, 4차 산업혁명은 우리가 이미 역사적 사실로 인정하는 세 차례의 다른 산업혁명과 다소 다른 양상을 지니고 있다. 과거 세 차례의 산업혁명은 '혁명'이라고는 하지만 '프랑스 대혁명'처럼 한날, 특정한 시기와 장소에서 시작된 것이 아니라, 당대에는 하나의 해프닝, 작은 뉴스거리 정도로 여겨졌던 것들이 뭉치고 서로 상호작용을 해 훗날 역사가들의 눈으로 보니 거대한 혁명과도 같은 변혁적인 사건으로 기록된 것이다. 반면, 4차 산업혁명은 그 이름이 역사상 처음으로 등장한 날짜와 장소가 분명한 최초의 산업혁명이었다.

'4차 산업혁명'이라는 말은 2016년 1월 20일 스위스 다보스에서 열린 세계경제포럼에서 처음으로 등장했다. 생긴 역사로만 치면 반짝 등장했다가 사라지는 신종 경제 용어나 시사 유행어와도 같은 단어다. 그러나, 그 개념 자체는 이미 여러 해 전부터 수많은 학자 또는 그들이 집필한 칼럼이나 책 등을 통해 소개되고 있었다.

4차 산업혁명은 주장한 학자나 책에 따라 조금씩 다르지만, 대체적으로는 인공지능, 로봇, 3D 프린팅, 사물인터넷 등 ICT^{Information&Communication Technology, 정보통신기술}의 발달로 인해 촉발된 전체 산업의 획기적인 변화가 대표적인 모습이다. 그러나 보다 본질적으로 그 내면을 들여다보면 하나의 일관된 철학을 발견할 수 있다. 4차 산업혁명은 수백, 수천 년간 이어져 내려온 '노동력과 생산성 사이의 관계'에 대한 전면적인 재해석이 그 핵심이다.

역사가 시작되고 인간이 자신의 노동력(수렵, 채취, 농경, 수공업 등)을 기반으로 먹고살면서 언제나 제1의 화두는 '어떻게 하면 보다 쉽고 편하게 일하면서 더 많은 것들을 만들어내서 배불리 잘살 것인가?'였다. 다른 말로 하면 '어떻게 하면 노동생산성을 높일 것인가?'

였다. 그를 위해 수천 년간 이어져 내려온 '가축의 힘을 빌리는' 방식에서 '도구나 기관engine의 힘을 빌리는' 방식으로 변화를 꾀했던 것이 1차 산업혁명(18세기 중반~19세기 초반)이었다. 그 기관을 움직이는 데 있어서 석탄만이 아닌 석유와 전기의 힘을 빌리고, 철강을 비롯한 각종 소재산업을 발전시켜 그 생산성을 높이고자 한 것이 2차 산업혁명(19세기 말~20세기 초반)의 모습이었다.

그랬던 것이 3차 산업혁명(1980년대~)부터는 조금씩 그 궤적이 달라지기 시작했다. 그간 '기관'의 발전이 주도하던 생산성 혁신을 개인용 컴퓨터PC로 대변되는 '디지털 기술'의 발전이 주도하기 시작한 것이다. 인터넷의 개발과 확산에 따라 전 세계가 가까워지기 시작했고, 이는 또 다른 국면의 시장이 열리고, 또 다른 성격의 생산자와 소비자가 등장하는 계기가 되었다. 그리고, 등장한 것이 4차 산업혁명이다.

때문에, 일면 3차와 4차는 별다른 차이가 없어 보이기도 한다. "4차 산업혁명이라는 말은 존재하지 않으며, 기껏해야 3차 산업혁명 2기 정도가 적당하다"는 이야기가 나오는 것도 이 때문이다. 그러나, 단순히 기술의 차이만으로 설명할 수 없는 분명한 차이가 3차와 4차 산업혁명 사이에 존재한다. 그것은 앞서 말했던 것처럼 '노동력과 생산성의 관계에 대한 인식의 변화'이다.

　　　　　1차 산업혁명부터 시작해서 3차 산업혁명까지 노동력은

생산성의 핵심이었다. 수많은 기관(증기기관, 가솔린 내연기관, 그리고 전기모터까지)들이 등장했지만, 그것들은 인간의 노동력만으로 높이기 어려운 생산성을 높이기 위해 활용된 보조재일 뿐이었다. 3차 산업혁명의 중심을 이루는 PC와 인터넷 역시 마찬가지다. 그 역시 인간의 노동력을 보완하여 생산성을 높이기 위한 보조 도구에 머물렀다.

4차 산업혁명은 그러한 패러다임 자체의 변화를 고하고 있다. 인공지능과 사물인터넷이 결합한 기술이 생산성의 근간을 이루고, 인간의 노동력을 오히려 보조 수단화하거나 아예 대체해버리고 있다. 생산성의 주체가 인간에서 인공지능, 로봇 등으로 이전해가는 그 시작점이 바로 4차 산업혁명이 될 것이다.

이러한 '혁명'에 가장 발 빠르게 나섰던 것은 독일이다. 2011년 1월 처음으로 개념에 대해 선포한 이래 준비에 들어가 2013년 4월에 '인더스트리4.0' 추진 방안을 발표했고, 그 계획에 맞춰 차근차근 진행하고 있다. BITKOM, VMDA 등의 산업협회와 DIN 등의 표준화 기구가 협업해 인더스트리4.0 표준화위원회를 출범시키고 생산의 디지털화, 스마트팩토리의 표준화 등을 효율적으로 확산시키기 위한 노력을 기울이고 있다.

그 대표적인 성과가 아디다스 안스바흐 공장을 포함해, 자동차 기업인 BMW의 라이프치히 공장, 그리고 '전 세계 스마트팩토리의 교과서'라고 불리는 지멘스의 암베르크 공장이다.

독일의 뒤를 이어 전 세계 선진국, 강대국들도 발 빠르게 대처하고 있다. 미국은 '첨단 제조 파트너십' 프로그램을 도입해 사이버 물리 시스템, 인공지능, 빅데이터를 기반으로 향후 미래 성장을 좌우할 혁신 기술에 대한 주도권을 확보하기 위한 노력을 기울이고 있다.

한때 '세계의 공장'이라 불리며 연 평균 두 자릿수를 훌쩍 뛰어넘는 초고도 성장을 구가하다가 2012년 이후 7%대 이하로 성장률이 꺾이며 위기감을 느끼던 중국 정부는 4차 산업혁명을 새로운 돌파구로 여기고 아시아 어느 국가보다도 훨씬 더 적극적으로 움직이기 시작했다. 국무원 총리 리커창의 주도로 '중국제조2025' 계획을 발표하고, 양적 성장을 하던 제조 대국에서 질적 성장을 하는 제조 강국으로의 변화를 모색하고 있다.

우리나라 역시 이들 강대국들에 비해서는 다소 늦은 감이 없지는 않으나, 대통령 직속 4차 산업혁명위원회를 설치하고 정부와 재계 나름대로 그간의 학습과 노력을 기반으로 여러 움직임을 보이고 있다.

물론, 여전히 4차 산업혁명에 대해서는 의견이 분분하다. 그러나 한 가지 분명한 것은 우리가 믿건 믿지 않건, 그 시대적 흐름에 따르건 따르지 않건, 어찌 됐든 또 하나의 변화가 우리 가장 가까이에 와있고, 그 변화는 우리에게 선명하게 혹은 치명적으로 영향을 미치리라는 점이다.

나이키,
'4.0'의 핵심을 꿰뚫어 보다

여기까지 이야기하면 갸웃하는 이들이 있을 것 같다.

'그렇다면 나이키는?'

물론, 그리고 당연히 나이키 역시 새로운 공장을 준비했다. 그리고 성공적으로 그곳에서 생산을 착수했으며 보다 발 빠르게 4차 산업혁명 시대를 향해 질주하고 있다. 이미 2010년대 초반, 나이키는 캘리포니아주 서니베일에 위치한 스타트업 그래빗Grabit에 대규모 투자를 했다. 그래빗은 정전기를 활용해 사물을 접착시키는 로봇을 만드는 기업이었다.

한 켤레의 운동화를 생산할 때 가장 손이 많이 가는 부분은 어디일까? 우리가 흔히 갑피라고도 부르는 어퍼upper 부분이다. 신발에서 밑창을 제외한 부분이다. 과거에는 이 부분을 만들기 위해서는 평균적으로 40개가 넘는 조각들을 순서에 맞게 쌓아올린 뒤 일일이 바느질을 해야만 했다. 최근 들어서는 바느질 대신 열을 가해 접합시키는 방식으로 바뀌었는데, 그렇다 하더라도 일손이 많이 들어가는 것에는 변함이 없었다.

이는 곧 인건비와도 연결되어 신발 제조 원가 상승의 주요한 요인이 되었으며, 불량률을 높이는 주범이 되기도 했고, 새로운 기능이나 디자인을 접목시키는 데 시일이 걸리게 만드는 훼방꾼 노릇을 톡톡히 했다. 바로 그 공정을 인간이 아닌 기계가 할 수 있도록 만드는 기술을 그래빗이 개발하고 있었다. 나이키는 그들의 기술력과 열정을 높이 사 과감하게 투자를 결정했으며, 2017년에는 최초 출시된 시제품 로봇의 첫 번째 고객이 되었다.

그래빗이 만들어 나이키에 납품한 로봇은 인간이 작업하는 속도보다 20배나 빠르게 운동화를 만들어낼 수 있었다. 게다가 새로운 디자인이나 기능을 추가할 때 몇 주간의 설명과 숙련 과정이 필요했던 인간 노동자와 달리 단 몇십 분간의 프로그래밍 작업만으로 곧바로 방금 전까지 만들었던 운동화와 전혀 다른 소재, 디자인의 운동화를 만들어낼 수 있었다.

나이키를 4차 산업혁명 시대에도 주목해야 하는 까닭은 단순히 생산 공정에 IoT^Internet of Things 등과 같은 ICT를 접목시키고 로봇을 생산에 적극적으로 활용하고 있다는 것에만 있지 않다. 그보다는 훨씬 더 본질적인 부분에서 나이키는 4차 산업혁명의 최고 수혜자이자, 최대의 승리자가 될 가능성이 크다.

얼마 전, 독일의 앙헬라 메르켈 총리는 노조를 대표하는 간부들과 간담회를 자청했던 적이 있었다. 그 자리에서 "4차 산업혁명의 가장 앞선 국가 중 하나로, 로봇의 과도한 도입으로 인해 일자리가 줄어들 것이 우려된다"고 이야기한 독일 노조 대표들에게 메르켈 총리는,

"일자리는 줄어들지 않을 것입니다.
물론, 로봇이 우리 일자리 중 몇몇 개를 가져가겠지만,
대신 그로 인해 그보다 더 많은 일자리들이
생겨날 것입니다. 로봇은 우리가 귀찮지만
억지로 해야 했던 일들을 가져가는 대신,
인간이 좀 더 본연의 업무, 존엄이 보장되는 업무에
매진할 수 있는 기회를 제공할 것입니다."

라고 말했다.

그리고 실제로 자동화 공장으로 전환된 BMW와 지멘스의 공장에서 대량 실업 사태는 발생하지 않았다. 로봇의 도입으로 직접 생산 현장에서 일할 직원이 많게는 90% 가까이 줄어들었지만, 대신 그들은 보다 창의적이고, 보다 감성적인 여러 업무 분야로 이동해서 새로운 가치를 창출해냈다.

즉, 복잡한 계산을 대신해줄 컴퓨터가 등장하자 머리가 나빠지기보다는 컴퓨터를 활용하여 새로운 디자인을 하고, 게임을 만들고, 우주로 로켓을 쏘아 올렸던 것처럼, 4차 산업혁명은 이제껏 노동의 주체였던 인간

이 그 무거운 짐의 일부를 덜어내고, 그렇게 생긴 여유를 보다 인간적인 업적을 남기는 데 활용할 수 있게 되었다는 것이 그 핵심이다.

그 핵심을 나이키의 사람들은 가장 잘 꿰뚫고 있다.

나이키가 굳이 로봇을 활용한 자동화 공장을 미국과 유럽 각지에 세우는 이유는 단순히 사람을 줄여서 인건비를 아끼려는 데만 있지 않다. (물론, 아예 아니라고는 못 하겠지만⋯) 그보다는 최대 규모의 시장인 북미와 유럽에 공장을 두고 고객의 니즈를 민감하게 수용해서 적극적으로 반영하겠다는 의지의 표명이자, 과거에 비해 단기간에 더 극적으로 변모하는 현대인의 유행, 트렌드에 보다 기민하게 대처하겠다는 전략의 표현이다.

실제로, 나이키가 로봇 공정을 대폭 도입한 자동화 공장을 세우면서 추구한 것은 기존 제품의 저렴한 생산이 아니라 기존에는 제작할 엄두도 내지 못했던 개인별 맞춤형 신발, 장애를 가진 이들이 운동을 즐길 수 있도록 신체적 결함을 보완해주는 보조 장구 겸용 신발 등 새로운 가치를 담은 제품의 생산이었다.

노동자들은 IoT 기반의 자동화 로봇에게 귀찮으면서도 가치가 떨어지거나, 사소한 일이지만 위험한 작업들을 맡기고 자신들은 보다 세밀하고 섬세한, 혹은 제품 개별적 특성을 살리는 일에 매진할 수 있도록 해, 이전까지 창출하지 못했던 새로운 가치를 창출하는 것이 4차 산업혁명

의 핵심이자, 나이키가 4차 산업혁명이 만들어낸 폭풍의 그 한가운데로

과감하게 뛰어든 이유다.

열아홉 번째 강의

나이키의 지속가능 경영 전략

그들은 왜 또
세상을 뒤바꾸려 하는가?

국민에게 버림받은
국민차

몇 해 전 뉴욕 출장길에 한국에서 석사까지 마치고 미국으로 박사과정 유학을 간 뒤 그곳에서 취업을 한 선배와 만날 일이 있었다. 선배가 일하는 월스트리트 뒷골목인 스톤스트리트에서 저녁을 겸한 술자리를 갖기로 했다. 그런데, 약속 시간 20여 분이 지나도록 선배는 오지 않았다. 다시 10분 뒤, 만나기로 했던 시간보다 30분 넘게 지났을 무렵 선배에게 온 문자는,

'급한 일이 터져서 좀 늦을 것 같으니 먼저 먹고 있어.'

라는 무미건조한 문장 하나가 전부였다. 결국, 넥타이를 매듭이 거의 가슴팍 아래까지 쳐지도록 풀어헤치고 정신이 반쯤 나간 표정을 한 선배가 나타난 것은 약속 시간으로부터 1시간 10여 분이 지나고 나서였다. 아직 자신의 식기가 세팅도 안 된 테이블에 앉아 내가 마시던 물잔을 뺏어 벌컥벌컥 마신 선배는 그러고도 한참이나 넋이 나간 표정이었다.

시원한 맥주를 주문해 거푸 두 잔이나 원샷을 하다시피 비우고 나서야 선배는 겨우 정신을 차렸다. 그리고는 묻지도 않았는데, 자신이 늦을 수밖에 없었던 이유에 대해 일장 스토리를 늘어놓았다.

대학과 대학원에서 무역과 국제금융을 전공하고, 박사 역시 그쪽 분야를 전공한 선배는 우리나라 모 기업의 뉴욕 지점에 근무하고 있었다. 이날 선배와 선배의 회사가 거래하던 품목 중 하나인 백금의 가격이 폭락하며 시장이 일시에 대혼란에 휩싸였고, 그를 정리하느라 시장이 끝나고도 한참이나 업무를 해야 했으며, 상황이 생각보다 심각해서 잠시 후 저녁 10시쯤 다시 사무실에 들어가 그 시간쯤 출근할 서울 본사의 본부장님과 화상 회의를 해야 한다고 했다.

결국, '오랜만에 이역만리 타국에서 만난 선후배 간 미국 술로 코가 삐뚤어지게 마셔보자'던 원래의 계획은 맥주를 곁들인 간단한 식사와 함께 9시가 조금 넘어 파하고 말았다.

그런데, 이후 한국에 와서 살펴보니 이날 선배에게 닥쳤던 문제는 예상보다 심각한 문제였다. 이날 선배에게 타격을 입힌 백금 가격 폭락은 단순히 백금 자체의 문제가 아니었다. 그보다는 백금을 엔진 촉매제로 활용하는 한 기업에 불어닥친 위기로부터 시작된 복합적인 문제였다. 이날, 우리가 흔히 '폭스바겐 배기가스 조작 사건'으로 알고 있는 바로 그 사건 후유증의 본격적인 막이 열린 것이었다.

폭스바겐의 역사는 히틀러의 국민차 생산 계획을 실현하기 위해 1937년 니더작센주 볼프스부르크에 공장을 지으면서 시작되었다. 회사 설립을 주도했던 세계적인 자동차 발명가이자 기계공학자 페르디난트 포르쉐 박사는 비틀Beetle로 대표되는 숱한 히트작들을 생산해내며 폭스바겐을 벤츠, BMW와 함께 자동차 생산 강국 독일을 대표하는 기업으로 성장시켰다.

폭스바겐은 비틀 등 폭발적인 인기를 끈 대중적인 자동차로 벌어들인 자금과 이후 출범한 포르쉐가 거둔 기술적 명성을 바탕으로 인수합병에도 적극적으로 나섰다. 그 결과, 영국의 벤틀리, 프랑스의 부가티, 이탈리아의 람보르기니 등 초고가 프리미엄 브랜드 또는 초고성능 슈퍼카에서부터 스페인의 세아트, 체코의 스코다 등 중저가의 대중적인 자동차는 물론, 독일의 만, 스웨덴의 스카니아 등과 같은 상용차까지 어마어마한 수의 브랜드를 보유한 초거대 자동차 그룹으로 성장했다. 21세기 초반, 폭스바겐은 '전 세계에서 유일하게 모든 종류의 자동차를 생산, 판매할 수 있는 회사'라는 명예로운 칭송을 받게 되었다.

그랬던 그들에게 무슨 일이 있었던 걸까?

'세계에서 가장 다양한 라인업을 갖춘 자동차 회사', '세계에서 가장 다양한 브랜드를 보유한 자동차 회사'라는 타이틀에 만족할 수 없었던 그들은 '세계에서 가장 장사를 잘하는, 돈을 잘 버는, 이익을 많이 내는 자동차 회사'가 되고자 했던 것 같다. 엔진에서 배출되는 실제 배기가스를 저감시키기보다는 테스트를 치를 때만 배기가스가 적게 배출되도록 꼼수를 부린 것이다.

배기가스 저감장치가 계속 작동되면 엔진 효율이 낮아져서 연비가 나빠질 수밖에 없는데, 폭스바겐은 배기가스 테스트가 핸들 조작 없이 계속 주행만 하는 실내 실험실에서 진행된다는 점에 착안해서 핸들 조작이 없을 때만 배기가스 저감장치가 작동되도록 소프트웨어를 몰래 설치했을 거라는 의혹을 받게 되었다.

폭스바겐이 가장 큰 강점을 보여온 것이 디젤 엔진 차량이었다. 디젤 기관은 휘발유보다 가격이 저렴한 경유를 사용하는 엔진으로 낮은 연료비, 높은 연비 등으로 경제성에 강점이 있었다. 반면, 소음, 진동과 특히 배기가스로 인한 환경오염 유발의 주범이라는 우려의 눈초리를 받고 있었다. 그런 와중에 폭스바겐의 배기가스 저감장치 조작 문제가 발생한 것이었다.

이 사건 때문에 폭스바겐 불매 운동이 일어났고, 그들이 진출한 전 세계 각국의 정부들은 조사 및 판매 금지 조치를 내렸다. 그러한 조치는 비단 폭스바겐 한 회사에게만 영향을 미친 것이 아니라, 디젤 엔진을 장착한 자동차를 생산 판매하는 다른 수많은 기업에도 큰 영향을 미쳤다. 그 여파가 어찌나 심했던지 디젤 엔진에 사용되는 백금의 가격까지 폭락하는 사태를 불러온 것이다. 이 사건 이전까지만 하더라도 높은 기술력과 브랜드 가치, 탁월한 경영 능력으로 전 세계 자동차시장에서 강자로 군림했던 폭스바겐이지만, 이 사건 이후 당장의 매출 급감은 물론, 기업의 존폐 자체를 걱정해야 하는 위기에 처하게 되었다.

우리가 흔히 '망하다'라고 할 때, 그 이유는 단순하다. 한마디로 '쓰는 돈'보다 '버는 돈'이 적으면 그 기업은 살아남을 수가 없다. 그런 일이 벌어지는 이유는 필요 이상으로 또는 능력 이상으로 쓰는 돈이 많아지거나, 반대로 써야 하는 돈에 못 미치게 버는 돈이 줄어드는 경우이다. 전자의 대표적인 경우가 불필요한 중복 투자나 과도한 배당 또는 인건비 지급 등이 되겠고, 후자의 경우는 매출의 급감 등이 되겠다. 그런데, 그런 단순한 이유만이 아니라 여러 가지 복합적인 이유로 기업은 지속적으로 위기 상황을 겪게 되고는 한다. 정치적, 사회적 여건의 변

열아홉 번째 강의 나이키의 지속가능 경영 전략

혁, 인구구조의 변화, 환경 문제의 대두 및 기타 여러 가지 외적인 변화에 의해 기업은 존폐의 기로에 서게 된다.

폭스바겐의 배기가스 문제만 하더라도, 시간을 30년 전으로 되돌려 과거의 자동차 생산 기준, 환경 기준, 구매 기준으로 따지면 그다지 큰 문제가 되지 않았을 수도 있다. 자동차의 연비 따위는 아랑곳하지 않고 더 무거워지고 더 기름을 많이 먹더라도 크고 화려한 차들을 선호하던 때가 있었다. 자동차가 내뿜는 배기가스쯤은 신경 쓰지 않았고, 더 큰 배기량에 우렁찬 배기음을 내뿜는 엔진을 미덕으로 삼았던 때도 있었다.

그러나, 시대가 변하고, 시장도 변하고, 환경도 변했다.

폭스바겐이 한 행동은 명백한 문제였고, 그 문제는 그들의 미래를 좌우할 만큼 심각한 것이었다. 이제 와서야 뒤늦게 그들은 미래에도 자신들이 지속가능한 기업으로 남을 수 있을지를 심각하게 고민하고 있다.

이제는, 미래에도 지속가능한 기업으로 생존, 성장하려면 단순히 잘 팔리는 제품을 만들어내고, 수익을 많이 내고, 회사의 덩치를 키우는 것만으로는 부족하다. 기업 본연의 역할에 더해 변화하는 세상에 발맞춰 사회적 책임을 다하려는 노력이 필요하다.

실제로 많은 기업들이 그러한 부분에 관심과 노력을 아끼지 않고 있다. 특히, 우리가 살펴보고 있는 나이키가 그 대표적인 기업이다. 나이키는 미래에도 존속하는 기업이 되기 위해 자신들 본연의 제품과 서비스를 더 개선하려는 노력에 더불어, 사회적 책임을 다하는 기업으로 빠르게 변화하고 있다.

우리,
언제까지 갈 수 있을까?

1983년 UN총회에서는 장기적인 지구환경 보전 전략 수립을 목적으로 세계환경개발위원회라는 상설 기구를 설립했다. 그리고 그 위원회에서는 1987년 〈우리의 미래Our Common Future〉라는 보고서 하나를 발간했다. 보고서는 미래 세대에게 주어질 것들을 훼손하거나 고갈시키지 않으면서도 현재 세대가 원하는 것들을 충족시키는 형태의 발전을 뜻하는 '지속가능한 발전'이라는 주제를 담고 있었다.

보고서는 수많은 국가의 지성인들과 혜안을 보유한 경영자들의 지지를 받게 되면서 전 세계적으로 확산, 넓은 공감대를 형성하게 되었다. 그 보고서를 바탕으로, 경제적, 사회적, 환경적 책임을 3대 축으로 한 지속가능한 발전의 개념이 정립되었다. 이후, 지속가능한 발전의 세 가지 측면과 기업을 결부시켜 기업이 환경, 경제, 사회 전 분야에서 지속적인 발전을 위해 노력하는 동시에 경영에 따르는 리스크를 최소화해서 주주 및 기업 가치를 제고시키는 활동을 뜻하는 단어로 '지속가능 경영'이라는 단어가 등장했다. 그리고, 지속가능 경영이라는 개념은 한때의 트렌드가 아닌 모든 국가, 사회, 인류가 공동으로 관심을 갖고 지켜야 할 하나의 경영 원칙으로 자리 잡게 되었다.

물론, 처음부터 그랬던 것은 아니다. 가격 경쟁력이 기업의 성패를 좌우했던 1980년대 무렵이나 기술 개발과 서비스 향상에 사활을 걸었던 1990년대까지만 하더라도 기업과 그를 경영하는 최고경영자들은 눈에 보이는 이득 및 손에 잡히는 유형자산을 조금이라도 더 늘리기 위해 수단과 방법을 가리지 않았다. 그런 그들에게 지속가능 경영은 먼 미래에나 가능한, 혹은 생각 속에만 존재할 뿐 실천할 의지는 그다지 없는 그런 개념에 지나지 않았다.

그랬던 것이 정보화 사회가 도래하여 인터넷 통신 등 의사소통의 장이 다양해지고 사람들의 적극적인 의견 개진과 그로 인해 생성된 여론이 힘을 발휘해 기업의 존폐를 흔들어놓는 사례가 빈번해지면서 기업들도 시대가 바뀌었음을, 그리고 이제는 지속가능 경영에 대해 다르게 생각하고 실천해야 할 시대가 도래했음을 깨닫게 되었다.

과거와 달리 이제는 매출이나 이익 등과 같은 눈에 보이는 경영지표가 아닌 보다 새로운 차원에서 기업의 존폐와 영속성을 고민해야 하는 시기가 도래했다. 아니, 이미 수많은 기업들이 새로운 차원의 지속가능 경영에 대해 고민을 하고 있다.

UN에서 제정한 지속가능한 발전의 개념으로부터 생겨난 것이 지속가능 경영이기에, 그를 이루는 세 개의 축 역시 지속가능 발전의 세 축과 맥을 같이 한다. 지속가능 발전의 세 축 '경제 발전', '환경 보전', '사회 발전'에 대응하여 지속가능 경영은 '기업의 경제적 책임', '기업의 환경적 책임' 그리고 '기업의 사회적 책임'을 세 개의 바퀴로 해서 달려 나가는 자전거와도 같다.

먼저, '기업의 경제적 책임'은 기업을 구성하는 핵심적인 요소인 고객, 주주, 종업원에 대해 책임을 다하는 것을 말한다. 기업이 경영 활동을 통해 탁월한 제품과 서비스를 만들어내서 고객에게 지불한 비용 이상의 만족감을 제공하고, 수익을 내서 투자한 주주들에게 이익을 배당하며, 고용한 직원들에게 적절한 보상을 해주는 것은 어찌 보면 기업 활동의 가장 근본적인 부분이라 할 수 있다. 그러나, 현실적으로는 그러한 활동이 제대로 이뤄지지 못하는 경우가 빈번하다. 이익을 많이 남기기 위해 값싼 재료로 불량한 제품을 만든 뒤 포장만 그럴듯하게 해서 고객의 눈을 속인다거나, 주주에게 돌아가야 할 이익을 몇몇 경영자 또는 오너가 독점한다거나, 부산 지역의 모 탁주 회사 사례처럼 노동에 비해 값싼 급여와 열악한 복리후생을 제공한다거나 하는 형태로 말이다. 모두가 기업의 경제적 책임을 등한시한 결과다.

'기업의 환경적 책임'은 우리가 살고 있는 땅, 우리가 활용하고 있는 자원이 우리 세대만의 것이 아닌 미래 세대의 것이기도 하다는 사실을 깊이 인식하는 것으로부터 시작한다. 잠시 그들의 것을 빌려 사용하는 것이니만큼 소중히 아껴 쓰고 고이 물려줘야 한다는 생각 위에, 소극적인 의미로는 기업이 자리 잡고 있는 지역의 환경을 오염시키지 않거나 생산 활동을 하며 오염물질을 최소화하는 것 등을 의미하고, 더 적극적인 의미로는 환경 개선 활동에 기업이 보유한 역량을 제공하는 것을 의미한다.

유한킴벌리가 1984년부터 꾸준히 펼쳐오고 있는 나무를 심고 숲을 가꾸는 캠페인인 '우리 강산 푸르게 푸르게'가 그 대표적인 사례라고 할 수 있다. 이 캠페인은 펄프를 주요 제품의 원료로 사용하는 유한킴벌리에서 기업의 환경적 책임을 다하는 활동의 일환으로 1984년부터 전개해오고 있는 식수植樹 및 조림造林 캠페인으로 우리나라의 대표적인 지속가능 경영 사례로 꼽히고 있다.

캠페인 프로그램 중 하나인 '신혼부부 나무 심기 행사'는 1985년 시작된 이래 전국의 산지에 약 19만 그루의 나무를 심고 길러왔으며, 1999년부터 시작된 '북한 숲 복구 사업'을 통해 약 1,290만여 그루의 나무를 심어 벌목으로 황폐화된 북한 지역의 산림을 복구하는 데 일조하고 있다. 이를 통해 유한킴벌리는 '펄프를 사용하는 환경 파괴 기업'이라는 기존의 평판을 불식시키고 '자원을 효율적으로 활용하고, 그를 통해 얻게 된 수익을 다시 환경에 투자하는 좋은 기업'으로 재평가받게 되었다.

'기업의 사회적 책임'은 작게는 기업이 자리 잡고 있는 지역의 주민과 그 시야를 조금 넓혀 동시대를 함께 살아가고 있는 시민사회에 대한 책임 있는 역할을 하는 것을 말한다. 2000년대 초반부터 유행하고 있는 '1사 1촌 운동'이 전형적인 기업의 사회적 책임 활동이라 할 수 있다. 기업 하나와 농어촌의 마을 하나가 자매결연을 맺고 기업이 농번기에 자원봉사를 통해 일손을 보탠다거나, 직거래 장터 개설을 통해 농산물 판매에 일조하는 형태로 지역사회에 기여하는 1사 1촌 운동은 현재까지도 기업과 지역사회 양쪽 모두로부터 큰 호응을 받으며 계속되고 있다.

세계에서 가장 잘 팔리는 잡지의 탄생

지속가능 경영을 위한 기업의 노력은 이제 새로운 전환을 모색하고 있다. 1960년대 중후반, 고든 로딕이라는 사내가 런던에 살고 있었다. 당시 영국은 물론이고 서구 각국을 휩쓸었던 히피문화의 영향으로 그 역시 반전 시위에 적극적으로 참석하거나, 록 음악, 알코올, 약물에 취해 하루하루를 살아가고 있었다.

그러던 어느 날, 런던 경시청에서 히피들에 대한 대대적인 소탕 작전이 시작되었다. 그는 경찰의 눈을 피해 에든버러에 사는 다른 히피 친구였던 존 버드의 집으로 도피했다. 그렇게 6개월간 버드의 신세를 졌던 로딕은 이후 경찰의 수배령이 해제되자 다시 런던으로 돌아갔다. 로딕에게 존 버드는 평생의 은인이었지만, 어쩌다 보니 두 사람 사이에 연락은 끊겨버리고 말았다.

그 후 수십 년의 시간이 흘러 TV를 보던 버드는 깜짝 놀랐다. TV 속 화면에 과거 자신의 집에서 신세를 졌던 히피 친구 로딕이 등장해 기자와 인터뷰를 하고 있었기 때문이다. 인터뷰를 하는 이유는 로딕의 부인이 창업한 회사가 가장 가파르게 성장하는 기업이자 가장 핫한 기업으로 사람들의 입에 오르내리고 있었기 때문이다. 고든 로딕의 부인 아니타 로딕이 세운 회사는 화장품을 포함한 생활용품을 만들어 파는 회사였는데, 불필요한 화학첨가물의 사용은 최소한으로 줄이고 비도덕적인 동물실험이나 제3세계 노동력을 착취하는 활동은 전혀 하지 않으면서도 합리적인 가격에 좋은 제품을 공급하고 있었다.

회사의 이름은 '더바디샵The Body Shop.' 한국에도 진출하여 소비자들의 큰 사랑을 받고 있는 바로 그 회사가 로딕 부부가 설립, 운영한 회사였다. 사실, 실제로는 아니타가 열일해서 만들어 운영하는 회사이고, 고든은 손가락 하나 까딱하지 않고 '사업을 방해하지 않은 것이

유일한 업적'일 뿐이라는 말도 있다.

아무튼, 반가운 마음에 버드는 고든 로딕을 찾아갔다. 로딕 역시 그를 반갑게 맞이해주었다. 오랜만에 회포를 푸는 가운데 버드가 어렵사리 말을 꺼냈다. 자신이 운영하는 자선 프로그램에 지원을 해줄 수 있겠냐는 청이었다. 로딕은 일언지하에 거절했다. 하지만, 로딕이 거절한 이유는 기부하고 싶지 않다거나 자신의 돈이 아까워서가 아니었다. 그 자신들도 히피로 살 때 익히 경험했듯, 그냥 현금 몇 푼을 쥐여줘봤자 그 돈은 분명히 다시 마약이나 술, 담배를 하는 데 쓰일 것이라는 말이었다. 로딕은 버드에게 보다 본질적인 기부 방법을 구상해오면 그때는 원하는 액수만큼 지원을 하겠다고 약속했다.

몇날 며칠을 고민하던 버드에게 묘안이 떠올랐다. '전 세계 유명한 이들에게 원고를 받아 잡지를 만들고, 그걸 거의 무상으로 부랑자들에게 나눠준 뒤, 그걸 판 만큼 돈을 가져가게 한다면?' 힘들게 번 돈이니만큼 그 돈으로는 마약, 술, 담배를 사는 데 함부로 써버리지 않을 거라는 생각이 들었다. 곧바로 실천에 옮겨 몇몇 지역에서 적은 부수로 발매, 판매해본 결과 그의 생각이 옳다는 것이 입증되었다. 그는 그 길로 로딕을 찾아갔고, 로딕 역시 '놀라운 아이디어'라며 무릎을 쳤다. 그렇게 1991년도에 탄생한 잡지 〈빅이슈〉는 매회 버락 오바마, 레이디 가가, 오프라 윈프리 등 유명인들의 주옥과도 같은 기사들을 담아 발간

열아홉 번째 강의 나이키의 지속가능 경영 전략

되었다. 전 세계 120여 개국에서 매주 10만 부 이상 팔려 사회적, 경제적으로 한 차례 실패를 겪어 어려움에 빠진 이들이 다시 일어서는 데 큰 힘을 보태주고 있는 〈빅이슈〉는 현재까지도 세계에서 가장 의미 있는 잡지, 세계에서 가장 유명한 저자를 집필진으로 보유한 잡지, 세계에서 가장 유료 구독자가 많은 잡지로 성공 신화를 써나가고 있다.

물론, 〈빅이슈〉에 얽힌 스토리를 알고 더바디샵의 물건을 구매하는 사람은 많지 않다. 창업주의 남편이 매출이나 영업이익의 증대를 바라고 그런 선행을 한 것 역시 아니다. 그러나, 〈빅이슈〉는 분명 많은 사람들의 머릿속에 더바디샵이 사회적인 책임을 다하는 선한 기업이라는 이미지를 깊숙이 남겨주는 데 크게 일조했다. 그런 이미지 덕분에 더바디샵은 좋은 기업, 강한 기업으로 그 입지를 탄탄히 유지하고 있다.

또다시 세상을 바꿀
위대한 승리의 여신

나이키 역시 사회적 책임을 다하여 지속가능한 경영을 하기 위해 많은 노력을 하고 있다. 그러나 다른 기업들과 조금은 다른 분야에 보다 많은 역량을 쏟아부으며 지속이 가능한 경영 체계를 구축해오고 있다.

나이키의 사업 전반은 협력 업체가 수행하고 있다. 미국이나 유럽 등 서구 선진국에 본사를 둔 상당수의 글로벌 기업들이 취하고 있는 기업 운영 형태다. 그러나 깊이 살펴보면 나이키는 다른 서구 선진 기업들과 조금은 다른 형태를 하고 있다. 대다수의 기업들은 협력 업체를 선정하거나 기존의 협력 업체를 관리할 때 '품질', '납품 단가', '납기 일자 준수 여부' 등만을 검토하고 평가하는데, 나이키의 경우 그에 더해 협력 업체의 지속가능성까지 포함해서 평가를 한다.

지속가능성의 주요 요소는 노동 인권, 근로자의 안전 보건 여건, 기업의 환경보호 및 보전 여부 등인데, 매번 평가를 거쳐 레드로부터 시작해서 옐로, 브론즈, 실버 그리고 골드 단계까지 다섯 단계로 등급을 매긴다. 옐로 등급을 받을 경우 해당 업체는 경고를 받게 되고, 레드 등급을 받으면 그 즉시 거래 관계가 종료된다. 적어도 브론즈 등급을 획득해야 나이키의 협력 업체로 계약이 지속될 수 있다.

이러한 평가는 나이키 본사의 자의적 판단이 아니라 해당 국가의 공식 기관에 의뢰하여 공정하게 평가를 받도록 하고 있으며, 그를 통해 판단한 지속가능성 기준인 'Code of Leadership'을 방대한 문서로 작성해서 홈페이지에 공개해 누구라도 참고할 수 있도록 하고 있다.

이 같은 나이키의 철저한 협력 업체 관리를 상징하는 대표적인 사례가 과거 우리나라에서도 발생했던 적이 있다. 당시 대표적인 종합상사였던

D모 인터내셔널이 우즈베키스탄 사업을 전개하며 아동 노동 착취 혐의에 휘말렸고, 그에 대한 정보를 습득한 나이키 본사에서 조사단을 급파한 뒤 몇 차례 정밀 진단을 거쳐 거래 중단을 통보해왔다. 때문에 매출의 30% 이상을 나이키에 의존하던 D모 인터내셔널의 부산 공장이 문을 닫게 되면서 지역경제가 큰 타격을 입은 사건이었다.

물론, 아직까지 나이키 역시 완벽한 기업은 아니다. 실제로 2005년 나이키가 자체적으로 발행한 〈기업 책임 보고서Corporate Response Report〉의 내용을 살펴보면 700여 개가 넘는 나이키의 협력 업체 중 약 30% 이상의 공장에서 언어적, 육체적 학대가 발생했다고 적혀있으며, 25% 이상의 협력 업체에서 주당 60시간 이상의 노동이 진행된 사실도 들어있다. 최대한 저렴하게 생산하기 위해 주로 베트남, 인도네시아 등과 같은 개발도상국이나 저개발 국가의 생산 업체와 계약을 맺다 보니 사회적으로나 문화적으로 인권, 노동환경 등에 민감하지 못한 협력 업체 경영주나 관리 직원들이 부당한 일을 벌인 경우가 대부분이다. '협력 업체의 책임이다'라고 떠넘겨버리고 모른 체하면 그만일 일이었지만, 나이키는 과거의 경험을 잊지 않고 협력 업체의 잘못 역시 나이키의 잘못으로 인식될 수 있다는 사실을 무겁게 받아들였다. 조사 결과를 솔직하게 고백하고, 해결책 마련에 나섰다.

원래 대부분의 기업들은 자신들의 협력 업체에 대한 정보를 극비로 관리한다. 협력 업체의 숫자와 상호, 소재지 등이 알려질 경우 경쟁사들에게 주요한 사업 정보를 알려주는 셈이 되기 때문이다. 그러나, 나이키는 개의치 않았다. 자신들의 사업 전략이나 경영정보 등이 외부로 알려지게 되는 위험부담을 감수하고서라도 1차 협력 업체는 물론, 2차와 3차 협력 업체까지 나이키의 메인 홈페이지에 모두 오픈했다. 또한, 협력 업체의 비위 사항에 대해 감시하고 감독할 수 있도록 업체가 위치한 해당 국가의 관련 기관과 적극 협조하는 체계를 구축하고, 위법행위가 발견될 시 즉각 나이키 본사에 알려 적절한 조치가 가능하도록 했다.

뿐만 아니다. 나이키는 전체 제작 공정에서 발생할 수 있는 유해성과 안정성 등을 측정할 수 있도록 계량화한 수치인 '나이키 환경 지표'를 개발해 이를 측정, 분석, 축적, 공유할 수 있는 사내 시스템망을 구축했다. 그 결과, 나이키 본사에서 러닝화 디자인을 담당하는 직원이 해당 시스템에 들어가 자신이 현재 개발하고 있는 프로젝트의 데이터를 입력하면, 해당 러닝화가 생산되어 출시한 뒤 소비자에게 전달되기까지 나이키 환경 지표상 얼마나 문제가 되고, 어떠한 위험 요소가 있는지 사전에 파악하고 대비할 수 있게 된 것이다.

이처럼, 나이키는 지난 50년의 성공에 안주하지 않고 새로운 100년을 향해 갈 수 있는 지속가능한 기업이 되기 위해 경제, 환경, 사회적인 책임을 다하며 노력하고 있다.

나이키는 몇몇 특별한 사람들이나 하는 것으로 생각되었던 스포츠 활동을 원하는 사람이라면 누구나 할 수 있는 일상적인 활동으로 바꿔놓았다. 힘들고 괴롭더라도 건강을 위해서 참고 해내야 하는 것으로 인식되던 스포츠 활동을 생활을 보다 즐겁고 윤택하게 하기 위해 해야 하는 즐거운 유희로 바꿔놓았다. 스포츠를 하기에 편함과 기능성만을 추구하던 스포츠 용품에 패션이라는 요소를 집어넣어 보다 폼 나게 운동을 즐길 수 있도록 만들었다.

세계적인 스포츠 스타들을 마치 아이돌 팝가수나 은막의 배우처럼 멋지게 보이도록 만들어주었으며 그들이 자신의 재능을 활용해서 막대한 부를 쌓을 수 있는 기회를 만들어냈고, 그와 관련한 산업들이 생길 수 있는 여건을 만들어냈다.

수십 년 전까지만 하더라도 스포츠와는 전혀 상관없을 것 같아 보이던 일반인 여성들이 스포츠에 적극적으로 참여할 수 있는 분위기 조성에도 앞장섰다. 직장생활에 바쁜 회사원들을 러닝머신 위로 불러냈으며, 학업에 지친 중고등학생들이 풋살과 3on3 농구를 즐기도록 유혹하기도 했다. 팍팍한 삶에 찌들어 정식 스포츠 활동은 꿈도 못 꾸던 제3세계 국가 어린이들에게 스포츠라는 것이 그다지 멀리 있는 것이 아님을 깨닫도록 해주었다.

운동화에 IT를 접목시키고, 운동복에 첨단 우주공학을 담았으며, 휴대전화로 자신의 운동 습관을 기록하도록 했고, 그러한 정보를 주위의 지인과 공유하거나, 데이터베이스화해서 향후에도 활용할 수 있도록 만들기도 했다.

나이키는 이미 세상을 바꿨다.

이제, 그들의 시선은 미래를 향해있다. 그리고 그들은 실제로 미래를 향해 나아가고 있다. 새로운 기술을 개발하고, 새로운 제품을 제공하고, 새로운 서비스를 선보이며 그들은 스포츠, 아니 스포츠를 포함한 우리 생활 전반의 변화를 이끄는, 종합 스포츠 용품 회사를 뛰어넘는 새로운 형태의 기업이 되기 위해 늘 끊임없이 변화하고 있다.

그와 동시에, 단순히 가장 매출액이 많은, 가장 영업이익이 많은, 그런 회사에 머무는 것이 아니라 보다 새로운 가치를 창출할 수 있고, 그러한 가치를 고객에게 전달할 수 있는, 그 가운데에서 어떠한 경제적, 환경적, 사회적 문제를 일으키지 않고, 보다 올바른 성장을 하는, 그로 인해 존경받는 기업이 되기 위해 오늘도 끊임없이 새롭게 시작하고 있다.

Just Do It.

우리나라에서도, 우리의 주변에서도, 그리고 이 책을 읽는 여러분들의 손에서 제2, 제3의 나이키가 탄생하기를 기대한다.

스무 번째 강의(이자 마지막 강의)

수료식

운동화 한 켤레만 있다면,
나만의 MBA를 만들 수 있다

최적의
항로

1869년 11월의 '그날'까지 유럽에서 아시아를 오가는 유일한 뱃길은 대륙의 서쪽으로 나있는 항구를 출발, 남하하여 아프리카대륙 서부 해안을 따라 내려간 뒤 대륙의 남쪽 끝 '희망봉'을 돌아 인도양을 거쳐 가는 길이었다.

'희망'이라는 이름과 달리 아프리카대륙 남단의 바다는 유달리 파도가 높아 어지간히 크고 튼튼한 배가 아니면 지나가기가 쉽지 않았다. 기록상 이 항로를 처음으로 항해했다고 되어있는 바르톨로뮤 디아스 역시 이곳 바다에서 무려 2주간 표류하는 고충을 겪은 뒤 '폭풍의 곶'이라는 이름을 붙였다고 한다. 때문에 선원들은 희망봉이라는 이름이 정식 명칭이 되기 전까지 수십 년 이상 이곳을 폭풍의 곶이라 부를 정도였다. 요행히 아무런 탈 없이 희망봉을 돌아 나왔다 하더라도 문제가 사라진 것은 아니었다. 이번에는 아프리카 동쪽 해안가에 창궐한 해적들이 문제였다. 작은 배 수십 척을 몰고 벌 떼처럼 둘러싸서 노를 부러뜨리고 닻을 부순 뒤 돛까지 찢으며 덤벼드는 해적들한테 걸리는 날에는 식량과 금화를 빼앗기는 것은 물론이거니와 목숨을 부지하기도 힘들었다.

그럼에도 불구하고 선원들은 항로를 바꾸지 않았다.

수백 년간 같은 상황을 겪고, 같은 어려움, 같은 문제점에 봉착했음에도 불구하고 자신들이 선택한 항로가 최적의 항로라고 확신했고, 그를 바꾸려는 노력을 하지 않았으며, 다른 의견을 내놓는 선원이 있으면 배에 태우지 않거나, 심한 경우 이역만리 타국 땅에 버려둔 채 오기도 했다. 대신, 어느 계절에 희망봉 인근 바다가 잠잠한지, 희망봉을 돌 때 좌현으로 몇 도를 더 틀면 보다 수월하게 파도를 타고 넘을 수 있는지를 아는 이들이 최고의 뱃사람으로 인정받았다. 어느 시기에 동부 해안선의 해적들이 잠잠한지 잘 아는 이들이 최고로 유능한 선원으로 인정을 받았다.

그러나, '그날' 모든 것이 뒤집어졌다.

1869년 11월 17일 '그날' 시나이반도의 서쪽 끝에 위치한 지중해 연안의 항구도시 포트사이드에서부터 홍해 연안의 수에즈까지 약 192킬로미터 길이로 운하가 뚫리면서 모든 것이 바뀌게 되었다. 수백 년 동안 최고의 뱃사람으로 인정받을 수 있었던 지식과 경험들은 헌신짝 취급을 받기 시작했다. 이제는 누구도 '언제 희망봉 인근의 바다가 잠잠한지', '희망봉을 돌 때 어떤 항로로 가는 것이 더 수월한지', '어느 계절에 가는 것이 해적들을 피해갈 수 있는지' 묻지 않았다. 다만, '언제 운하를 오가는 배들이 가장 적은지'를 아는 것과 '통행 순서를 새치기할 수 있도록 뒤를 봐줄 수 있는 이집트인 관리를 아느냐 모르느냐'가 가장 중요한 능력으로 인정받기 시작했다.

다시, 그로부터 50여 년이 지났다.

선박 엔진 기술은 비약적으로 발전했다. 더 가벼우면서 강하고 탄성까지 갖춘 소재들이 선박 제작에 쓰이기 시작했다. 배에 사람과 화물을 꽉 채워 실은 만재滿載 상태에서 수에즈운하를 통과할 수 있는 최대한도 크기의 선형을 의미하는 수에즈 맥스Max급을 훨씬 능가하는 VLCCVery Large Crude Carrier급 선박이 등장했고 심지어 수에즈 맥스보다 몇 배나 더 큰 ULCCUltra Large Crude Carrier급 선박들이 만들어지기도 했다.

이 배들은 덩치 덕분에 운하를 통과하지 못하고 먼 바다를 돌아가야 했지만 엔진의 성능이 더 좋아졌기에 운하 통과 대기 시간을 감안한다면 도착지까지 걸리는 시간은 그다지 큰 차이가 나지 않았다. 게다가 운송량은 비약적으로 늘어났으니, 먼 바다를 돌아서 가더라도 화물 운송비는 오히려 훨씬 더 싸게 운반할 수 있었다.

배들은 수에즈운하를 외면하기 시작했고, 이제는 더 이상 수에즈운하의 운송량과 혼잡한 시기에 대한 정보도, 운하를 관리 감독하는 관료에 대한 정보도 필요치 않게 되었다.

갈 길을 잃어버린 항해자

1990년대 초중반, 넷스케이프라는 회사에서는 베타 버전의 웹브라우저 '모자이크Mosaic'를 시장에 선보였다. 아직까지 인터넷이라는 것이 활성화되지 않았던 때라 간단한 조작만으로 전 세계의 정보를 들여다볼 수 있고 메일도 주고받을 수 있는 넷스케이프의 웹브라우저는 그야말로 선풍적인 인기를 끌었다.

그 인기에 고무된 넷스케이프의 창업자들은 베타 버전을 일부 손봐서

정식 제품을 시장에 출시하게 되는데, 인터넷이라는 무한한 바다를 항해하는 항해자가 되라는 의미에서 '내비게이터Navigator'라는 이름을 붙여주었다. 그 뒤로 몇 년간, 내비게이터는 이름 그대로 인터넷이라는 광활한 바다를 마음대로 항해하는 전성기를 맞이했다. 1995년에 '그 괴물'이 나타나기 전까지는.

1995년 8월 24일. 이날은 수천 년 전 이탈리아 나폴리에서 베수비오화산이 분화하여 폼페이가 하루아침에 지구상에서 사라진 날이었다. 넷스케이프의 최고경영진들은 바로 이날 자신들이 인터넷의 바다에서 폼페이 신세가 될 줄은 꿈에도 생각하지 못하고 있었다.

이날, 마이크로소프트는 '시카고Chicago'라는 코드네임을 붙여 비밀리에 개발해오던 PC 운영체제OS를 미국시장에 출시했다. 우리에게는 '윈도우95'라고 알려진 바로 그 OS였다. 화면 하단의 시작메뉴를 클릭해서 PC 전반을 제어할 수 있는 기능, 일종의 가상 작업장이자 진열장 역할을 하는 바탕화면, 다양한 연장이 들어있는 연장통 역할을 한 작업표시줄 등 지금까지도 우리가 사용하는 윈도우 유저 인터페이스User Interface 대부분의 기틀을 다진 전설적인 운영체제였다. 전 세계는 윈도우95에 열광했고, 날개 돋친 듯이 팔려나가기 시작했다. PC 제조사는 달랐지만, 운영체제는 어느덧 윈도우95 하나로 통일되기 시작했다.

문제는 이 윈도우95에 '인터넷 익스플로러Internet Explorer'라는 웹브라우저가 기본으로 포함되어있었다는 점이다. 이른바 묶음 판매의 형태로 요즘 같았으면 '강매'라고 공정거래 감독관청으로부터 제재를 받을 사항이었지만, 당시에는 그런 부분에 대해 별다른 인식이 없었다. 사람들은 윈도우95에 열광한 만큼이나 그에 딸려오는(실제로는 자신이 웃돈을 더해주고 강제로 구매당한) 인터넷 익스플로러에 쉽게 빠져들었다.

여기저기서 인터넷 익스플로러로부터 촉발될 위기를 넷스케이프의 경영진에게 이야기해주었지만, 그들은 크게 신경 쓰지 않았다. '인터넷 익스플로러는 윈도우95라는 운영체제에 덧붙여 딸려온 서비스 제품 정도에 지나지 않으며, 넷스케이프 내비게이터야말로 진정한 웹브라우저'라는 생각이 그들 사이에 팽배했다.

자신들의 기술력과 제품력에 대해 자신했으며, 웹브라우저의 표준은 앞으로도 계속해서 자신들이 만들어나가리라고 확신했다. 서점에 나가봐도 인터넷 관련 서적의 열에 여덟아홉 권은 넷스케이프에 대한 책인 것만 봐도 자신들의 확신이 틀리지 않았음을 보여주는 사례라고 강력하게 주장했다. 실제로 그 뒤 2년 정도까지는 그들의 확신이 맞아떨어지는 듯했다.

그러나, 1997년에 접어들어 세상이 바뀌기 시작했다.

세상은 더욱더 빠른 속도로 윈도우의 세상으로 변해갔고, 그에 따라 웹브라우저 역시 인터넷 익스플로러가 빠른 속도로 시장을 점령해나가기 시작했다. 넷스케이프 역시 다양한 기능을 추가한 새로운 버전의 제품을 시장에 내놓으며 맞불을 놓았지만 상대가 되지 않았다. 인터넷 익스플로러는 '공유'와 '소통'이라는 인터넷 시대의 새로운 가치를 발 빠르게 포착해 새로운 버전을 출시할 때마다 더 가벼우면서도 더 빠르게 작동하는 제품을 선보였지만, 넷스케이프는 역으로 다양한 기능을 덧붙여서 가뜩이나 용량상으로 무거운 프로그램을 더욱더 무겁게 만들어버렸다.

결국, 우리가 익히 아는 것처럼, 그리고 현재 우리가 보유한 PC의 최초 인터넷 접속 화면들이 증명하듯, 넷스케이프의 항해자navigator는 인터넷의 바다에서 사라져버렸다. 그리고 그 자리는 인터넷 세상의 탐험가explorer를 포함한 다른 경쟁자들이 차지하게 되었다.

수에즈운하에서의 뱃사람과 인터넷 세상에서의 항해자들로부터 우리는 어떠한 교훈을 얻어야 할까?

우리는 같은 강물에
두 번 발을 담글 수 없다

단테의 《신곡》에도 등장하는 고대 그리스의 철학자 헤라클레이토스는 당시 이오니아 에페소스 지역을 다스리던 유력한 귀족 가문의 자손으로 태어났지만, 부와 지위를 모두 버리고 오로지 진리의 탐구에만 매달린 사람이었다.

과거에는 이해하기 어려운 난해한 주장을 한다 하여 '암흑의 철학자', '눈물의 철학자'라고 불리기도 하였으나, 근대 이후 철학계에서 그의 철학은 새롭게 평가받고 있다. '모든 것은 한곳에 머무르지 않고 끊임없이 변화한다'는 그의 주장은 동양의 《주역》이나 《노자》의 사상과도 일맥상통하는 것으로 해석되고 있다. 또, 헤겔과 니체 등 근대의 위대한 철학자들이 "나의 학문은 헤라클레이토스로부터 큰 영향을 받았다"라고 인정할 정도로 철학계에 뚜렷한 족적을 남겼다.

워낙 옛날 사람이라 그가 지은 저작물은 거의 전해지지 않지만, 다른 글들에 인용된 100개가 넘는 짧은 글들을 통해 우리는 그의 사상을 살펴볼 수가 있다. 그는 피타고라스, 호메로스 등 당대 그리스 최고의 학자 또는 문학가들을 실명까지 거론해가며 통렬하게 비난했는데, 과거의 전통이나 권위에 굴복하지 않고 끊임없이 의심하며 새로운 질문을 통해 답을 찾아나가는 것이 그의 사유 방식이기 때문이었다.

그런 그가 남긴 최고의 명언은,

"우리는 같은 강물에 두 번 발을 담글 수 없다."

이다. 이 말의 뜻은 읽히는 그대로다.

강물은 끊임없이 흐르므로 어제 내가 강물에 발을 담갔고, 오늘 같은 강가에 나가 발을 담가도 내 발을 감싸고 흐르는 물은 어제의 그 강물이 아니라는 것이다. 더 확대해서 생각해보면, 어제 강물에 발을 담갔던 나와 오늘 강물에 발을 담그는 나 역시 같은 사람이 아니라는 생각을 할 수도 있다. 물론, 같은 이름을 달고, 같은 집에서, 같은 사람들과 밥을 먹었을 수는 있지만, 어제 강물에 발을 담그던 나와 정확히 같은 사람이라고 말할 수 있을까? 키가 더 자랐을 수도 있고, 단 1그램에 불과하더라도 어제보다 더 살이 찌거나 빠졌을 수 있으며, 어제 알고 있던 것을 망각했을 수도, 또는 새로운 것을 보고 배웠을 수도 있기 때문이다.

헤라클레이토스는 이와 같은 명제를 통해, 세상에 변하지 않는 불변의 진리라는 것은 존재하지 않으며, 모든 것은 대립과 조화로 이루어진 역동적인 질서 속에서 끊임없이 변화해나간다고 주장했다. 그리고 그가 말한 "우리는 같은 강물에 두 번 발을 담글 수 없다", "세상에 변하지 않는 불변의 진리라는 것은 존재하지 않는다"라는 이야기는 역설적으로 변하지 않는 진리가 되어 현재의 우리 삶을 지배하고 있다.

물론, '변화'라는 것이 오직 우리가 사는 이 시대만의 현상이라고 단정 짓기는 어려울 수도 있다. 인류의 역사가 시작된 이래 변화를 고민하지 않았던 시대가 없었고, 변화에 대처하기 위한 노력을 기울이지 않았던 시기가 없었기 때문이다. 지금의 눈으로 보면 뾰족한 돌파편 수준인 신석기인들의 돌칼도 구석기시대 사람들의 눈에는 놀라운 변화였고, 조악한 품질의 청동 장신구도 신석기시대 사람들의 눈에는 감당하기 어려운 변화였으며, 고철 수준으로 보일 뭉뚝한 쇠칼을 만들던 기술도 청동기시대 사람들의 눈에는 공포스럽기까지 한 새로운 변화였다. 다음 시대로 넘어갈 때마다 우리는 변화를 경험했고, 그러한 변화에 대해 진지하게 고민하는 것이 하나의 시대적 트렌드였다.

그러나, 지금 우리가 사는 시대는 인류가 이전에 경험했던 그 어느 시대보다도 더 빠르고 격렬한 변화를 경험하고 있다. 수만 년, 수천 년에 걸쳐 진행되었던 변화들이 단 몇십 년 만에 완성되는 시대에 우리는 살고 있다.

오랜 기간을 두고 완만하게 발전해왔던 기술적 진보는 상용화된 지 불과 수십 년밖에 되지 않는 컴퓨터라는 존재의 등장과 함께 놀라운 속도로 진행되고 있다. 역시 활용되기 시작한 지 얼마 되지 않은 인터넷 기술은 특정한 사람과 지역에 국한되어 진행되던 변화가 전 세계적 차원에서 진행되도록 부추겼다. 과거 어느 한 지역에서 변화가 시작되면 그 것이 무르익어 전 세계에 퍼지기까지 수백, 수천 년이 걸렸지만, 이제는 오늘 프랑스 파리에서 발표된 새로운 패션을 내일이면 중국 광저우의 도심 한복판에서 만나볼 수 있게 되었고, 네덜란드의 실리콘밸리라고 불리는 HTEC^{High Tech Campus Eindhoven}에서 발표하는 신기술을 유튜브 등을 통해 필리핀 마닐라의 한 대학 실험실에서 실시간으로 시청하고, 그를 자신의 연구에 바로 접목시켜 볼 수 있게 되었다.

그런데, 그러한 '변화'가 다른 어느 나라보다 더 급속히 벌어지고 있는 나라가 있다.
바로, 대한민국이다.

나이키 한 켤레로
평생 지어갈 대학

한 시대가 시작되면 무르익어 전성기를 누리다가 여러 가지 내외부의 모순에 따라 새로운 시대로 대체가 된다. 학자들의 견해 에 따라 조금씩 다르기는 하지만, 크게는 농경사회가 시작되어 전성기를 누리다가 산업혁명을 거쳐 산업사회에 바통을 물려주기까지 대략 3만 년, 산업사회가 전성기를 거쳐 정보화사회에 자신들의 자리를 물려주기까지 대략 2~300년, 그리고 정보화사회가 지금과 같은 전성기를 맞이하기까지 대략 30년의 시간이 걸렸다고 보는 것이 일반적이다. 그런데 대한민국은 다른 나라가 3만, 300, 30년에 걸쳐 이뤄온 변화를 해방 이후 단 70년 만에 이뤄낸 나라다.

대한민국은 해방 이전까지만 하더라도 제국주의 일본에 의해 건설된 일부 산업시설을 제외하면 제대로 된 공장이나 생산시설이라고는 거의 전무하다시피 했다. 농경사회 중에서도 식량 자급조차 힘겨워하던 낙후된 농경사회였던 것이다. 그런 대한민국이 전 세계 최고의 정보통신 인프라를 갖추고, 각종 첨단산업에서 전통적 강대국들과 경쟁을 벌이는 발전한 국가로 변하는 데 불과 70년이 채 안 걸린 것이다.

그런데, 고도의 압축 성장은 효율적인 발전, 경제 수준의 급성장, 문화의 융성 등 다양한 혜택을 우리에게 가져다주었지만, 반대로 다른 나라들이 3만, 300, 30년간 사회 각 구성원이 견뎌낼 수 있을 정도로 천천히 은근하게 겪어왔던 변화의 성장통을 고도로 압축된 형태로 짧고 굵게 겪어야 했다.

때문에 대한민국에 살고 있는 사람들은 태어나면서부터 다른 나라 사람들보다 더 민감하게 변화에 대해 학습하고 대처해나가야 했다. 또한 그 변화의 과정에서 어떤 선택을 통해 변화에 뒤쳐지지 않고, 그를 기회로 만들어나갈 수 있을 것인가에 대해 고민하고 미리미리 대비할 것을 강요받아왔다. 그리고, 앞으로도 그러한 노력을 게을리하지 말아야 한다는 강한 압박을 보이게, 또 보이지 않게 받고 있다.

문제는, 변화는 계속될 것이고, 앞으로 우리에게 닥칠 변화는 이전의 변화보다 훨씬 거대하면서도 더 빠른 속도로 우리에게 다가올 것이라는 점이다. 그러한 때, 과거의 기억이나 학교에서 받은 교육 또는 기존 선배의 경험 등에만 의존하여 새로운 지식 정보의 습득과 자기학습을 게을리한다면, 우리 역시 시대가 바뀔 때마다 사라져갔던 유럽과 아프리카를 오가는 배의 고집스러운 선원이나 불과 단 5년 만에 인터넷의 바다에서 행방불명이 된 넷스케이프의 '항해자' 신세를 면하기 어려울 것이다.

이제는 작고한 지도 시간이 꽤 지났지만, 살아생전은 물론 세상을 떠난 현재까지도 '경영학의 구루'로 꼽히며 존경과 추앙을 함께 받고 있는 경영학자 피터 드러커는 그 명성에 비해 젊은 시절 그가 다닌 학교 학벌이나 이후의 학업 이력은 변변치 못한 편이다. 그러나, 그는 시대의 변화에 맞춰 세계의 대중들에게 혜안과 방향성을 제시해왔고, 심지어 그러한 변화를 주도적으로 이끌기도 했다.

어떻게 그럴 수 있었을까?

여러 가지 이유가 있겠지만, 그가 한 매체와 했던 인터뷰에서 그 해답을

스무 번째 강의(이자 마지막 강의) 수료식

찾을 수 있지 않을까 싶다. 그는 폭넓은 지식과 탁월한 식견을 갖추게 된 비결을 묻는 기자에게 이렇게 답했다.

> *"저는 2~3년의 기간을 두고 관심이 가는 주제를 택해*
> *학교를 다시 다닌다는 기분으로 공부를 합니다.*
> *통상 그 정도면 일반적인 대학생들이 자신의 전공을 듣고*
> *학부를 마치는 기간이지요. 그렇게 수십 년째 저는*
> *'스스로 학교를 짓고, 스스로 학생이 되어'*
> *그 학교에서 공부를 해왔습니다.*
> *그렇게 딴 전공 학위가 여러 개이지요."*

우리 역시, 앞으로 계속해서 '스스로 학교를 짓고, 스스로 학생이 되어' 그 학교에서 공부를 해나가야 한다. 이미 우리는 운동화 한 켤레를 갖고 학교를 짓고 경영학의 몇몇 핵심적인 사항에 대한 공부를 마쳤다. 앞으로도 세상의 모든 관심 가는 분야에 대해 과감하게 스스로의 학교를 지어나가기를 기대한다.

이제 '나이키 운동화 한 켤레를 들고 시작한' MBA 수업을 마쳐야 할 때가 된 것 같다.
더 이상 공부를 할 수 없으리라 낙담했던 순간, 다시금 정신을 차리고

용기를 얻어 공부를 시작할 무렵이었던 2002년 어느 봄날. 스타벅스 이대입구점의 창가 자리에서 오답 노트 뒷면에 쓴 낙서 일부분으로 수업의 마지막을 대신할까 한다.

"어떻게 들여다보느냐에 따라
사소한 사물 하나에서도 세상(의 진리)을 발견할 수 있다."

어떤 마음가짐으로, 어떤 방식으로 들여다보느냐에 따라 나는 어디에서고 세상(의 진리)을 배울 수 있다. 글로벌 플레이어 기업에서도, 런던의 금융가를 누비는 벤틀리에서도, 아이들의 손에 쥐어진 레고 블록 브릭 하나에서도, 그리고…
나의 발에 신겨진 나이키 운동화 한 켤레에서도.

참고 문헌

첫 번째 강의

- 카를 마르크스. (1989). 자본론 (김수행, 옮김). 서울 : 비봉출판사. (원서 출판 1867).
- 강정인. (2006). 세계화, 정보화 그리고 민주주의. 서울 : 문학과 지성사.
- The New York Times. (2003). "President Bush's Africa Trip", July 7.
- http://www.millwardbrown.com/ (2016. 7 방문).

두 번째 강의

- 필 나이트. (2016). 슈독(Shoe Dog). 서울 : 사회평론.
- 임석빈. (2012). 나이키 이야기. 서울 : 석세스티브이.
- 조선비즈. (2014). 조선일보 위클리비즈 경영대가 100. 서울 : IWELL.
- 에이미 윌킨슨. (2015). 크리에이터 코드. 서울 : 비즈니스북스
- 전성철. (2013). 세기의 라이벌 ⑨ 아디다스 vs 나이키. 新東亞, 1월호

세 번째 강의

- Gannon, Megan. (2013). "How 3D Printers Could Reinvent NASA Space Food", Space.com, May 24, national edition.
- Ricciardi, Michael. (2013). "3D-Printed Pizza In Space! NASA Funds 'Food Replicator' For Space Station", Planetsave.com, May 22, web edition.
- 피터 피스크. (2015). 게임체인저. 서울 : ㈜인사이트앤뷰.
- 엔도 이사오. (2006). 경영자의 현장력. 서울 : 고수.
- 더글러스 코넌트. (2012). 터치포인트. 서울 : 크레듀하우.
- 윤순봉. (1994). 대기업병, 그 실체와 치유 방안. 서울 : 삼성경제연구소.
- 하워드 슐츠. (2011). 온워드(Onward). 서울 : 에이트포인트.

네 번째 강의

- 손대범. (2007). 농구의 탄생. 서울 : 살림.
- Cohen, W. Robert. (2013). Pro Basketball's All-Time All-Stars Across the Eras. MD, US : Rowman & Littlefield.

– James, Steve. (2017). Michael Jordan. Seattle, US : Createspace Independent Publishing Platform.

– 허원무. (2004). 마이클 조던이 나이키를 살렸다. 서울 : 살림.

– 정갑영. (2012). 나무 뒤에 숨은 사람. 서울 : 21세기북스.

– 이재우. (2014). 글로벌 스포츠 마케팅. 서울 : 커뮤니케이션북스.

다섯 번째 강의

– 필립 코틀러. (2010). 마켓 3.0, 모든 것을 바꿔놓을 새로운 시장의 도래. 서울 : 타임비즈.

– 조동성. (2014). 경영 전략은 어떻게 수립하는가?. 서울 : 서울경제경영.

– 조나 버거. (2013). 컨테이저스. 서울 : 문학동네.

– 조나 버거. (2017). 보이지 않는 영향력. 서울 : 문학동네.

여섯 번째 강의

– 정진수. (2016). 인스타그램으로 SNS마케팅을 선점하라. 서울 : 나비의 활주로.

– 박은숙 외. (2011). 소셜 모바일 시대, QR코드 마케팅 전략. 서울 : 한빛미디어.

– 박찬욱. (2014). CRM 고객 관계 관리. 서울 : 청람.

– 이승윤. (2018). 인플루언서. 서울 : 넥서스.

– 김대영. (2016). 좋아요를 삽니다. 서울 : 쌤앤파커스.

일곱 번째 강의

– 宮部みゆき. (2013). 初ものがたり. 東京, 日本 : PHP研究所

– Shankar. (1993). Treasury of Indian Tales. New Delhi, India : Children's Book Trust.

– 니콜라스 로벨. (2014). 모두에게 주고 슈퍼팬에게 팔아라. 서울 : 와이즈베리.

– 방영덕. (2016). "나이키 한정판 때문에 무릎까지 꿇은 백화점 직원…무슨 사연이?", 매일경제, 8월 19일.

여덟 번째 강의

– 에이브러햄 H. 머슬로우. (1981). 존재의 심리학(이화문고8). 서울 : 이화여대출판부.

– 김훈철. (2010). 마케팅 통찰력. 서울 : 다산북스.

- Yohn, Denise Lee. (2014). What Great Brands Do. London, England : Jossey-Bass.
- 류진한. (2015). 슬로건, 짧은 카피 긴 호흡. 서울 : 커뮤니케이션북스.
- Gilmore, Mikal. (2009). Shot in the Heart. New York, US. : Knopf Doubleday Publishing Group.
- 김태욱 外. (2012). 브랜드 스토리 마케팅 : 브랜드가 말하게 하라. 서울 : 커뮤니케이션북스

아홉 번째 강의
- 박지수. (2016). "[장수브랜드가 효자⑨] CJ제일제당 '다시다'", 일간투데이, 12월 21일.
- 이재우. (2013). 스포츠 프로모션. 서울 : 커뮤니케이션북스.
- James, Steve. (2017). Lebron James. Seattle, US : Createspace Independent Publishing Platform.

열 번째 강의
- 박원우. (2006). 한국 팀제의 역사 현황과 발전 방향. 서울 : 서울대학교출판부.
- 김율도. (2012). 실전에 강한 브랜드 네이밍. 서울 : 율도국.
- 편집부. (2013). 나이키 상표는 35달러짜리? : 돈 번 브랜드 이야기. 서울 : 와우밸리.

열한 번째 강의
- 강준만. (2010). 미국사 산책 14 : 세계화 시대의 '팍스 아메리카나'. 서울 : 인물과사상사.
- 자일스 루리. (2014). 폭스바겐은 왜 고장 난 자동차를 광고했을까?. 서울 : 중앙북스.
- 조 풀리지. (2017). 에픽 콘텐츠 마케팅. 서울 : 이콘.
- 김민경. (2006). "'도덕적 쇼핑'을 아시나요?", 신동아, 4월호

열두 번째 강의
- 황상규. (2005). 지속가능한 경영과 투자. 서울 : 한솜미디어.
- 정남구. (2013). 통계가 전하는 거짓말. 서울 : 시대의창.

열세 번째 강의
- 짐 콜린스. (2002). 좋은 기업을 넘어 위대한 기업으로. 서울 : 김영사.
- 짐 콜린스. (2010). 위대한 기업은 다 어디로 갔을까. 서울 : 김영사.

- 매트 리들리. (2006). The Red Queen. 서울 : 김영사.
- 매트 리들리. (2010). 이성적 낙관주의자. 서울 : 김영사.
- 신승호. (2015). 스포츠 산업 마케팅. 서울 : 커뮤니케이션북스.
- 박현우. (2014). "나카지마 복귀가 불붙인 일본 프로 야구의 여심 잡기", 스포츠Q, 12월 25일.
- 이선호. (2017). "日 NPB 호황, 사상 첫 2500만 관중 돌파", 스포탈코리아, 10월 11일.

열네 번째 강의

- Dearden, Lizzie. (2015). "Abercrombie&Fitch model tells of 'racism, sexual harassment and discrimination' at store", Independent, April 14, national edition.
- 김형근. (2013). 우리가 아는 미래가 사라진다. 서울 : 위즈덤하우스.
- 성열홍. (2010). 미디어 기업을 넘어 콘텐츠 기업으로. 서울 : 김영사.

열다섯 번째 강의

- 박지호. (2015). 인사이드 현대카드. 서울 : 문학동네.
- 이지훈. (2012). 현대카드 이야기. 서울 : 쌤앤파커스.
- 박원익. (2016). "정용진 '스타필드 하남은 새로운 쇼핑 플랫폼'", 조선비즈, 6월 28일.
- 장주영. (2017). "정용진의 야심작 '스타필드 고양'…전작 하남보다 강해진 여가와 체험으로 승부", 중앙일보, 8월 17일.

열여섯 번째 강의

- 에이드리언 C. 오트. (2011). 왜 나이키는 운동화에 아이팟을 넣었을까. 서울 : 랜덤하우스코리아.
- 손재권. (2013). 파괴자들. 서울 : 한스미디어.
- 정재윤. (2006). 나이키의 상대는 닌텐도다. 서울 : 마젤란.
- 김정남. (2011). What's Next 애플&닌텐도. 서울 : ㈜도서출판길벗.
- 마이클 루이스. (2011). 머니볼. 서울 : 비즈니스맵.
- 김지현. (2013). 포스트 스마트폰, 경계의 붕괴. 서울 : 위즈덤하우스.
- 강병진. (2015). "'나이키 에어 맥': 나이키가 내놓은 '백 투 더 퓨처2'의 그 신발", 허핑턴포스트 코리아, 1월 13일.

열일곱 번째 강의

- 트레이시 카바쇼. (2011). 나이키 이야기. 서울 : 라이온북스.
- 블레이크 J. 해리스. (2017). 콘솔 워즈. 서울 : ㈜도서출판길벗
- 제프리 D. 삭스. (2015). 지속가능한 발전의 시대. 서울 : 21세기북스.
- 마이클 샌델. (2016). 정치와 도덕을 말하다. 서울 : 와이즈베리.
- 황승환. (2016). "아마존 첫 드론 배송, 주문서 배달까지 13분 완료", THE GEAR, 12월 15일.
- 정수영. (2015). "[버블붕괴 '後' 20년, 일본] 도시재생 성공 모델 '롯본기힐스'를 가다", 이데일리, 11월 26일.
- 박인혜. (2017). "1층에 도로 품은 복합빌딩…도쿄 바꾸는 디벨로퍼의 창의력", 매일경제, 3월 21일.

열여덟 번째 강의

- 클라우스 슈밥. (2016). 제4차 산업혁명. 서울 : 새로운현재.
- 장재준 外. (2017). 4차 산업혁명 나는 무엇을 준비할 것인가. 서울 : 한빛비즈.
- 김대호. (2016). 4차 산업혁명. 서울 : 커뮤니케이션북스.
- 라이언 아벤트. (2018). 노동의 미래. 서울 : 민음사.
- 김익현. (2016). "아디다스는 왜 로봇에 신발 생산 맡길까", ZDNet Korea, 9월 28일.
- 김남희. (2016). "아디다스, 로봇공장 만들어 신발 대량생산…나이키, 개인 맞춤형 생산 시스템 개발 착수", 조선비즈, 11월 5일.

열아홉 번째 강의

- 노광표 外. (2007). 기업의 사회적 책임. 서울 : 한국노동사회연구소.
- 정운찬. (2013). 미래를 위한 선택, 동반 성장. 서울 : 21세기북스.
- 안치용. (2011). 착한 경영 따뜻한 돈. 서울 : 인물과 사상사.
- 로먼 크르즈나릭. (2013). 인생학교 일. 서울 : 쌤앤파커스.
- Campbell, Matthew. (2008). "How Volkswagen Walked Away From a Near-Fatal Crash", Bloomberg Businessweek, Mars 29, global edition.
- http://www.nike.com/ (수백 차례 방문).

스무 번째 강의(이자 마지막 강의)

– 하네다 마사시. (2012). 동인도회사와 아시아의 바다. 서울 : 선인.

– 이정일. (2012). 그래서 그들은 디지털 리더가 되었다. 서울 : ㈜도서출판길벗.

– 볼프강 뢰드. (2014). 유레카, 철학의 발견. 서울 : 은행나무.

– 피터 드러커. (2005). 피터 드러커 자서전. 서울 : 한국경제신문사.

– 최승언. (2016). "폭풍의 바다 넘으면 고향…그래서 '희망봉'". 트래블바이크뉴스, 8월 11일.

– 박경덕. (2018). "[더,오래] '육지판 모세의 기적' 수에즈운하", 중앙일보, 1월 30일.

– 김종화. (2018). "[과학을 읽다①] 운하, 배를 산 너머로", 아시아경제, 4월 8일.